蓮實重彦

増補版

ゴダール マネ フーコー
思考と感性とをめぐる断片的な考察

青土社

増補版

ゴダール　マネ　フーコー

思考と感性とをめぐる断片的な考察

目次

第一部

第二部

7頁の隣の写真は
「ユートピアへの旅、ジャン=リュック・ゴダール、1946–2006」展会場風景、
ポンピドゥー・センター、パリ、2006年　撮影＝下田泰也

à Chantal

第一部

I 絶対の貨幣

丁寧ではあるが、高圧的な

一九九五年八月三日木曜日午前八時一五分、フランス航空のエアバス2874便は、パリのシャルル・ド・ゴール空港2Dの搭乗口をゆっくりと離れて滑走路へと向かい、ジュネーヴ空港までの一時間ほどの飛行態勢を整える。

不意にエンジン音が高まり、滑走路上の高速の移動が始まる。車輪と地面との摩擦による途方もない振動を束の間の野蛮さとして耐えているかのようなジェット機は、ほどなく思いきりよく浮上し、雲を見下ろす高度に達して機体を安定させたところで、かろうじて本来の自然さを回復したかに見える。だが、重力にさからうこの空中浮遊を自然ととらえるには、不自然さへの習慣化されたおもねりのようなものがあるのかもしれない。

そもそも、この早朝のジュネーヴ行きには、何かしら不自然なものが初めからまとわりついている。

東アジアからの旅行者は、空港で七時に搭乗手続きをすませるためにホテルを六時に出るといった無理なスケジュールだけは避けたかったし、そもそも東京を離れたときの旅程には、ジュネーヴなど含まれていなかったからである。しかも、不意に搭乗券に印字されたレマン湖畔の都市はこの旅の目的地ですらなく、そこからさらにタクシーを乗りつぎ、世界のほんの一握りの人しかその名前を聞いたことのあるまい小さな湖畔の集落までたどりつこうとしている。それでいて、同行のシャンタルとともに空港ロビーでアンドレ・Sと落ち合ってから機上の人となり、窮屈な座席に身を滑りこませたとき、その姿勢が自分の意志によるものではなかったことなどきれいに忘れかけている。

ことによると、機上のわれわれは、いずれも信仰に近い心の動きに操作されていたというべきかもしれない。この早朝の空の旅は、ほとんど「神」の意志によって決定されたものだといってよいからだ。ジュネーヴ便に搭乗する意図などなかったはずの三人は、ゴダール(Godard)の中には〈神(God)〉がいると平然といってのけたりもする映画作家の声にしたがってそうせざるをえなかったのである。

実際、「神」は、いきなり以下のような宣言を行ない、多くの人たちの予定を狂わせた。私の進行中の作品である『(複数の)映画史(*Histoire(s) du Cinéma*)』について語ろうとするのであれば、完成したばかりのその最新の一編を、世界でもっとも完璧なかたちで見てからでなければならない。その「完璧な」上映環境を提供しうる空間は、いうまでもなく、スイスの私自身のアトリエをおいてほかにはない。私は、いつでも「完璧な」上映を行なう用意があるので、そのために訪れようとする者があるなら、それをこばむことはないだろう。

この言葉は、八月三日から始まるロカルノ国際映画祭でのゴダールの『(複数の)映画史』をめぐるシンポジウムにおけるすべての発言者に対して平等に口にされたものだが、本来なら「好意」と解釈さるべきその言葉が、現実には「神」のアトリエ詣での「義務」を説いているのか、それとも、その「権利」についてのみ言及しているのかはどうも明らかでない。だが、すでに何人かがその「義務」ないし「権利」を行使していたことが知られており、そのうちの一人が、仲間とともに「神」のアトリエまで赴いた日のことを「感動的」だったと広言していることさえ耳に入っている。どうやらわれわれは、「神」の好意によって「感動」を体験しうる最後のグループとなるものらしい。

出発にいたるまでには、託宣に近い言葉がいくつもつぶやかれていた。いわく、八月三日の午前一〇時から一〇時三〇分のあいだに、ペリフェリア・プロダクションのオフィスに出頭せよ。それには、当日のAF2874便にパリから搭乗するがよい。移動に必要な経費は、要求があればプロダクションが負担する。同じフライトの乗客として、アンドレ・Sと行動をともにせよ。ジュネーヴ空港ではスイス側の到着ゲートで出入国手続きをすること(フランス領に位置する空港の半分は、フランスの国内空港として機能している)。スイス領の国際空港でタクシーを拾い、ドライヴァーにロールのゴダール家とのみ口にすれば、三〇分ほどで目的地につくだろう。ちなみに、番地はXXXである。その際、三〇〇フランほどスイスの通貨を持っていることが望ましい。もっとも、彼らは、いざとなればフランス通貨も受けとらぬわけではないが、等々。

「神」その人——この語義矛盾は、誰にも許されているものではない——が口にしたのではなく、そのパリのオフィスのセクレタリーが代弁したにすぎない言葉に抗弁することもなく耳を傾けた結果、三人の旅行者は、いつしか自分を彼の映画の作中人物のように錯覚し始めている。まるで『右側に気をつけろ(*Soigne ta droite*)』(一九八七)の冒頭でのように、「未知の、丁寧ではあるが、高圧的な声」の持ち主の電話にうながされるまま、ジェット機の乗客となっているからである。しかも、映画では、その日のうちのパリへの到着を要請しているその電話のベルが響いたという「南ドイツの森林地帯と北イタリアの湖沼地帯とのちょうど中間地帯に位置するヨーロッパの忘れられたかたすみ」に向けて、殿下と呼ばれていた「白痴」がたどったはずの経路を、このジェット機の乗客は逆向きにたどりなおしている。ことによると、この正確な逆行ぶりが、何とも始末しがたい不自然さの原因なのだろうか。「白痴」でもあり「神」でもあるゴダールは、あるところであっけらかんとこう宣言している。

ぼくが大好きなのは、空中にいるということだ。人間は宇宙からやってきたとする科学的理論はたくさんある。これはなかば宗教的でなかば科学的な観念なんだが、ぼくは結局この観念を信じている……ぼくが地球人との間で苦労するのは、たぶんぼくが異星人に属しているからなんだ。もっとも、このことをアンヌ゠マリー・ミエヴィルに言っても、なかなか彼女に本物の異星人とみなしてもらうことができない。この異星人はほかの多くの異星人と同様、地球に送りこまれていて、しかもスパイなりフィクションなりとして見つけ出されることを必要としている。われわれがこの地球で生きていかなければならないのはそのためだ。

(『ゴダール全評論・全発言III』奥村昭夫訳、筑摩書房、一六八頁。以下、III-168のごとく略記)

とするなら、われわれは、この異星人を「スパイなりフィクションなりとして見つけ出」すために、急遽旅程を変更し、わざわざ早起きまでして、エアバス2874便に搭乗しているのだろうか。

異星人と風景の変貌

高度を下げ始めた機体の窓から『右側に気をつけろ』で見たのとそっくりなスイスの田園地帯を俯瞰しているうちに、エアバス2874便はいつのまにかレマン湖上にさしかかっており、ローヌ川を見下ろしながらゆっくり旋回しつつ、ジュネーヴ空港への着陸態勢を整える。到着後の地上での地球人たちは、異星人の言葉を律儀にたどりながらもろもろの手続きを終え、スイスへの入国をはたす。同じフランス語を話す土地でありながらフランスとは微妙に違う何かが、通貨交換にあたる人々の素振りからすけて見えるような気もするが、それは東洋からの旅行者のむなしい錯覚かもしれない。

フランスのマスメディアは、近年、「神」をスイス出身の映画作家だとことあるごとに強調しているが、彼のいま住んでいる土地は母方の故郷にほかならず、しかも父方のフランス国籍も失っていないはずなので、「神」の姿をかりた「異星人」は、この地上でれっきとした二重国籍の持ち主である。パリを舞台とした処女作の『勝手にしやがれ(*À bout de souffle*)』でジャン゠ポール・ベルモンドにスイス方言を口走らせていたように、みずからのスイス性をあえて隠そうとしなかった「神」は、二つのパスポートを使い分けることで二つの国での兵役を巧みに回避しえたのだが、それが、地上に迷い込んだ異星人なりの生き方の秘訣だったのかもしれない。実際、ジャン＝リュックは、かつての僚友フランソワのように、脱走兵として営倉に閉じこめられることも、ジャン＝マリーのように、兵役忌避者としてながらくフランス国外を放浪することもなかったのである。

「ぼくはいまはもうパリに住むことはできない」と「神」は一九八九年に宣言している。「ぼくは国境地帯の住民、フランス系スイス人なんだ……。ぼくは生まれて二カ月のときから、ジュネーヴとパリのあいだを行ったり来たりしている。両親や祖父母もいつもそれをしていた。それにぼくはいつも、二つの祖国の一方を捨てていた」というのである。

いつでも都合よく捨てるために存在していた二つの祖国を持つ「神＝異星人」は、いま、映画の生誕百年にあたる一九九五年の夏、「ああ、可哀想な映画……」などとつぶやきながら、フランス国境からも遠くないレマン湖畔のアトリエにひきこもり、『(複数の)映画史』の完成をめざしている。この構図ははたして自然なものなのか、それとも、彼は、その不自然さを自然と受けとめることに、生後二カ月以来馴れていたのだろうか。

ジュネーヴ空港のタクシー乗り場では、「神」の撮る映画でしばしばハンドルを握る男たちより遙かに人柄のよさそうな若い運転手が、東洋人の旅行者の口からもれた目的地を耳にしただけで、晴れがましそうな笑みを浮かべる。そうした事態の推移はごく自然なものと映るのだが、地球人であるわれわれまでがそれに馴れてしまってよいのだろうか。

三人のパリからの訪問者を乗せた車は、ジュネーヴの込み入った街路をすり抜け、国際機関のいかにも気の利かない建物や、広い庭園が湖まで拡がる豪華な邸宅が見え隠れし始めたあたりで加速しながら、右手にレマン湖の水面の鈍い輝きを木立沿いにのぞかせている高速道路を、「ヨーロッパの忘れられたかたすみ」へと向けてかなりのスピードで走る。

「神」もまた、この道路沿いの光景を何度となく目にしているのだろうが、その想像があたりの風物をことさら特権化するわけでもなく、このジュネーヴ近郊の土地の表情は、いつ見てもどこかしら凡庸な退屈さに支配されている。にもかかわらず、映画作家としての二度目の出発といってよい『勝手に逃げろ／人生(*Sauve qui peut (la vie)*)』(一九七九)からその画面に登場することになったこの緑の田園地帯は、「神」のキャメラの被写体となるや否や、そこに散策する邪気もない牛や馬までがたちどころにただならぬ気配を漂わせることになる。「私が木々や湖水を撮るのは、それが近くにあるからにすぎない」と彼はいうのだが、もちろんその言葉は、退屈な風景のただならぬ変貌ぶりをいささかも説明してはいない。

実際、『こんにちは、マリア(*Je vous salue, Marie*)』(一九八五)で天使ガブリエルが降り立ったのも、『ゴダールのリア王(*King Lear*)』(一九八七)のウイリアム・シェークスピア五世がノートをひろげて執筆の構想をねるのも、『ヌーヴェルヴァーグ(*Nouvelle Vague*)』(一九九〇)の「彼」が「彼女」の目の前で水没の危機に瀕するのも、『ゴダールの決別(*Hélas pour moi*)』(一九九三)の「神」が人間の肉体に宿ってラシェルを身籠もらせるのも、『JLG／自画像(*JLG/JLG, autoportrait de décembre*)』(一九九五)のJLGが靴を濡らして散策するのも、『フォーエヴァー・モーツアルト（*For Ever Mozart*）』（一九九六）の映画監督が無言で物思いにふけるのも、この水辺でのことだ。彼らのことごとくが、異星人の化身だったとでもいうのだろうか。ことによると、何の変哲もないレマン湖畔の風景は、二〇世紀の暮れ方に何度か「国境地帯の住人」を気取る異星人の被写体となりつづけたことで、ジョン・フォードにとってのモニュメント・ヴァレーのように、のっぴきならぬやりかたで映画性を身にまとってしまっているのかもしれない。

「誰かがジョン・フォードとぼくについて語っていた。でもジョン・フォードはぼくにとっては、イスラエルの人々にとってのモーゼのような人だ。ぼくは彼のそばでは小僧《プチ》のままなんだ。ぼくにとって彼は大物でありつづけた」といってから、「神」はこうつけ加えていたはずだ。

> ぼくが映画を気に入っているのは、たとえジョン・フォードより年下《プチ》だとしても、自分は彼よりも才能がないわけじゃないと感じられるから、彼と同じ館に住むことができる、あるいは彼と同じ地所に住むことができると感じられるからだ。（III-684）

だとするなら、レマン湖畔の緑の一帯がユタ州の岩石砂漠と通底しあっても何ら不思議ではないはずである。

タクシーは、ほぼ指定された時刻に目的地のロールの住宅地にたどりつき、清潔さの印象しか与えることのない一軒の建物の前にわれわれを残したまま、運転手は笑顔とともにあっさり姿を消してしまう。木々に囲まれた何の変哲もないこの家の中に、ペリフェリア・プロダクションのオフィスがあるというのだろうか。その頃になってそわそわし始めたアンドレ・Sは、こちらの家にはまだ来たことがないなどとつぶやきながら、どのベルを押せばよいのか途方に暮れている。

『女と男のいる舗道(*Vivre sa vie*)』(一九六二)以来何度か「神」の映画に登場したことのあるドキュメンタリー作家でもあり映画評論家でもあるアンドレ・Sが、いきなり頼りない存在に思えてくる。『新ドイツ零年(*Allemagne année 90 neuf zéro*)』(一九九一)のコメンタリーを堂々と朗読していたのは、本当にこの男だったのだろうか。ここは番地の異なる「神」の自宅を一〇年ほど前に訪れたことはあるが、転居後の住所は未知のものだったので、アンドレ・Sならそのあたりの事情に通じていると思っていたのに、目的地についてからの彼の素振りはどこまでも自信を欠いている。「神」の言葉通りに遅滞なく空路で国境を越えたわれわれは、かくして、ペリフェリアというプロダクションの名前にふさわしく、この世界の「周縁地帯」で、シャルル・ド・ゴール空港を発ってから初めて逡巡することになる。

だが、当然のことながら、「神」はみずから顕現する。まるで訪問者の戸惑いを見すかしていたかのようにどこからともなく表通りに姿を見せた映画作家は、これといった歓待の素振りなど示すことなく、ただはにかむように、ボンジュールとつぶやく。待っていた。さあ、中に入って上映を始めよう。われわれは、長袖のシャツを羽織っただけの「神」にしたがい、地下に下りていくかに見えて実は芝生におおわれた庭へと通じている傾斜をおぼつかない足取りで進み、大きなガラスの扉から明るく広いサロンへと足を踏み入れる。どうやらそこが製作会社ペリフェリアのオフィスであり、同時に映画作家のアトリエでもあるらしいのだが、『(複数の)映画史』のために、「エイゼンシュッツやシムソロほどではないにしても」三千本は蒐集したというヴィデオ・カセットをおさめた棚など、どこにも見当たりはしない。

内部はいかにもこざっぱりとして、無駄なものはひとつとしておかれてはおらず、ヴィデオの決して大きくはないモニターだけが、いくつもの黒々とした機材とともに、日当たりのよい庭に面した窓ぎわにすえられている。誰にいうともなく、さあ、どこにでも気に入ったところにすわってくれたまえとつぶやくと、「神」はゆるやかな身振りで窓のカーテンというカーテンを閉めてまわり、機材の上に点滅している赤や緑の数字やアルファベットをわれわれの視線から遠ざけるために、おそらくは手製のものと思われる薄くて黒い板を機材の前にいくつも律儀に配置してまわる。

最後にカセットを挿入し、音響を確かめてからわれわれの背後に回ると、うしろの机で手紙を書いているからとひとこと口にして、映画作家は三人の視界から完全に姿を消す。こうして、「神」の不可視の視線にさらされながら、「世界でもっとも完璧な」環境での『映画史』の上映が始まる。それはアンドレ・マルローの美術論にちなんで「絶対の貨幣」と題された「3A」篇にあたる部分であり、シャンタルとアンドレ・Sにはさまれたかたちで、三メートルほどの距離から、その画像が推移する小さな画面と向きあうことになる。

その後に起こったことがらを、装われた日記風の言説でこれまでどおり記述するのはさしひかえねばなるまい。まず、一編の作品にこめられたものがそうした文体とたやすく折り合いをつけがたいという理由があるが、それにもまして、「神」の視線を背中に受けとめながら「神」自身の新作に視線を送るという体験が瞳を思いきりおじけづかせていたので、「世界でもっとも完璧な」環境で見たはずのものについて語ることはほとんど不可能というほかないからである。

ことによると、「神」は見せる仕草そのものを演じつつ、現実には何も見せなかったというべきかもしれないのだが、断片的なイメージとしてかろうじて記憶に刻みつけられたのは、何度か点滅するように画面に浮かび上がった「形をなす思考」、「思考する形式」という文字のつらなりにすぎない。ロベルト・ロッセリーニの『イタリア万歳(*Viva l'Italia*)』(一九六一)のひとつのショットの背後に、そのときは題名も歌手の名前も知らなかったカンツオーネが「偉大なるイタリア映画……」と抒情をこめてリフレインするあたりから、終わりの近づいた予感で奇妙な胸の高まりを覚えたものだが、その声の抒情を断ち切るように、「形をなす思考」、「思考する形式」という文字が、くり返し画面にあらわれては消えるのである。

カンツオーネの歌声が高まり、「形をなす思考」、「思考する形式」という文字のくり返しがふととだえたところで、ゴーモンとペリフェリアとの共同製作というクレジットが挿入され、『(複数の)映画史』

の「3A」篇にあたる「絶対の貨幣」は、「続く」という小さな文字を浮き上がらせて終わりを迎える。ああ、終わったと、思わずほっとしたというのが、「世界でもっとも完璧な」環境での上映に立ち会った者の正直な反応である。その後、異なる機会に何度も見直すことになった『(複数の)映画史』について分析的に語るには、「形をなす思考」、「思考する形式」について改めて考察を加えることと同様、これとは別の言説が必要とされるだろう。ここでは、またしても「神」に不意打ちされたという思いにとらわれ、いくぶん放心気味に立ち上がるのを待っていたかのように、いきなりタクシーを呼ぶゴダールの声が響いた直後のことのみ記しておく。

振り向くと、受話器をおいてズボンのポケットから何枚かのスイス紙幣をとりだした「神」は、それを皺になったままアンドレ・Sに手渡し、これでローザンヌまで行き、駅のレストランでサンドイッチでも食べてくれたまえという。われわれは、またしても「神」の言葉にさからうことなく、迎えにきたタクシーに揺られて無言のままたどりついたローザンヌ駅で、とても上質とはいいかねるサンドイッチを三人でほおばり、イタリア語のアナウンスが響く車輌でサンゴタルド峠の長いトンネルを抜け、北イタリア経由で列車を乗りつぎながらロカルノへと向かうことになるのだが、それとてここでの話題ではない。

倒れるように無人のコンパートメントにすわりこんだとき、疲れたからだによみがえってきたのは、イメージではなく、言葉である。それは、すでに触れたように作品の最後に間歇的に画面に点滅していた「形をなす思考」、「思考する形式」という語句にほかならない。いうまでもなく、それ自体は何ら驚くべき言葉とはいえまいし、それに類する文章なら、自分でも何度か書いたことさえあるといえる。

映画は、何よりもまずそのフォルムにおいて思考を刺激する。また、そのフォルムそのものが、いま目の前に生成されつつある思考として、言葉を誘発する。その程度のことなら、ゴダールという名の「神」の顕現を待つまでもなく、誰にだっていえる。にもかかわらず、小さな画面でのその語句の点滅がことさら見る者の心を騒がせるのは、それがエドワール・マネの描く女性たちの肖像によって導きだされた言葉にほかならなかったからだ。

ゴダールは、いつものあっけらかんとした気取りのなさで、マネとともに近代絵画は生誕したとつぶやいてから、近代絵画、すなわち映画が生誕したのだといいそえる。だとするなら、この早朝のジュネーヴ行きは、「ヨーロッパの忘れられたかたすみ」で、映画の起源としてのエドワール・マネと出会うべく仕組まれた陰謀だったのだろうか。リュミエール兄弟によるシネマトグラフの発明を無視して、画家マネとともに映画が成立したと「神」にいわしめているものは、いったい何なのか。

一九世紀の画家にかぎって見た場合、それが、オーギュスト・ルノワールとともにでないことは、誰にも漠然とながら理解できる。オーギュストの息子でもある映画作家ジャンの偉大さは、ゴダールにとってあくまでも「音楽」であることからきており、間違っても「絵画」からきてはいないからである。だが、なぜ、ポール・セザンヌではなく、エドワール・マネなのか。その理由を、ゴダールは「絶対の貨幣」で執拗にくり返す。その響きを鈍く反芻しながら、思考はミシェル・フーコーをめざして唐突に収斂する。

実際、近代という言葉こそその口からもれてはいなかったはずだが、一九六九年の東京で、長い竿のような指示棒を握ったまま、「絶対の貨幣」にも登場する何枚もの作品がスライドで投影されたスクリーンを前にしていた演壇のフーコーは、マネの名ばかりを憑かれたようにとなえていた。そこには、なぜマネなのかという問いを形成させまいとするひたむきさがはりつめていたのだが、ゴダールの「絶対の貨幣」にも、それを思わせる何かがみなぎっている。

ジャン゠リュック・ゴダール、ミシェル・フーコー、そして、おそらくはその背後にジョルジュ・バタイユ。この三つの名前がエドワール・マネによって不意に結ばれるのを目にするとき、人は、「思考と感性とをめぐる断片的な考察」へと向けて自分自身をゆっくりと組織し始めている。その主体が、一九九五年八月三日にパリ発ジュネーヴ行きのエアバス２８７４便に搭乗していたのと同じ人物であるか否かを知ることは、さして重要な意味を持つことはあるまい。いずれにせよ、この「断片的な考察」が行なわれようとしているのは、それから一〇年近くが経過した二〇〇四年の夏以降の東京でのことである。

II

『(複数の)映画史』におけるエドワール・マネの位置

クローズアップ

ほんの一瞬暗くなった画面がすぐに明るさをとりもどすと、光源の位置を意識させない鈍い照明のごく排他的なクローズアップが、開かれた書物のページを薄暗い室内のテーブルの表面にやや斜めに浮き上がらせる。とはいえ、印刷された文字をたどりうるほどの距離にキャメラがおかれておらず、画面全体はパースペクティヴを欠いた静物画といった風情で、被写体のひとつひとつを孤立させている。書斎の仕事机に左側のうしろからかがみこむようなアングルで撮影されたショットだろうが、書物と向かいあう人影は画面から小気味よく排され、見えているのはその両手ばかりである。開かれた書物をのぞくテーブルの残りの部分はほぼ影につつまれ、読書家の孤独なたたずまいだけがあたりに漂いだしている。

ひろげられたページにほぼ接しあうように、キャップが赤と黒(あるいは青かもしれない)の白いフェルトペンが二本投げだされているのが画面上部の左隅にかろうじて見てとれる。さらに目をこらすと、テーブルには二冊の書物がかさねられているのがわかり、上にのせられた書物の開かれたページの両はしに、それを読みつつある男の両手の指先がそえられている。テクストに下線でもほどこすためだろうか、その右手の指には鉛筆が握られている。画面上部の右隅にも何かがおかれているが、それを識別することはこの照明の暗さでは不可能である。

前のショットから間歇的に続いている鼓笛隊のそれを思わせる乾いた太鼓の音や横笛にかさなりあうように、誰もが知っている名高いピアノのメロディーが流れ始める。シューマンの組曲《子供の情景》の「珍しいお話」の一節である。それを機に、親指のあたりまでは照明を受けとめている右手が鉛筆を手放し、ほとんど影につつまれた左手とかさねあわされるようにいったん白い紙面をおおうと、すぐさまその書物をとりあげてページを閉じ、表紙を上にして左側から視界の外に遠ざける。

ほんの一瞬のことではあるが、書物の題名はフランス語で『確実性の問題(*De la certitude*)』と読める。著者はいうまでもなく、ルードヴィッヒ・ヴィトゲンシュタイン。フランス語訳のポケット・ブック版である。手しか見えてはいない男は、どうやらこのヴィトゲンシュタインの哲学的な著作を粗末なペイパーバックス版で読んでいるらしい。その間、画面の下半分に、フランス語のDE L'ABSOLUという二語が白い大文字で浮かび上がり、ややあってから消える。いうまでもなく、「3A」篇の題名である「絶対の貨幣(La Monnaie de l'absolu)」の「絶対の」を意味する単語である。だが、ここには、「貨幣」を意味するフランス語はそえられていない。

「絶対の貨幣」がアンドレ・マルローの『芸術の心理学』(邦訳＝『東西美術論』)の第三巻目の題名であることは誰もが知っている。ジャン＝リュック・ゴダールの『(複数の)映画史』の「3A」篇がマルローにちなんでそう呼ばれていることもまた、ほぼ周知の事実だといえる。とするなら、いま見たばかりのクローズアップの画面に登場していた右手と左手とは、いずれもゴダールその人のものなのだろう。とりたてて美しくもなければ醜くもないが、鉛筆を握ったり、書物を閉じたり、それを画面の外に追いやったりする仕草は何のためらいもなく、いたってスムーズに演じられている。

右手の指はふたたび鉛筆を握り、残された書物の細い栞の位置をほんのすこしばかりずらしてみせる。その書物が何であるかはわからないが、紐状の栞の存在と紙質の極端な薄さからして、それがどうやらガリマール社刊行の「ラ・プレイヤッド」叢書の一冊であることはほぼ間違いなかろうと思う。ピアノはまだ続いているが、暗い室内の書物のクローズアップは、その内側から奇妙に変質し始める。まるで紙の向こう側に煙草の火でも近づけたかのように画面の中心部分がにわかに変色し、それが燃え拡がるように大きさをますにつれ、一人の女性の人物像が浮かびだし、やがてそれが画面の全域にまで拡がりだす。それは、『(複数の)映画史』のゴダールがよくやるヴィデオ的な技術によるワイプの手法だといってよいが、浮き上がったその女性像はゴヤの《ユディットとホロフェルネス》のユディットである。そのとき、画面の下半分に、「闇」をあらわすフランス語が白い大文字でDES TÉNÈBRESと浮き上がってくるのだが、敵将ホロフェルネスを惑わしたうえでその首を掻き切った女性の顔に「闇」をあらわす文字がそえられていることは指摘しておくべきかもしれない。

これが、不定冠詞にさきだたれた「いくつもの闇」を意味する複数名詞なのか、前置詞DEにさきだたれた定冠詞LESが変化してDESとなり「いくつもの闇の」を意味しているのかは明らかでない。あるいはまた、書物のクローズアップ・ショットに浮きだしていた「絶対の」と結びあわせて、「闇の・絶対の」とする解釈もまったく不可能ではない。さらには、書物のクローズアップ以前の画面にあった「何か(QUELQUE CHOSE)」と組み合わせ、「闇の・絶対の・何か」とすることもできようが、構文上それにはやや無理があるだろう。そう思っているうちに、画面は呆気なく溶暗する。こうして、暗さと暗さにはさまれたこのシークエンスは一応の終わりを迎えるのだが、はたしてそれはひとつの独立したシークエンスだったのだろうか。

引用

そのとき、人は唐突に思いだす。実際、ゴダールがヴィトゲンシュタインに言及するのはこれが初めてではないし、ポケット・ブック版の『確実性の問題』がこれと同じやりかたで視界から遠ざけられるイメージも、すでに見たことがある。そして、「絶対の貨幣」のこの仕事机の上の書物のクローズアップが、ゴダール自身の『JLG/自画像』の一場面にほかならぬことに思いあたり、誰もが口惜しげに舌打ちするしかない。

人騒がせなゴダール。彼は、またしても自分自身を引用することで、あるイメージを異なる文脈の中に置き換えているのである。実際、『JLG/自画像』では、親指のあたりまで照明を受けとめている右手が鉛筆を手放し、ほとんど影につつまれた左手とかさねあわされるように白い紙面をおおったとき、ゴダール自身は、『確実性の問題』の章節を声をあげて朗読していたはずである。

125 〝両手はあるか？〟と盲人に聞かれ、両手が見えたから確信できるのか？ なぜ、自分の目が確かだと信じうるのか。確かめるべきは、むしろ目ではないのか？ 両手が見えているかどうか。

（『JLG／自画像』）

ほんの一瞬であれ画面で両手がかさねあわされるとき、ゴダールはこの部分を読んでいたのだから、とりたてて美しくもなければ醜くもない彼の右手と左手の動きは、「確かめるべきは、むしろ目ではないのか？ 両手が見えているかどうか」というテクストを読みながら、そこに語られていることを身体的に再現してみせていたことになる。不可視のゴダールもそのとき自分の両手を見ているはずだし、またこの作品を見ている者たちも、それを見逃しはしなかったはずである。

だが、そうした視覚論的な文脈からは遠く離れたところで、シューマンの組曲《子供の情景》のメロディーとともに見られる『(複数の)映画史』の「3A」篇「絶対の貨幣」のイメージに、人は何を読めばよいのか。題名だけが読みとれるヴィトゲンシュタインの『確実性の問題』は、作品としての「絶対の貨幣」とどうかかわることになるのか、それともかかわりを持たないのか。

かかわりを持つという点でなら、『JLG／自画像』で読みあげられたヴィトゲンシュタインの言葉は、ほぼそのままのかたちで、『（複数の）映画史』の「１Ａ」篇「すべての歴史」の最後に、ロッセリーニの『ドイツ零年（*Germania, anno zero*）』（一九四八）の少年の自殺直前の彷徨と、フェリーニの『カビリアの夜（*Le notti di Cabiria*）』（一九五七）の頬に両手をそえたジュリエッタ・マシーナのクローズアップがかさなりあう画面に響いていたはずである。だとするなら、『ＪＬＧ／自画像』の問題のショットが、イメージと音響を分離したかたちで『（複数の）映画史』の異なる部分に引用されているのはなぜかと問うべきかもしれない。

『ＪＬＧ／自画像』の場合、事態はより論理的に進展していたはずである。『確実性の問題』の下におかれていた書物がドゥニ・ディドロの『盲人書簡』であることを、ゴダール自身の声が明らかにしていたからだ。そのページと向かいあう彼がことさら単調なリズムで朗読していたのは、つぎの数行である。

彼女は「心と精神の美点こそが恐ろしい」と言った。「目が見えないことは、特に女には利点ですの。美男の殿方を振り返って見ませんから」。さらに「幾何学者は生涯ほとんど目を開かないそうね」と。

（『ＪＬＧ／自画像』）

それを読みおえてからゴダールは『盲人書簡』を脇にのけ、その下に敷かれていた白い何枚かの紙をとりだし、それに赤と黒のフェルトペンで何やら図形を描きながら奇妙な歴史的「ステレオ」論を展開するのだが、それについてはここでは触れずにおく。

『JLG／自画像』では、盲人の女性をフィルムの編集者として雇う挿話があるほどだから、ゴダールがヴィトゲンシュタインやディドロの視覚論に触れる理由は充分すぎるほどある。ところが『(複数の)映画史』の「3A」篇の「絶対の貨幣」には、そうした文脈はいっさい形成されることがない。薄暗い部屋の中での書物のクローズアップの場面にはゴダールの声など響いてはおらず、ただ、シューマンのピアノ組曲《子供の情景》が聞こえているだけである。だとするなら、ゴダールは、なぜ、自分自身の『JLG／自画像』のこの場面を、音声を排したイメージとして引用したりしたのか。

その疑問を放置したまま、呆気なく暗転した「絶対の貨幣」の画面に戻らねばならぬ。ゴダール自身の両手をそえた書物のクローズアップにさきだつ暗転がそうであったように、ここでの暗転もごく短いものだが、被写体を視界から一掃する黒さがショットの連鎖にある種の切断を導入していることは明らかだからである。見る者は、画面が黒さにつつまれているあいだに呼吸を整えようとする。だが、イメージはいったん途切れていながら、音響はその切断に同調せず、シューマンのピアノ組曲《子供の情景》の「珍しいお話」は何ごともなかったように奏でられつづけている。

女性たちの肖像

一呼吸あるかないかで明るさをとりもどす画面には、誰もが知っている一人の女性の肖像が、本来のそれとは異なるスケールと構図で浮かび上がる。人々が《バルコニー》という題名で知っているマネの絵画作品に描かれた三人の人物の一人である女流画家のベルト・モリゾがクローズアップに近いかたちで作品のほかの要素――人物、前景、後景――から孤立し、やや右向きの表情だけが画面におさまっているのである。手前の薄緑色に塗られた鉄製の手すりはおろか、そこにそえられている彼女の手に握られている扇さえほとんど視界にとらえられてはいない。だが、ゴダールはこのクローズアップだけで充分だというかのように、背後に立っているはずの男女を大胆に排除しており、《バルコニー》という作品そのものは解体されている。

これにさきだつ開かれた書物のクローズアップがそうであったように、ここでのゴダールが画面の視覚的な情報を極端に希薄化しようとしているのはほぼ間違いない。豊かな髪も大半は画面の外に追いやられ、まとっている衣装の薄く透明な生地が誘発するだろうやわらかな触感も主題とはなりがたいようだ。この極端なクローズアップは、額にたれた二つの黒髪のカールをかろうじて構図におさめ、あとはただ、眉毛、瞳、鼻筋、唇、そして襟元にのぞくブローチだけが、この静止した女性の眼差しの行方を想像させる。

そうした表情だけが背景から孤立化し、意図的な拡大によって意志的な目と口元だけがきわだつかに見えるこの神話的な女流画家ベルト・モリゾは、バルコニーに身をもたせかけていることさえ確かではないゴダール的な構図の中で、何をしているのか。何かを見ているのか。それとも、何も見てはいないのだろうか。あるいは、見られていること――画家によって、そして画家の背後にいると想像されるバルコニーに視線を送る不可視の匿名の個体によって、さらにはこれを絵画作品として鑑賞するだろう時間を超えた無数の瞳によって――だけを意識しているのだろうか。

だが、ひとことといいそえておかねばなるまいが、ゴダールによるこの排他的なクローズアップは、ベルト・モリゾの顔だけをとらえているのではない。上部にいくぶんかの余裕を残しつつ、画面のほぼ中央に、「あなたが／何を考えているか／私にはわかっている」という日本語にあたるフランス語の文章がJE SAIS / À QUOI / TU PENSESと白い大文字で三行に分かれて浮かび上がっているからである。「私」が、「あなた」と同様、具体的に誰をさしているのかははっきりしないまま、この三行の大文字は、シューマンのピアノ曲とともに、ゆるやかなオーヴァーラップで浮かび上がるマネの作品《ナナ》の表情にも受けつがれている。《バルコニー》のベルト・モリゾの場合ほど徹底した顔の孤立化が試みられてはいないにせよ、《ナナ》におけるモデルの顔も、画家がモデルに対してとっていたのよりも遥かに至近距離から、バストショットでとらえられている。

エドワール・マネの作品《ナナ》が、エミール・ゾラの長編小説『ナナ』に想をえた絵画であることはいうまでもない。だとするなら、こちら側に——すなわち、画家の方向であると同時に、それを鑑賞する匿名の観衆の方向に——顔を向けているこの女性は、その素振りひとつで男たちを惑わせもする高等娼婦ということになる。元の作品では右はしの手前に半分ほどのぞいているフロックコート姿の紳士はいうまでもなく、彼女自身の豊かな髪の上部さえ構図に入ってはおらず、直前まで彼女が向かいあっていたはずの長い支えの上の丸鏡もなかば視界から排されているので、その右手が握っている白い丸みが化粧中のパフだと認識することさえ難しいといわねばならない。

肉づきのよい腰のあたりをふくよかにおおっているペチコートから、粋に並べられた足にはいている踵の高いハイヒールまで、モデルの下半身はすっかりこの構図から遠ざけられている。胸元のコルサージュさえほとんど見えてはいないのだが、それでも奥の壁に描かれた絵画の一部がこちらに向けられた顔の左手にやや拡がっているので、ヴィデオによる色彩再現の限界を考慮するにしても、露わになった左手の肩から腕にかけての素肌の白さがきわだち、顔しか見えなかったベルト・モリゾのクローズアップより遥かに肉感性を意識させるショットになっている。

《ナナ》のバストショットにもかさなりあっていた三行のJE SAIS / A QUOI / TU PENSESという白い大文字は、つぎにオーヴァーラップで浮き上がる女性の顔にもかかるかたちで画面にとどまりつづける。《ほろ酔いの女》という題名で知られるこの作品の、黒い縁の帽子をかぶり、その下から青い目をのぞかせ、右手を軽く頬にあてがいつつ画面の右側に視線を送っている女性の素性は明らかでない。娼婦だと主張する者もいれば、お針子のような労働者だと想像する者もいるが、左手の人さし指と中指に煙草をはさんだこの女性が、『(複数の)映画史』の日本公開時にベルト・モリゾの肖像とされていたのはおそらく間違いであるように思う。それとも、マネの弟子筋にあたるこの女流画家にミディネット風の衣装を着せたものだろうか。

モデルが誰であれ、おそらくは居酒屋のテーブルでアプサント漬けのプラムを前にしているこの自己同一性の曖昧な女性に向けられたキャメラは、クローズアップとバストショットのほぼ中間の位置におかれているといえばよいだろう。頬にあてがわれた右腕の袖のフリルのあたりまでしか構図におさまってはおらず、その瞳は、何かを注視するというより、やや離れた場所まで漠然とのびているように見える。

ところが、それまで続いていたシューマンのピアノ組曲《子供の情景》の「珍しいお話」の演奏は、彼女の姿が画面に定着したところで終わりを告げる。ちょうどその終わりと韻を踏むように、JE SAIS / A QUOI / TU PENSESという白い大文字はいったん消滅する。

帽子を目深にかぶったこのミディネット風の女性は、不意に音楽を失った画面にそのままとり残される。ベルト・モリゾの表情が隠しきれずにいる女流画家としての落ち着きや、ナナの肉づきのよい肉体にこめられていた高等娼婦としての自尊心といったものは、この匿名の女性の表情から迫ってくることはない。ふと手にした余暇を孤独にゆっくり時間をかけて楽しむといった気取りのなさが、その表情をやわらげている。すると、消滅したはずのJE SAIS / A QUOI / TU PENSESという三行のフランス語が、ゆるやかなリズムで二度画面に点滅し、二度目にその文字が消えると、画面は静かに暗転する。

無声映画

ことによると、人は、エドワール・マネの絵画に登場する三人の女性が、ゴダールの『(複数の)映画史』の「3A」篇「絶対の貨幣」のこの場面に召喚されているのはなぜかと問うべきなのかもしれない。同時に、三人の描かれた女性たちの顔をおおうように、JE SAIS / A QUOI / TU PENSESというフランス語の大文字が白く浮き上がってくるのはなぜかと問うべきなのだろう。さらには、そのイメージに、ドイツ・ロマン派の作曲家ロベルト・シューマンのピアノ組曲《子供の情景》の「珍しいお話」のメロディーが流れる理由は何かとも口にすべきなのだろう。

だが、そんな思いがいまにも言葉として口をついて出そうになるとき、黒い画面に白抜きで別のフランス語の文字が浮き上がってくる。画面には何も映っていないので無声映画の挿入字幕といった按配にC'ÉTAIT DU / CINÉMA / MUETと読めるのだが、その三行の文章の意味を、この映画の公開時のスーパー字幕にしたがい、「それは／サイレント／映画だった」と翻訳することは大いに可能である。その三行の白い大文字が見えると同時に、シューマンの同じピアノ組曲《子供の情景》の別の曲「詩人のお話」が流れ始めるのだが、ここでの溶暗はかなり長く、まだ黒さを失っていない画面には、こんどはEN / COMPAGNIE / DE MA / DEMOISELLE / CLARA HASKILという五行の白い大文字が読めるのだが、それを日本語に訳してみれば「ミス／クララ・ハスキル／と／一緒／に」となるだろう。

前後してスクリーンの黒地に浮かび上がるこの二枚の白文字の字幕は、それ以前の三人の女性のショットを説明するものとして、「いま御覧になったのは、ミス・クララ・ハスキルの伴奏による無声映画でした」とひとまとめにしたほうがわかりやすいかもしれない。もちろん、この文章にふさわしい無声映画的なショットの連鎖は、それ以前にまで遡及しうるとも考えられる。「珍しいお話」の演奏の終わりとともに画面が暗転してこの字幕が浮き上がったことを考えれば、その曲が聞こえ始めたショットを「ミス・クララ・ハスキルの伴奏による無声映画」の始まりと考えてもおかしくない理由をわれわれは持っているからだ。

『(複数の)映画史』の「絶対の貨幣」のその場面以前にも、シューマンのピアノ組曲《子供の情景》の一部が演奏されていたのは確かである。だが、それと同時に、バルトークの弦楽四重奏曲やプッチーニのオペラなども聞こえていたので、鼓笛隊の横笛や太鼓の音を追いやるように《子供の情景》の「珍しいお話」の響き始めた『確実性の問題』のページのクローズアップから「ミス・クララ・ハスキルの伴奏による無声映画」が始まると考えておくのがよかろうと思う。そうした視点に立った場合、無声映画であるがゆえに、ヴィトゲンシュタインのテクストを読むゴダールの声が聞こえなかったことも当然だったと理解できるからである。

だとするなら、これまでの画面に挿入されていた言葉の意味にもいささかの変化が生じる。「絶対の」と読まれうるDE L'ABSOLUは、『確実性の問題』のフランス語題名が「確実性について」とも読めるDE LA CERTITUDEだったことを考えあわせれば、「絶対について」とすることも不可能ではない。また、DES TÉNÈBRESも、同じ理由で「闇について」とすることもありうることになる。当然のことながら、三人の女性の顔をおおうように挿入されるJE SAIS / A QUOI / TU PENSESにも無声映画の字幕的な効果がこめられていることになるだろう。

実際、それぞれクローズアップやバストショットで構図におさまっている女性たちの音としては響かぬ声として、その文字のつらなりを、「あなたが／何を考えているか／私にはわかっている」と読めばよい。絵画として表象されたベルト・モリゾの肖像と、ナナを演じるモデルの肖像と、さらには匿名の女の肖像とが、ゆるやかなオーヴァーラップで画面をみたすとき、それぞれ「あなたが／何を考えているか／私にはわかっている」と口にしているのである。そうしたショットの連鎖を、伴奏音楽つきでサイレント映画風にやってみたというゴダールは、そのことを、さらにサイレント映画特有の字幕をかりて語りかけるという念の入った細工をほどこしているのである。

ゴダール自身のナレーションをふんだんに使ったトーキーとして撮影されている『(複数の)映画史』では、そこに引用されるトーキー作品が音を奪われて挿入されていたり、サイレント作品がピアノ演奏とは異なる音楽をともなってトーキー的な使われ方をしていたり、事態は状況によってさまざまに変化している。だが、いま見た部分を彼があえて無声映画的にキャメラにおさめ、無声映画的に編集していることを見落としてはなるまい。その事実を、ゴダールが、改めて彼自身のナレーションによってトーキー風に説明するだろうことは目に見えているからだ。

だが、サイレントからトーキーへの移行にあたって、いかにもゴダールらしい無声映画的な事故が起こっている。字幕には伴奏者クララ・ハスキルと書かれていながら、実際にはマルタ・アルゲリッチだったと新たな字幕が入るからである。ＣＤの画面に若き日の女流ピアニストの写真がかさなりあうようなめまぐるしいモンタージュに、やや見にくい赤い文字で、ERREUR / MARTHA ARGERICHという文字が挿入される。その訳として「エラー。マルタ・アルゲリッチ」という言葉が日本版の字幕に出るが、これは、「マルタ・アルゲリッチの間違いでした」としておけばさらにわかりやすくなるかもしれない。

音響とイメージ

そして、ゴダールにとってのトーキーが始まる。あるいは改めて始まるというべきかもしれないが、ここでは、女流ピアニストの肖像写真にかぶさるように聞こえてくるゴダールの単調な声が、響き始めたばかりのシューマンの《子供の情景》の「詩人のお話」の冒頭部分をいちはやく追いやり、「私は独りで、いわば、思索にふけっていた」というナレーションをつぶやき始める。

そのとき、画面には、「1/ PENSÉE」の文字が浮かび上がり、それに続いてほとんどモノクロームに近い画面にゴダールの顔が左向きのクローズアップでとらえられているのだが、それ以後のショットの連鎖を、これまでのように逐次に描写するにはおよぶまい。ゴダールは煙草をくゆらせており、唇を動かしてはいないので、聞こえてくる言葉を画面のゴダールが語っているのでないことは明らかである。

あえて単調になることをいとわない彼のナレーションは、「私は手に、一冊の書物を持っていた。ジョルジュ・バタイユの『マネ』だ」といいそえる。その言葉によって、ついさっき見たばかりの『確実性の問題』のページに両手がそえられるクローズアップが、「手に、一冊の書物を持っていた」の一語に相当するものであることが明らかになる。彼は、書物のクローズアップが必要となることを見越して、『JLG／自画像』の一ショットをそれにあてようとしたのである。ヴィトゲンシュタインをあっさりジョルジュ・バタイユに代置してしまうゴダール的なご都合主義をいまさらあげつらってみても始まらない。『(複数の)映画史』の多くのショットは、こうした安易な置き換えによっているからだ。彼は、モノローグを続ける。

マネの描く女性はみな、あなたが何を考えているかわかっているわ、と言っているようだ。おそらくそれは、この画家に至るまでは、――このことを私はマルローから学んだのだが――内的な現実が宇宙《コスモス》よりまだ捉え難かったからだ。

(『(複数の)映画史』「3A」)

ここでゴダールが語っていることの妥当性(あるいは非妥当性)を検証することが問題ではない。また、ここに登場する二つの固有名詞、すなわちジョルジュ・バタイユとアンドレ・マルローそのものについて言葉をつらねることも、当面の話題とはなりがたい。彼らの著作『マネ論』もしくは『東西美術論』について、そのどこにこうした言説を誘発することになる文章が書かれているかという議論も、後に譲られることになるだろう。いまはさしあたり、あからさまなトーキーとして始まっているこの部分のモノローグの音声とイメージが、ゴダール自身が字幕で「無声映画だった」というショットの連鎖とどうかかわるかを見ておかねばなるまい。

問題はさして複雑ではない。「無声映画だった」という部分のイメージは、だが、文字と絵画的に表象された肖像のクローズアップによって、トーキー部分をあらかじめ再現していたのである。だが、これを予告と勘違いしてはならない。ピアノ伴奏つきの無声映画は、モノローグ入りのトーキー部分と相互反復的な関係にあるというべきなのだ。

実際、「マネの描く女性はみな、あなたが何を考えているかわかっているわ、と言っているようだ」という言葉は、音声なしに、無声映画の部分で充分に語られている。では、なぜ、トーキーによる反復が必要となるのか。まさしく、ゴダールにとって、エドワール・マネとともに始まる近代絵画と映画の誕生とが、継起的な事態ではなく、あくまで相互反復の関係にあるからだ。モノローグの声をたどってみることにしよう。

ダ・ヴィンチやフェルメールの有名な物憂い微笑みは、まず、私、と言う。私、それから、世界。ピンクのショールを纏ったコローの女性さえ、オランピアの考えることを考えていない。ベルト・モリゾの考えることも、フォリー・ベルジェールの女給の考えることも。なぜなら、ついに世界が、内的世界が、宇宙《コスモス》と合流したからであり、エドワール・マネとともに、近代絵画が始まったからだ。つまり、シネマトグラフが。つまり、言葉へと通じてゆく形式が。より正確を期すれば、思考する形式が。映画が最初は思考のために作られたということは、すぐさま忘れられるだろう。だがそれは別の話だ。炎はアウシュヴィッツで決定的に消えてしまうだろう。この考えには、いささかの価値はある。

(『(複数の)映画史』「3A」)

こうしたモノローグにつれて、ダ・ヴィンチ、フェルメール、オランピア、ベルト・モリゾ、フォリー・ベルジェールのバーメイドなどが、それぞれクローズアップで示されるが、重要なのはそうしたショットの連鎖そのものではない。問題は、ゴダールが、映画はマネとともに始まる近代絵画に由来すると考えているのではないということだ。一九世紀は、内的な世界と外的な世界とをひとつのものとして表象するための新たな思考の形式を人類に教えたのであり、それがマネとともに近代絵画となり、同時に映画ともなったとこのモノローグはいっているのである。さらにつけ加えるなら、その新たな思考の形式がアウシュヴィッツで燃えつきたという指摘が、書物のページを焼きつくすように登場したゴヤの《ユディットとホロフェルネス》のユディットの「闇」によってすでに語られていたといえるかもしれない。

あえてくり返しを怖れずにいいそえておくが、ゴダールのいう形式と思考との関係をめぐって、それが妥当であるか否かを検証することがここでの問題なのではない。思考の形式として生まれたことがいつしか忘れられ、アウシュヴィッツでそれが決定的な忘却に陥ったとされている映画と、この『(複数の)映画史』という映画とがいかなる関係を持っているかについても語らずにおく。問題は、《バルコニー》のベルト・モリゾが、《ナナ》のモデルが、誰ともわからないミディネットが、《オランピア》の横たわる裸女が、《肖像》のベルト・モリゾが、そして《フォリー・ベルジェールの酒場》のバーメイドが、いずれも「あなたが何を考えているかわかっているわ、と言っているようだ」とするなら、それは、あくまでクローズアップで構図の中心におさめられた女性像だからにほかならない。

ここで三つのことが問題になる。ひとつは、マネの絵画の構図そのものを小気味よく無視するゴダールが、すべてを顔のクローズアップによって語っていることだ。二つ目は、ゴダールのキャメラが、マネの静物画はいうまでもなく、男性をモデルとした肖像画の顔にも向けられていないということである。そして三番目の問題として、クローズアップによって拡大された女性の表情が、いずれもオーヴァーラップで継起的なショットの連鎖をつくりだしているということにほかならない。つまり、すべては映画という音声とイメージのモンタージュの内部で生起しており、「あなたが何を考えているかわかっているわ」という文章も、大文字のフランス語の字幕スーパーであれ、ゴダール自身のナレーションによるものであれ、映画の中の言葉にすぎないのである。

《フォリー・ベルジェールの酒場》の場合、その背後に拡がっている斜めの鏡の仕掛けを無視しては作品そのものを語れないはずだが、『(複数の)映画史』の作者は、作品の表層にたちさわぐ絵画的な細部の配置を大胆に分解して、バーメイドの顔だけにキャメラを集中している。彼女が、ゴダール自身のナレーションにつれ、黒地に白文字のJE SAIS / A QUOI / TU PENSESにさきだたれ、オランピア、ベルト・モリゾのクローズアップに続いてオーヴァーラップで画面に浮き上がり、それが二度、三度と黒地に点滅するとき、彼女が「あなたが何を考えているかわかっているわ」といっているかのような気持ちに誘い込まれるのは確かである。だが、それは、あくまでクローズアップ、オーヴァーラップといった映画的な視覚効果の内部のできごとにすぎない。

では、そのゴダール的な映画の視覚効果は、「アウシュヴィッツで決定的に消えてしまうだろう」といわれた「思考の形式」の内部に位置しているのか、それともそれとは異なる別の「思考の形式」なのか。

別の「思考の形式」だというなら、それはいかなる点で異なっているのか。そのことの検証がなされる以前に、『(複数の)映画史』は、あたかもゴダール個人の見解表明のように受けとめられてしまっている。

III マネからアウシュヴィッツまで

映画の自画像

エドワール・マネのモデルとなった女性たちの表情をクローズアップでとらえた「無声映画」を、シューマンのピアノ曲の伴奏つきで「3A」篇「絶対の貨幣」に挿入してみせたゴダールは、それに続くトーキーの部分で、「近代絵画」はマネとともに始まるとぽつりと口にする。あえて単調さに陥ることを避けようともしないその低いモノローグは、いま口にしたばかりの「近代絵画」という言葉をその場で「シネマトグラフ」といいかえ、さらに、「つまり、言葉へと通じてゆく形式が。より正確を期すれば、思考する形式が」マネとともに始まったのだと語りついでいる。だが、シネマトグラフが「思考する形式」にふさわしいものとして人類の資産となったことなどあっさり忘れられ、それにエネルギーを供給していたはずの炎は、アウシュヴィッツでぴたりと燃えつきてしまう。

ゴダールがそう語っていたことは、前章でことこまかに見たとおりである。そのとき、人が、いかなる問題と直面することになるのか、それについてもざっとながら触れておいたつもりだ。つまり、『(複数の)映画史』を見た者なら、「3A」にいきなり挿入された「無声映画」が、炎の燃えつきてしまって以後の映画なのか、それとも、なお「思考する形式」たりえているのか、誰もがそう問わねばならぬ立場に身をおいているはずである。また、そのことごとくがアウシュヴィッツ以降に撮られているゴダールの作品は、『勝手にしやがれ』から『アワーミュージック(*Notre musique*)』(二〇〇四)にいたるまで、あるいはこの『(複数の)映画史』をも含めて、あるとき点火されながらもいまや消えかかろうとしている炎の残照を遙かに受けとめていただけなのか。それとも、その炎とは異なる何かをエネルギーとして撮られているのか。「3A」の「絶対の貨幣」は、そうした問いへと見る者を誘わずにはおかない。

とはいえ、問題の「無声映画」について見るなら、事態はさして複雑とも思えない。ことによると『あなたが何を考えているかわかっているわ』という題名がふさわしいのかもしれないこの作品は、あたかも人類史上初のシネマトグラフとして撮られた匿名の作品であるかのように見えるからだ。シネマトグラフという言葉が固有名詞であり、リュミエール兄弟によって開発された撮影、現像、上映の可能な装置の登録商標であることなど、ゴダールはあっけらかんとした風情で無視してみせる。文句をいう者がいれば、その語彙はロベール・ブレッソンの『シネマトグラフ覚書』からきているとでも強弁してみせるに違いない。実際、この書物からのテクストの引用は、『(複数の)映画史』のいたるところで耳にすることができる。

ところで、人類史上初のシネマトグラフとして撮られた匿名の作品の「匿名性」とは、このようなことを意味している。すなわち、かりに映画が「言葉へと通じてゆく形式」として成立したのだとするなら、それは普通名詞としての「映画」――あるいは「シネマトグラフ」――という名前以外に、いかなる固有名詞も必要としていなかったはずである。だから、映画の生誕と深くかかわりのあるものとしてしばしば引き合いにだされるマックスとエミールのスクラダノフスキー兄弟も、オーギュストとルイのリュミエール兄弟も、トーマス・A・エディソンも、「思考する形式」としての映画とはことごとく無縁の固有名詞と見なしてかまわない。映画生誕の年ともいわれる一八九五年の周辺に起こったあれこれの発明騒ぎなど、映画の歴史にとってはほんの挿話的な些事にすぎないからである。この三人――あるいは、律儀に計算するなら五人――のうち、いったい誰による動く映像の上映が年代記的にもっとも古いものかなど問うて見たところで、映画の歴史など視界に浮上するはずもなかろう。『(複数の)映画史』のゴダールは、そういっているとしか思えない。

見てみたまえ、とゴダールは音としては響かぬ声で口にしているかのようだ。見てみたまえ、この「無声映画」の「オランピア」を、ベルト・モリゾを、そして、フォリー・ベルジェールの女給を。それがエドワール・マネの絵画の複製だということを知らなかったとしても、それはそれで一向にかまわない。モデルとなった女性の固有名詞さえ、無視することもできる。ただ、そこにはまぎれもなく「内的世界」が、宇宙と合流」しており、それさえ見逃さずにおくなら、事態を「近代絵画」と呼ぶべきか、それとも「シネマトグラフ」と呼ぶべきかなどといった詮索は、まったくもってどうでもよいことだからである。

よく見てみるがよい。そこには、その後に「映画」の名で呼ばれることになる貴重な何かが、まぎれもない潜在態として生々しく息づいている。そして、ひとまず『あなたが何を考えているかわかっているわ』と呼んでおくこの「無声映画」は、潜在態として息づいているその貴重な何かを現勢化させるという目的のためなら、誰がやってもおかしくなかったはずの試みにほかならない。それは、マネの絵画を題材としたゴダールの作品ですらなく、ことによったらこのようなものとして映画は生まれたのかもしれないという映画自身の発生期の自画像のようなものだ。また、そのようなものとして撮られているかぎり、シネマトグラフが「思考する形式」として人類の資産となったことを忘れさせない何かが、この「無声映画」にこめられているはずでもあるだろう。

その匿名の映画自身の自画像は、リュミエール兄弟——普通名詞としてなら「光」を意味するリュミエールを、ゴダールは「ランプシェード」という名前でもよかったのにという——のシネマトグラフのように、たったひとつのショットからなってはおらず、すでに複数のクローズアップ画面からなる編集されたカラー作品として成立している。実際、『(複数の)映画史』のゴダールにとって、「思考する形式」としての映画は、その生誕の瞬間からモンタージュを当然のこととして受けいれ、複数の女性の肖像をクローズアップでとらえた色彩画面からなっていなければならない。編集やクローズアップやカラーという技術が初めて映画に導入されたのが正確に何年のことかといった詮索も、映画の歴史とはいっさい無縁のことだ。映画は、編集やクローズアップや色彩フィルムを、また音楽さえそなえたかたちで、潜在的な可能性としてすでに自分のものとしていたはずだからである。事実、ゴダールは、『リベラシオン』誌でのセルジュ・ダネーのインタヴューに答えて、「トーキーは、色彩とまったく同様、しょっぱなから存在していた」(III-247)と述べている。『あなたが何を考えているかわかっているわ』と呼んでおいた「無声映画」は、そうしたいっさいのものを含んだ作品としての、ことによってはそうありえたかもしれぬ史上初のシネマトグラフにほかならない。

いうまでもなく、ゴダールが「3A」に挿入してみせた「無声映画」は、歴史上の人物としてのクスラダノフスキー兄弟とも、リュミエール兄弟とも、エディソンとも異なる時間空間に自分を位置づけている。ゴダールが語ってみせる『(複数の)映画史』とは、この異なる時空を生きたはずのもろもろの体験のフィクションとしての「歴史」にほかならない。いわゆる「映画史的な言説」の年代記的な秩序がほぼ無視されつくしているのは、そうした理由による。

芸術でも技術でもない

実際、『(複数の)映画史』には、「映画の考古学」的な視点からの技術論的な指摘はいっさい含まれていない。「2A」の「映画だけが」の冒頭で、「映画とは二〇世紀の問題だという通説にしたがえば」という批評家セルジュ・ダネーの言葉を、「私だったら一九世紀の問題だと言うがね。それが二〇世紀に解決されたのだ」とうち消すように修正してみせながら、ゴダールは、いわば「前=映画史」ともいうべき時期に起こった一九世紀的なさまざまなテクノロジーの進歩について、ほとんど語ろうとはしない。それは、映画は「芸術」でも「技術」でもないというゴダールの姿勢を反映しているとみてよい。

確かに、ゴダールは、「写真の相続人、その通りだ」と「1B」の「ただ一つの歴史」でいってはいる。だが、その直後に、「写真(PHOTOGRAPHIE)」の一語をすぐさま「偽＝写真(FAUXTOGRAPHIE)」と綴りなおさずにはいられないゴダールは、ニセフォール・ニエプスとジャック・ダゲールからナダール、あるいはむしろ素人写真家エミール・ゾラへといたる「写真史的な言説」をごく挿話的にしか活用していない。同じ「ただ一つの歴史」で、「二〇世紀の夜明け」に起こったこととして「テクノロジーは、生を複製することに決め、そこで写真と映画が発明された」ともいっているが、すぐさま「喪の色である黒と白とともに、映画術が生まれたのだ」とつけ加えることをゴダールは忘れない。その言葉は、「2B」の「命がけの美」でくり返され、さらに「映画は生命の動きを模倣しようとしたのだから、映画産業がまず最初に、死の産業に売り渡されたのは、当然で、理に適ったことだった」と語りなおされることになるだろう。シネマトグラフを可能にした一九世紀的なものには、「生」と「死」が隣り合わせになっていたという視点は、『(複数の)映画史』に低音で奏でられるテーマともなっているものだ。

テクノロジーが知らずにいたのはこのことだ。すなわち、生の模倣が死の模倣と同じ仕草におさまるしかないことを、技師者たちはいまなお知ろうとはしないのである。「前＝映画史」を語る著作では必ず言及されている残像現象の研究者たちの技術的な試み、すなわちジョセフ・プラトーによるフェナキスティコープ、ウイリアム・ホーナーによるゾーエトロープ、等々、の装置の開発はいうまでもなく、エドワード・マイブリッジやエチエンヌ＝ジュール・マレーらによる連続写真の実験的な試みにゴダールがほとんど言及しようとしないのは、そうした理由による。一九世紀において、遙かな距離から間接的に、あるいは間近から直接的に映画を準備したと見なされがちないくつもの固有名詞もまた、『(複数の）映画史』とは異なる時間空間に位置すべきものと見なされているからである。「前＝映画史」的な時期に活躍した固有名詞がことごとく無視されているのと同様に、「映画史家」たちの固有名詞も『（複数の）映画史』に召還されることはない。ゴダールにとって重要なのは、ディドロ、ボードレール、エリー・フォールといったフランス独特の「芸術批評」の系譜にほかならず、そこにはフランソワ・トリュフォーも位置づけられることになり、それにくらべてみれば、フランスにも存在しないわけではない「映画史家」の系譜はその重要性において遙かに劣っていると見なされているかのようだ。

だからといって、彼が「映画史的」な著作に無関心であるわけではない。実際、ゴダールは、ある講演で、「私はミトリーかサドゥールの本のどれかで、グラン・カフェの上映会の一、二年後にエディソンが自分のトーキー映画を見せにやってきたと書かれているのを見つけました」（III-382）と述べているように、少なくとも、フランスの映画史家たちの著作には一応は目を通しており、彼らの指摘のいくつかを『（複数の）映画史』のしかるべき部分にとりこんでさえいる。しかし、例えば、彼らに続く世代の映画史家たちの多くが「初期映画」と呼んでいる時期の「無声映画」の特性に目を向けることは避けているし、映画をめぐるテクノロジーの変革による「無声映画」から「トーキー」への移行を、あるいは「モノクローム」から「カラー映画」への移行をことさら重視することもない。「芸術」でもなければ「技術」でもない映画の歴史は、テクノロジーのごく局部的な変化とは無縁のものだとゴダールは考えているかに見える。

映画が「芸術」であったことがなかったように、映画が「技術」であったこともないといいきっている「1B」の「ただ一つの歴史」のゴダールは、その事実を証明する例として、キャメラの技術的な惰性態ともいうべきものをこう説明している。

『ラ・シオタ駅への列車の到着(*l'arrivée d'un train en gare de La Ciotat*)』(一八九五)や『赤ん坊のおやつ(*le Déjeuner de Bébé*)』(一八九五)から『リオ・ブラボー(*Rio Bravo*)』(一九五九)まで、キャメラは根本的にまったく変わっていない。パナヴィジョン・プラティナムは、アンドレ・ジッドの甥がコンゴへの旅に携行したデブリー7より改良されているわけではない。……そんなことはない、と技術者はいうだろう。だが、思い起こさねばならない。あらゆる技術を発明した一九世紀は愚かなことをも発明したということを。

(『(複数の)映画史』「1B」)

キャメラをめぐるテクノロジーの繊細化など見せかけのものにすぎず、その本質はいささかの変化もこうむっていないとゴダールはいう。また、その「愚かなこと」とは『宇宙戦争』にほかならないとも口にしているのだが、H・G・ウェルズが一九世紀末に発表し、スティーブン・スピルバーグが二一世紀初頭に映画化したこの小説の題名が、字義通りには「世界戦争」と直訳さるべきものであることはいうまでもない。その「世界戦争」と映画との関係が『(複数の)映画史』の無視しがたい主題となるのは当然だろう。シネマトグラフが「思考する形式」にふさわしいものとして人類の資産となったことが忘れられ、それにエネルギーを供給していたはずの炎がアウシュヴィッツで燃えつきてしまったといわれるのも、そうした理由による。

そのことの傍証であるというかのように、ゴダールは、「1B」の「ただ一つの歴史」で、『ラ・シオタ駅への列車の到着』のしばらく後、アウシュヴィッツへと人々を運ぶ列車のイメージをフラッシュのようにごく短く導入してみせる。あたかも、公共機関としての鉄道は、強制収容所へと無数のユダヤ人たちを運ぶ装置として発明されたといわんとするかのように。

『(複数の)映画史』のゴダールが構想しているのは、ある意味で、フェルナン・ブローデル流の「長期の持続」ともいうべき歴史であり、「マネからアウシュヴィッツ」まで、それは一続きの流れを構成するものにほかならない。実際、無声映画からトーキーへ、モノクロームからカラーへの変化など、その「長期の持続」の中で起こったほんの小さなエピソードでしかないというかのように事態は推移している。だが、いまはそれには詳しく触れずにおき、ここでは「技術」の進化と呼ばれるものが映画の歴史をそれにふさわしく分節化することがないように、「芸術」としての質の向上——あるいはその低下——なるものが映画の歴史をそれにふさわしく分節化することもないという点を詳しく述べておくこととする。それが、『(複数の)映画史』のゴダールの基本的な思考だからである。

そのとき見落としてならぬのは、この「技術でもなく、芸術でさえない」という言葉が、その直後に、『アラジンと魔法のランプ』と『黄色い部屋の秘密』という二つの題名によって受けつがれ、あたかも、「技術でもなく、芸術でさえない」映画は、「魔法」であり「秘密」であるとゴダールがいっているかのように聞きとれるということだ。実際、それは「2B」の「命がけの美」で二度も反復されることになり、「芸術でも、技術でもない神秘なのだと私は言っていた」といいなおされることになるだろう。だとするなら、『(複数の)映画史』は、「魔法」でも「秘密」でもある「神秘」の歴史ということになるのだろうか。

ここで、事態はやや複雑化する。二度目に口にされる「芸術でも技術でもない神秘だ」に続いて、いきなり話題を変えるかのように、「映画史が結びつくのは何よりもまず医学史だ」と述べられているからである。いかにもゴダールにふさわしい思いがけないものの並置が、ここに機能している。

> エイゼンシュテインの、拷問にかけられたいくつもの身体は、カラヴァッジオとエル・グレコを通り越して、ヴェサリウスの最初の人体標本に差し向けられる。そしてミルクのグラスを見つめる、ジョーン・フォンテインの有名な眼差しが呼応するのは、ドラクロワのヒロインではなく、パストゥールの犬だ。
> (『(複数の)映画史』「2B」)

「映画史」と「医学史」の干渉というゴダール的な視点は、すでに「1B」の「ただ一つの歴史」で、グリフィスの『東への道(*Way Down East*)』(一九二〇)で氷の上に横たわったまま川面を流されてゆくリリアン・ギッシュを、病院でのヒステリー治療が始まったばかりの女性患者が意識を失う瞬間の写真と平行して画面に見せながら、「嵐を抜けて氷原に横たわるリリアン・ギッシュとサルペトリエール病院のオーギュスティーヌのあいだの違いは一体どこにあるのか。よく見てみる必要がある、芸術の幼年期を」という言葉で部分的に予言されていたものだ。

この言葉を耳にして、人は三つの問題に直面している自分を意識せざるをえない。まず、「芸術でも技術でもない神秘だ」といわれることになる映画が、ここで「芸術の幼年期」と呼ばれていることに矛盾はないかということが問題になる。いうまでもなく、「芸術の幼年期」とは、ゴダールがアンヌ＝マリー・ミエヴィルと共同監督にあたった『芸術の幼年期(*L'enfance de l'art*)』という題名の引用にほかならず、これは『子供たちはどうしているか(*Comment vont les enfants*)』(一九九〇)というテレビ向けのオムニバス映画の一篇であり、ことによると、ワルター・ベンヤミンの『ベルリンの幼年時代』を意識した題名であるのかもしれない。だが、より直接的には、「映画は未来なき発明だ」というリュミエール兄弟の言葉の「未来なき」を、「つまり、現在の芸術、与え、かつ与える前に受け取る芸術だ。芸術の幼年期と言おう」といっているゴダールのモノローグからきていると見るべきだろう。「芸術でも技術でも」なくなってしまう以前の、いわば未分化の状態にある映画がそう呼ばれるにふさわしいといわれているのだ。

二つ目の問題は、『(複数の)映画史』の複数性をめぐるものである。その複数性とは、「映画史」が「医学史」的な視点をも含んでいることを意味しているものなのだろうか。そうではあるまい。ここでも、「映画史」と「医学史」とが画然と分化してしまう以前の状態へとゴダールは視線を誘っているからである。見てみるがよい、とゴダールはいっているかのようだ。このリリアン・ギッシュのイメージとオーギュスティーヌのそれとはまったく同じものであり、「幼児期」にあるものならその類似をごく当然のものとして受けいれるはずなのに――それが、「よく見てみる必要がある」ということの意味にほかならない――曖昧に「幼児期」を遠ざかってしまった人類の視線は、それを見ることもないし、見ようとさえしない。

そのとき、人は、ここでの複数性がいかなるものとしてあるかを理解する。それは、たえず潜在態としてある複数性にほかならず、「映画史」「医学史」「技術史」等々、顕在化された差異として受けいれられた複数の言説の総合ではいささかもないということだ。複数を意味する〝S〟が括弧に括られているのはそのためである。ゴダールにとってのエドワール・マネは、その潜在態において「近代絵画」であると同時に「シネマトグラフ」であり、それを「映画史」的な視点と「絵画史」的な視点とに分化させる以前の時空に、複数の色彩画面からなる音までともなった「無声映画」としての『あなたが何を考えているかわかっているわ』は位置しているのである。

では、三つ目の問題は何か。映画は、「芸術でも技術でもない神秘だ」と断言されたときの「神秘」にかかわるものだ。だとするなら、それは、「幼児期」と関係があるのかないのか。ここで、人は、より厄介な事態に逢着する。「神秘」とは、宗教的な体験と無縁のものとしては想像しがたいものだからである。

イマージュ

「1B」の「ただ一つの歴史」には、「イマージュ(L'IMAGE)」という文字がさまざまに異なる書体で何度かくり返し黒地の画面にあらわれる。タイトルの『(複数の)映画史(*HISTOIRE(S) DU CINEMA*)』とまったく同じ二重の白抜き文字で黒地画面に浮き上がる場合もあれば、黒地画面に単純な白抜きで書かれていたり、黒地の余白を残した楕円形の白地にブルーの活字体で印刷されているように見える場合もある。

それが二重の白抜き文字で書かれているとき、奇妙なことに《L'I》と《MAGE》に分割されて二行となっているのだが、それはキング・ヴィダー監督の『白昼の決闘(*Duel in the Sun*)』(一九四六)のクライマックス・シーンと交互に画面を占めることになる。その二行に分割された「イ＝マージュ」は「来るだろう(VIENDRA)」という動詞の未来形によって受けつがれ、愛する男を狙撃したばかりのライフル銃を投げ捨てて岩山を這い上ろうとするジェニファー・ジョーンズの画面に続いて、「おお、時よ!(OH! TEMPS)」の文字を読むことができる。さらに、岩山に横たわる血塗られたグレゴリー・ペックを彼女がかき抱くとき、同じ書体で、「復活(RESURRECTION)」の文字が黒地の画面に浮かび上がるのである。

この部分、公開された『(複数の)映画史』の記録である『ゴダール・映画史・テクスト』(愛育社)では、「イマージュは到来するだろう、おお、復活の時よ!」とあたかも一貫した命題であるかのように訳されている――レイアウトからして、そうせざるをえなかったのは理解できる――が、見る者の目には、引用された作品の色彩画面によって寸断された複数の文字の意味を欠いたつらなりとしか映らない。その後、何度か異なる書体の「イマージュ」の文字が画面にあらわれてから、やがて「イマージュは到来するだろう、おお、時よ!」とくり返され、やがて「イマージュは、復活の時に到来するだろう」という完結した文章として初めて画面におさまることになるだろう。

ここでいいそえておくなら、ゴダールはみずからのモノローグによる声としてそう断言しているのではない。「イマージュは、復活の時に到来するだろう」という文字は、ほんの一瞬、スクリーンに浮き上がってから、すぐさま他の画面に置き換えられてしまうのである。とはいえ、この一行が、とりわけ「復活の時」といった語句からして、あからさまに「新約聖書」的な色調をおびているのは否定しがたい事実だといわねばなるまい。その直前、人は、ゴダールが何のためらいもなくこう口にするのを耳にしていたはずだからである。

映画はキリスト教と同様、歴史的な真実に基づいてはいない。それは私たちに、ある語りを、ある物語を与え、今や私たちに「信じよ」と言う。この語り、この物語に、歴史にふさわしい信仰を賦与するのではなく、何が起ころうとも、信じよ。

（『（複数の）映画史』「1B」）

「イマージュは、復活の時に到来するだろう」という「新約聖書」を思わせる文字のつらなりと、いま耳にしたばかりの「信じよ」という声を字義通りにとれば、それは、確かに多くの誤解を惹起しかねないものだといえる。実際、「〝聖パウロ〟ゴダール対〝モーゼ〟ランズマンの試合（«Saint Paul» Godard contre «Moïse» Lanzmann）」（四方田犬彦＋堀潤之編『ゴダール・映像・歴史』産業図書）のジェラール・ヴァイクマンは、「イマージュは、復活の時に到来するだろう」の一行を引き合いにだしながら、そこに「ゴダール流の映像崇拝」を認め、彼を使徒パウロになぞらえている。「4B」でゴダール自身が「聖パウロ」にも言及しているのだから、それはいささかも驚くべき視点とはいえないが、ヴァイクマンの文章は、クロード・ランズマンの『ショアー（*Shoah*）』（一九八五）が強制収容所のイメージの不在を前提としていたことを批判するゴダールへの反論として書かれたものである。

ゴダールは「映画館がその礼拝所になっているような、映像《イマージュ》の奇妙な崇拝を表明している」というヴァイクマンは、その「映像の奇妙な崇拝」を説くゴダールにとって、「収容所を告知すべきだった」映画がそれをしなかったことが「原罪」と見なされているかのようだと論を進め、ことさらその宗教性をきわだたせる。「映像による伝達が不可能で、映像を超越するような、きわめてリアルな何ごとかが存在する」というヴァイクマンは、その「表象不可能なもの」に触れている『ショアー』に対して示す「映像崇拝の徒」ゴダールの否定的な姿勢は間違っていると批判する。だが、ゴダールがランズマンを批判しているのは、まさに「表象不可能なもの」として強制収容所をイメージとして提示することを禁じようとするかのようなその形而上学的な姿勢に向けられているものなのだが、これについては別のところでも論じたし、ジョルジュ・ディディ＝ユベルマンの『イメージ、それでもなお』（橋本一径訳、平凡社）にも的確な批判が存在しているので、ここで詳しく触れることはせずにおく。

ただ、ランズマンとゴダールのあいだに、「旧約聖書」的な、あるいはむしろユダヤ教的な思考とカトリック的な思考との対立を読みとらずにはいられないヴァイクマンの思考はいかにも貧しいものだと思わずにはいられない。すでに見たように、「偽＝写真」という言葉を何度か画面に登場させていたゴダールを「映像崇拝」の徒と見るのは、誤解もはなはだしいからだ。「何が起ころうとも、信じよ」といわれているのは、まさにこの「偽＝写真」をめぐる「歴史的な真実には基づいていない」物語についてにほかならず、それを「信じよ」といっているのはゴダールではなく、まさしく、「芸術」でも「技術」でもないまま死の産業と化してしまった映画そのものだからである。

「イマージュは、復活の時に到来するだろう」という言葉には、確かにカトリック的な色合いがこめられているかに見える。実際、「3B」の「新たな波」には、「イマージュはまず、贖いの秩序に属する、気を付けろ、それも現実の贖いの秩序に」という声が響いているし、「4A」の「宇宙のコントロール」では、「始めにイマージュがある、ただし聖パウロが語ったような。それは死であり、つまり復活である」とさえ語られてもいる。だが、それらはすべて、「4B」の「徴《しるし》は至る所に」で口にされるつぎの言葉へと行きつくべきものにほかならない。

確かにイマージュとは幸福なものだ。だがそのかたわらには無が宿っている。そしてイマージュのあらゆる力は、その無に頼らなければ、説明できない。（『（複数の）映画史』「4B」）

ことによると、この結論めいた言葉に、人は、マラルメ的、あるいはブランショ的な思考の遙かな反映を読むかもしれない。だが、『（複数の）映画史』におけるゴダール的な思考は、もっぱら具体的なイメージとして進展する。すでに見たように、公開当時にあらゆる者を驚かせたという『ラ・シオタ駅への列車の到着』の列車は、五〇年という時間をかけて――その間、アベル・ガンスの『鉄路の白薔薇（*La Roue*）』（一九二三）も、ルノワールの『獣人（*La Bête humaine*）』（一九三八）もあったが――ベルリンを、そしてその彼方のアウシュヴィッツをめざして走りつづけてもいたのである。「1B」の「ただ一つの歴史」で素描されていた『列車の到着』とアウシュヴィッツをめざす列車のイメージとののっぴきならぬ関連性は、「3A」の「絶対の貨幣」でほぼ完全なかたちをとることになる。そこで、「なあ、マリー、この列車に乗ることにするかい、それとも乗らないでおくかい」というアラン・キュニーの声が聞こえるのはそのためである。いうまでもなく、ここでマリーと呼びかけられているのは、マルセル・カルネの『悪魔が夜来る（*Les Visiteurs du soir*）』（一九四二）でキュニーと共演したマリー・デアにほかならないが、第XII章でも改めて触れるように、この二人は、ベルリン行きの列車に乗ってもおかしくない世代のスターなのだ。

名高い『ラ・シオタ駅への列車の到着』を撮ったとき、「ランプシェード」と呼ばれてもおかしくなかった二人の兄弟は、彼らの開発したシネマトグラフの被写体がはらんでいた「無」への行程に、まったくもって無自覚だったというほかはない。だが、「幸福」なものでありながら、そのかたわらにはたえず「無」が宿っており、その「無」を介して初めて発揮されるのだというイメージの力とは、この列車の運動感にほかならない。

そのとき、『勝手にしやがれ』から『アワーミュージック』へといたるゴダールの作品の位置すべき時空がおぼろげながら視界に浮上する。彼の作品を活気づけているエネルギーは、生の模倣が死の模倣と同じ仕草におさまってしまう映画がかかえこんでいる「無」を介して発揮されるイメージの力にほかならない。そして、ゴダールにそれを可能にしたのは、『ラ・シオタ駅への列車の到着』の列車が、はからずもベルリンからアウシュヴィッツをめざしてしまうことを見きわめた「芸術の幼年期」にふさわしい視線にほかならない。それは、『あなたが何を考えているかわかっているわ』がそうであったように、エドワール・マネのうちに潜在態として「近代絵画」と「シネマトグラフ」とを読みとることができた未分化なものへと向けられた視線でもあるだろう。そのような視線について語った者は、ゴダール以前には存在しない。ゴダールの孤独とは、まさしく映画そのものの孤独なのだ。

IV

鏡とキャメラ

肖像写真

『ＪＬＧ／自画像』と題されたジャン＝リュック・ゴダールの中編は、薄暗い室内の窓辺におかれた一枚の肖像写真とともに始まる。そこに写っているのは、とりわけ愛くるしくもなければ、ことさら不器量だとも断定しがたい一人の少年である。レンズを無心に見つめている少年を真正面からのアングルで撮ったその肖像写真は、変幻自在に推移するとらえがたい表情を瞬間的にフィルムに定着させたというより、シャッターを切る以前も、またその以後も、これとまったく同じ無表情を崩さずにいる少年を描きだしているかのように見える。その印象が、見る者に奇妙な居心地の悪さをもたらす。

キャメラは、部屋のかなり離れたところの、窓に対してはやや斜めの位置にすえられている。室内にことさら人工的な照明がほどこされたあとはなく、カーテンを通して窓ガラスからもれてくる戸外の鈍い陽光だけが、このショットの光源となっている。手前におかれた撮影機材の影だろうか、それともキャメラそのものが微妙に揺れているのだろうか、肖像写真は窓からの淡い光線を受けとめ、暗さの中にかろうじて小さく浮きでて見える。おそらくは簡素な額縁におさめられているのだろう肖像写真の表面には透明に近いカーテンの影が揺れているが、正面におかれたヴィデオ・キャメラのファインダーをのぞきこむ誰とも知れぬ黒い人影――ゴダール以外の誰でもなかろうが――によって、それはあっさりと視界から遠ざけられる。

それに続くショットでは、横罫のノートの中央に、「一二月の自画像」にあたるフランス語が、ゴダール自身のものと思われる手書きの文字でautoportrait de décembreと記されているのが読みとれる。冒頭、「製作　レオン・ゴーモンの後継者たち(les successeurs de Léon Gaumont présentent)」という文字の読まれた横罫の白いノートである。以後、何の変哲もないそのノートは、あるときはその表面に手書きの文字をともない、あるときはただぱらぱらとめくられるだけの白いページとして、またあるときはロベルト(Roberto)、ジャック(Jacques)、ボリス(Boris)、ニコラス(Nicolas)といった映画作家のファースト・ネイムを表紙に記した創作ノートのようなものとして、しばしば画面に登場することになる。

そしてふたたび、少年の肖像写真。キャメラはより被写体に近づいているので、少年の目鼻立ちは一層きわだっているのだが、間近からとらえられることで微妙な陰翳が消え、肖像写真というより、その粗悪きわまりない拡大コピーのような印象を与える。実際、それは、比較的小さな写真をモノクロームのコピー機で拡大したものに違いないはずだが、粒子の粗さをとどめた拡大コピーのような印象が、見る者に改めて居心地の悪さをもたらす。

それに続いてあらわれる白い横罫のノートに「共和暦　霜月(frimaire)」の文字が読みとれ、また少年の肖像写真が示される。キャメラと被写体との距離はさらに近づいており、それが窓辺におかれているることさえ、もはや識別しがたい。手前に位置する撮影機材の黒々とした影が、鈍い焦点で画面の前景に揺れており、被写体である肖像写真が視覚的に優遇されている気配はまったく感じられない。実際、『JLG／自画像』の映画作家は、この少年の肖像写真を、鮮明なイメージとしてフィルムに導入することをあえてさしひかえているかのように見える。それでいて、視界を遮蔽する手前の黒々とした物影が、必ずしも視覚的に優遇されているわけではないこの肖像写真を、かえって特権化しているかのようにも見える。事実、見ている者は、およそ陰翳を欠いた白と黒との配置として、つまりヴォリューム感を表象することのないまだらな表層として、その写真の顔を記憶に刻みつける。

白い横罫のノートに「共和暦　霧月(brumaire)」の文字が見えてから、こんどは少年の肖像写真のショットが、初めて正面からのクローズアップとしてあらわれる。ことによると、冒頭でファインダーをのぞきこんだ何者かの目に映ったイメージがこれだったのかもしれないが、まさに自画像と呼ばれる自分自身の肖像にふさわしいアングルである。

粗悪な拡大コピーの印象がますます強まる肖像写真の少年は、その瞳が鮮明な輪郭におさまっているわけではないが、少なくとも、間近にすえられたキャメラのレンズを見すえている。そのことの帰結として、少年の視線は、このフィルムをいま見始めたばかりの観客の視線と真正面から交錯するかと思えるのだが、それはもちろん錯覚である。少年は、肖像写真が撮られた瞬間に、いまからすれば時代物めいたものに違いなかろう写真機のレンズを見すえていただけであり、『JLG／自画像』のキャメラは、そのときの状況を、いわばコピーのコピーとして再現しているにすぎないからだ。つまり、いま人が画面に見ているものは、それ自体がコピーにすぎない肖像写真を、キャメラというコピー装置を通してフィルムにおさめた肖像写真なのである。『JLG／自画像』の自画像とは、ことによると、その複製化の過程そのものを意味しているのかもしれない。

だとするなら、この肖像写真の少年は、『JLG／自画像』の作者ジャン＝リュック・ゴダール自身のかつての姿なのだろうか。もちろん、その肖像写真のイメージを目にするのは、これが初めてではない。『(複数の)映画史』の「3A」篇「絶対の貨幣」でゴダールの言葉が一九四四年の「フランス解放」に触れ、さらにその五〇周年の記念事業が開催されようとしていた一九九四年に皮肉をこめて言及するとき、この粗悪な拡大コピーのような肖像写真がクローズアップで挿入され、そこに1944という数字と1994という数字が徐々に拡大するかたちで二重写しにされていたことを誰もが記憶しているはずだ。では、この肖像写真は、家族からジャノ(Jeannot)と呼ばれていた一九三〇年生まれのジャン＝リュック少年が一四歳のときに撮られたものと考えるべきものだろうか。

『フィルム・コメント』誌のインタヴューでのゴダール自身の発言は、これを六歳のときの写真だとしている。「あの私自身の小さな写真を発見したとき、なぜ私は六歳にして、こんなに物悲しく見えるのだろうかと思いました」と彼はいうのだが、その六歳という年齢は必ずしも正確なものではなかろう。それは五歳かもしれないし、七歳だったのかもしれず、問題は、彼自身の幼少期の写真だということで充分なはずだ。『ＪＬＧ／自画像』のゴダールのナレーションは、撮られたときの年齢はともかく、少なくとも、これが彼自身の肖像写真だと見る者に信じさせるにたるものだ。簡略化された字幕スーパーにも、「あの小さな写真で、私は何だか打ちのめされたような様子をしているが……」とはっきり「私」という言葉を口にしているからである。

もちろん、人は、その言葉を信じずにおく権利を持つ。というより、この肖像写真の少年の無表情は、かつてのアウシュヴィッツのような強制収容所か、敗戦直後の混乱したベルリン市街か、現代の中近東の難民キャンプのような場所で撮られた孤児の写真のような、歴史によって人称性を濾過された匿名性におさまっているからだ。実際、ゴダールほどの映画作家なら、そんな写真のひとつをとりあげ、それを自分の写真だといいはる遊戯を仕掛けても不思議ではないと誰もが思う。

もっとも、ゴダール自身の家族の一員から、これは間違いなくジャン＝リュックのものだという証言をえてもいるのだから、とりあえずその言葉を信じておくほうが事態は簡単なのかもしれない。ただ、その場合は、一九九四年に『ＪＬＧ／自画像』を発表する当時六四歳のゴダールは、おそらく数多く残されていたに違いない幼い時期の彼自身の写真の中からこれを選び、しかも、「物悲しく」、「打ちのめされたような」表情を粗悪な拡大コピーさながらに陰翳を欠いたイメージとして提示したのはなぜかと問うべきだろう。

実際、ゴダールが選んだこの肖像写真は、例えばヴィム・ヴェンダースが『ベルリン・天使の詩(*Der Himmel über Berlin*)』(一九八七)にさりげなくまぎれこませていた少年時代の金髪の肖像写真のように、親族に囲まれて生きることの安堵感だの、レンズを向けた者への無邪気な信頼といったものはいっさい漂わせていない。すでに述べたことだが、その無表情には、写真機のレンズが切りとる生の瞬間性への不信といったものが色濃く影を落としている。そこには、シャッターを切る以前も、またその以後も、これとまったく同じ無表情を崩さずにいる少年が描きだされているかに見えるからだ。瞬間よりもむしろ持続がフィルムに定着されているともいえるこの写真は、本当にジャノの肖像なのだろうか。

その問いを宙づりにするようにショットが変わり、白い横罫のノートに、「カメラ・オブスキュラ」を意味する暗室(chambre noire)や「幻灯」を意味するマジック・ランタン(lanterne magique)の文字がつぎつぎと読みとれる。いうまでもなく、「カメラ・オブスキュラ」や「幻灯」は、いずれも映画前史を彩る視覚的な装置である。そうした文字にかぶさるように、身のまわりには死の影すら漂っていないのに、進んで喪に服することで人生を生き始めてしまった少年自身の肖像写真の、「何だか打ちのめされたような様子をしている」理由をこの作品でさぐろうとしているというゴダール自身の声が響く。そして、ふたたび少年の肖像写真のクローズアップが挿入され、「この映画の唯一の目的は、それをはっきりさせることかもしれない」というナレーションが聞こえる。

とするなら、死の訪れる以前に喪に服してしまった少年の肖像写真が、『JLG／自画像』だというのだろうか。それが家族からジャノと呼ばれていた時期のジャン＝リュック自身の肖像写真だったという直接的かつ間接的ないくつもの証言が矛盾するものではなかったとして、それをめぐるゴダール自身のさまざまな言明を、はたしてすべて適切なものとして受けいれてよいものだろうか。

「なぜ私は六歳にして、こんなに物悲しく見えるのだろうか」と思ったと彼はいうのだが、この肖像写真について当の本人が口にすべき言葉は、それが「物悲しく」、また「打ちのめされたような」表情におさまっていることにつきているわけではあるまい。そのことよりも、むしろ、当時の自分自身が、シャッターを切る以前も、またその以後も、これとまったく同じ表情を崩さずにいる少年でしかなかったということそのものに、心を乱されるべきではなかろうか。というのも、生の一瞬をフィルムに定着するのが肖像写真だとするなら、たまたまそれが「物悲しく」、また「打ちのめされたような」表情におさまっていたとしても、そのように凝縮された瞬間だけが自分自身の本性ではないと納得するのが普通だからである。ところが、ここでのゴダールは、その例外的な瞬間性には思いをいたさず、もっぱらその否定しがたい持続性だけが自分だと思いこんでいるかに見える。

実際、この肖像写真は、いかなる瞬間にレンズを向けられたとしても、その頃の彼は、決まってこれと同じような無表情におさまるほかなかったはずだという感慨を見る者に催させる。子供なりの落ち着きのなさでたえまなく動いている顔が、一瞬このような表情としてフィルムに定着されたというより、それ以外の表情をにわかには想像しがたい決定的な不動性がこの顔の本質だからである。窓辺の少年の肖像写真とともに『ＪＬＧ／自画像』を見始める者は、少なくとも、そう思わずにはいられない。六歳(五歳でも、七歳でもかまわないが)のジャノは、いつでも無表情な肖像写真のように生きていたのであり、それが、何ものかの死の到来以前に喪に服するということの意味にほかならぬとゴダール自身が気づいていないのが、むしろ不思議なのである。

死と服喪をめぐる彼のナレーションは、さらに続く。「普通なら、事態はこのように推移する。すなわち、まず死が訪れ、それに続いて人は喪に服する。ところが、理由は判然としないまま、私は正確にその反対のことをしていた」。……「私は、まず喪に服したのである。だが、死は訪れることがなかった……」。……「いや、私は自分の喪に服していた。私自身にとってのたった一人の仲間の喪に服していた。その頃、私は、魂が肉体につまずくと、肉体に手を貸すのを忘れたまま魂がどこかへいってしまうのだと思っていた」。

こうして、『ＪＬＧ／自画像』のゴダールは、幼いジャノが自分自身の喪に服していたというアイディアに立ちいたるのだが、それは、いかにもゴダールらしい論理の展開だといえるかもしれない。しかし、死が訪れる以前に喪に服するというゴダール的な発想の逆転が、実は存在と写真との関係にも波及しうることに、どうやら彼は気づいていない。気づいていないというより、そのような事態の把握を提案しようとしてはいない。つまり、死と喪をめぐるゴダールのナレーションは、その論理的な文脈からして、以下のような結論にも行きつきえたはずなのだが、その可能性について、彼は沈黙しているのである。

普通なら、事態はこのように推移する。すなわち、まず一人の少年が存在しており、それに続いて少年の肖像写真が撮影される。だが、理由は判然としないまま、私は正確にその反対のことをしていた。私は、まず肖像写真として存在したのである。だが、生は訪れることはなかった。

死が訪れる以前に、すでに喪に服していたという少年ジャノ。あるいは、生が訪れる以前に、すでに肖像写真として存在してしまっていたという少年ジャノ。この二つのジャノは、ドイツ語で白い横罫のノートに書かれた「存在と時間」を意味するsein und zeitの文字をなぞるように、『JLG／自画像』の冒頭の肖像写真の中でひとつになる。

この肖像写真は、何度も触れたように、写真独特の艶や陰翳を奪われたまま、粗悪な拡大コピーのように粒子の粗いイメージにおさまり、その複製化の過程で、写真機のレンズの前に、あるときモデルとして立ったはずの生身のジャノに行きつくことをかたくなにこばんでいる。存在と時間はジャノにあっては決定的にずれており、そのずれはいかんとも修復しがたいのである。

この肖像写真がもたらす居心地の悪さは、それが、レンズを被写体に向けてシャッターを切るという起源となる一瞬への回路を、いくえにも断っていることに由来している。ゴダール自身のナレーションがそれを「私」の肖像写真だといい、またインタヴューでも同じことを口にしていながら、見る者がなおその事実に確信が持てないのは、そのためである。また、生が訪れる以前に、すでに肖像写真として存在していたという少年が、アウシュヴィッツの強制収容所か、敗戦直後のベルリンの街頭か、中近東の難民キャンプか、あるいはサラエヴォの廃墟などで撮られた孤児の写真のように、歴史によって人称性を濾過された匿名性におさまっているのもそのためである。実際、この無表情な少年の肖像写真の人称性の希薄さは、ジャン＝リュック・ゴダールという人称性の高い映画作家のイメージと、素直に折り合いをつけてはいない。

自画像

死が訪れる以前に、すでに喪に服していたという少年ジャノ。あるいは、生が訪れる以前に、すでに肖像写真として存在してしまっていた少年ジャノ。しかも、その二人がそこでひとつになるべき問題の肖像写真は、粗悪な拡大コピーをはじめ、ヴィデオ・キャメラ、等々、さまざまな複製手段によって起源の瞬間から遠ざけられたかたちで、『JLG／自画像』の冒頭に登場している。そうしたコピーのコピーは、はたして自画像たりうるのか、あるいは自画像たりえないのか。

おそらく、そう問うこと自体が間違っているだろう。ジャノは、『JLG／自画像』の挿話的な登場人物として虚構の存在であるにすぎず、冒頭に姿を見せただけで、その後は画面にほとんど登場することがないからである。ここで問題となるべき自画像のモデルは、あくまでJLGでなければなるまい。いま、ここで問われるべきは、むしろ、ジャン＝リュック・ゴダールが、『JLG／自画像』の冒頭にこの粗悪な拡大コピーのような肖像写真を登場させたのはなぜか、でなければなるまい。

いくつか考えられる理由の中から、まず、「なぜ私は六歳にして、こんなに物悲しく見えるのだろうか」と思ったというゴダール自身の言葉は除外することにする。彼自身にとってはそう写ろうと、見る者にとってのこの肖像写真は、あくまで無表情の持続によって居心地の悪さをきわだたせているからだ。「私は自分の喪に服していた……」云々も、この際、無視されねばなるまい。われわれの視線を、ゴダールの論理にしたがって変容させるにはおよばぬからである。さらには、『フィルム・コメント』誌でのインタヴューで、冒頭のショットをめぐって「この瞬間だけ、私は観客のことを考えました――少数の観客のことをね。〝私〟と〝私〟であると理解されるように。ちょうど画家の自画像で、彼らがパレットと絵筆を持っている彼ら自身を描くようなものです」といっていたことも、忘れたふりを装うことにする。いうまでもなく、われわれは、ゴダールが考えたという「少数の観客」の一人ではないからである。

実際、時代背景や家庭環境についてはいかなる情報ももたらすことのないこの孤立無援の肖像写真は、何らかの意味で幼年期を思考から遠ざけ、それにまつわる階級的な特権性を排除するために冒頭におかれていると考えるべきだろう。より単純化するなら、それは誰の肖像写真でもよかったのであり、たまたまそれがゴダール自身のものであるなら、彼は、そこから現在のJLGを想起させるいっさいの視覚的な要素を除去し、写真独特の艶や陰翳を思いきり視界から遠ざけ、ヴォリューム感を欠いた白と黒の平板でまだらな表層に還元してみせたのだ。

着目すべきは、そこに、フォトジェニーの完膚無き抹殺ともいうべき事態が起こっていることだ。それが冒頭のショットの残りの部分――かたわらの額、窓、カーテン、撮影機材の黒い影、撮影者の人影、等々――にみなぎっているフォトジェニックな視覚性との対比において、居心地の悪さをもたらしているのだ。問題は、『JLG／自画像』の作者ゴダールが、どうやらその居心地の悪さに気づいてはいそうにないということである。この粗悪な拡大コピーのような肖像写真は、彼の思っているように、「物悲しく」また「打ちのめされたような」表情さえ描きだしてはおらず、その徹底した無表情によって、初めて「自画像」が可能となるフォトジェニーの零度ともいうべきものにおさまっているのである。

フォトジェニーを抹殺されたその肖像写真が『JLG／自画像』の冒頭、窓辺におかれ、淡い戸外の陽光を受けとめて薄暗い室内に浮き上がっていることの意味は、「自画像」が何にもまして被写体に対する光源の問題であることを告げている。すでに述べたように、この室内にはことさら人工的な照明がほどこされたあとはない。それでいて、黒々とした物影を通してかろうじて目にしうる少年の肖像写真は、その対極にJLGの「自画像」を浮き上がらせる負の中心として機能しているのだといえる。

では、映画における「自画像」とは何か。はたして、映画は「自画像」にふさわしいものだろうか。ゴダール自身がいう「自伝」ではなく「自画像」とは、いかなるものなのか。インタヴューで、「自己省察(examen de conscience)」といったかたちでの「伝記(autobiographie)」ではなくこれはあくまで「自画像(autoportrait)」だというゴダールは、「自画像には〝私〟はありません。他のどんな芸術でもなく、絵画においてだけ意味を持つ表現です。私が興味を持っていたのは、自画像が絵画だけではなく、映画においても存在しうるかどうか探し出すことでした」といっている。

ここで、人は、このテクストの前々章が、「『(複数の)映画史』におけるエドワール・マネの位置」だったことを想起する。そこで触れておいたように、ゴダールがマネに言及している「3A」篇の「絶対の貨幣」と『JLG/自画像』とのあいだには、絵画を通して深い関係が見いだされる。実際、ページが開かれた二冊の書物の上にそえられたゴダール自身の両手のイメージがコンテクストを異にするかたちで二つの作品に登場しているし、ジャノの肖像写真そのものもまた同様であるし、「3A」篇ではクローズアップで示されることになるマネの作品《ナナ》が、『JLG/自画像』では他の絵画作品とともに複製として姿を見せている。この二つのフィルムは、撮られた時期がほぼかさなりあっているというにとどまらず、いずれにおいても絵画が重要な意味を持つという点で親しく交わりあっている。「なぜなら、ついに世界が、内的世界が、宇宙と合流したからであり、エドワール・マネとともに近代絵画は始まったからだ。つまり、シネマトグラフが」というあの大胆な指摘を想起してみるまでもなく、それは明らかである。そのシネマトグラフに、こんどは「自画像」が描けるだろうかと、『JLG/自画像』のゴダールは問いかけているのだ。

マッチが燃えつきるまで

先述のインタヴューで、ゴダールは、他の役者が自分自身の少年時代を演じたりすることで成立する「自伝」映画――フェリーニの『8½』(一九六三)のようなものを考えておけばよいのだろう――との違いを説明してから、「自画像とは、元来、鏡の中の顔、あるいはキャメラの中の顔にすぎません」と宣言している。その言葉を耳にするまでもなく、『JLG／自画像』の映画作家が、鏡によるイメージの二重化を周到に回避していることに誰もがすぐさま気づく。映画作家の自画像に必要なのは、「鏡の中の顔」ではなく、あくまで「キャメラの中の顔」だからである。

実際、ここでのゴダールは、室内の被写体に落ちかかる照明の光源を窓とランプとに限定し、窓から見える向かいの家の壁の青さや、ランプシェードの色とりどりな色彩をきわだたせつつ、壁という壁から思いきって鏡を排除しているのである。ヨーロッパの室内装飾としてはきわめて異例な鏡の徹底した不在は、間違いなく意図的である。

では、「キャメラの中の顔」とは具体的に何か。画面にゴダール自身のイメージが認められるというだけのことであれば、壁に面した机に向かい、眼鏡をとりかえてからノートの文章を添削し始める姿をはじめ、ランプシェードに照らされた逆光気味の横顔として彼は何度もキャメラの被写体となっている。また、戸外であるなら、空と水とが灰色に溶けあった湖畔の砂利の上を歩きまわり、不意に頭に浮かんだ着想を書きとめようとするかのように、ヘーゲルの文章を口にする場面なども思い浮かぶ。そのとき彼は明らかにキャメラを意識しながら、「フランス王国」という言葉を口にしていた。だが、「自画像」であるからには、冒頭の窓辺におかれた少年の肖像写真のように、その顔は額縁におさまっていなければなるまい。

そのとき、人は、制限された光源のひとつとして、『JLG／自画像』のゴダールがマッチの炎をことのほか重視していたことを思いだす。実際、作品の終わり近く、暗闇の中で、四度マッチがすられている。まず、暗がりの中でマッチがすられると、白い便箋に、黒のフェルトペンを握ったおそらくはゴダール自身の手が何やら文字を書きつけているさまが、炎に照らしだされて浮き上がってくる。ふたたびマッチがすられると、これもゴダール自身のものであろう手がそれを暗闇に移動させ、炎はつややかな色彩にそって揺れ動き、ジョルジュ・ドゥ・ラ・トゥールの作品の一部を暗がりの中に照らしだす。三度目にマッチがすられると、手前に見えたマッチの炎のイメージが暗闇のモニターに映り、その画像に、いま見たばかりのラ・トゥールの部分が浮き上がってくる。

四度目にマッチがすられると、その炎は大きく手前に見えていながら、そのイメージは奥のモニターにも小さく再現されており、そのあかりとともに、葉巻をくわえたゴダール自身の眼鏡をかけた顔がかろうじて小さなフレームに浮かび上がる。くわえている葉巻にマッチを近づけると、息を吸いこむ勢いで葉巻の火が赤さをまし、モニター上の彼の表情を蒼白くきわだたせる。マッチの炎は燃えつき、ふたたび火がともされ、小さなモニターの上の肖像がまたもや明るさをまし、改めて暗さが画面を支配する。その瞬間、「自画像(autoportrait)」というゴダールの声が響き、燃えつきてはいないマッチの炎が、あたかも絵筆で画布にサインを描くかのように、暗さの中に前後左右に勢いよく揺れる。そして、画面は室内テニスコートに移り、「自伝ではない(pas autobiographie)」という声が聞こえる。

確かに、これはまぎれもなく「キャメラの中の顔」である。これまで、室内のかぎられた光源のひとつとして活用されていたテレビ・モニターが、ここではゴダールの肖像写真を薄暗がりの中に浮かび上がらせており、その瞳は明らかにこちらを向いている。仕掛けはいたって簡単で、ゴダール自身はフレーム右側に位置して暗がりの中で葉巻をくゆらせており、それをフレーム左側にすえられたテレビ・キャメラが際限なく撮りつづけて、画面の奥におかれたモニターが再現しているそのイメージを、画面の手前におかれているキャメラがフィルムにおさめているというだけである。

誰もが見落とすまいとは思うが、ここでは、冒頭の窓辺の肖像写真のショットのように、キャメラが二つ存在している。そして、戸外の淡い陽光を受けとめていた少年の肖像写真が手前におかれた機材の黒々とした物影にさえぎられて見えにくかったように、ここでも、光源であるマッチの炎のはかない揺らめきが、それ自体が鮮明な輪郭にはおさまりがたいモニターに再現されているゴダールの肖像を、あえて見えにくくしている。いずれの顔も、視覚的に優遇されているとはいいがたく、粗悪な拡大コピーのような少年の肖像写真と、まともな光源を奪われた被写体としての映画作家の肖像とは、その不鮮明さにおいて、ポジとネガのように対応しあっている。では、どちらがネガで、どちらがポジなのだろうか。

ゴダールは『JLG／自画像』で、二度、ネガに言及している。一度目は、湖畔でヘーゲルの言葉をノートに書きつけながら、「否定的なもの《ネガティフ》(le négatif)」を見すえることができるかぎりにおいて精神は偉大な力たりうると口にするときである。二度目は、風景(paysage)の中には祖国(pays)があるという議論を始めるゴダールが、そこで生まれただけの祖国と自分でかちとった祖国があるというときである。そこに、いきなり少年の肖像写真が挿入され、ポジ(le positif)とは生まれながらに獲得されたものだから、ネガ(le négatif)こそ創造されねばならないというカフカの言葉を引用するゴダールの言葉が響く。

とするなら、描かれるべき「自画像」は、あくまでネガでなければならないのだろう。

確かなことは、ゴダールが映画作家としての「自画像」に題名を与えていることだ。カメラ・オブスキュラとも無縁でない暗闇(l'obscurité)というのがそれである。「自伝」という言葉が口にされる直前、「この不透明さ(obscurité)は何だ」とつぶやかれていたが、その「不透明さ」こそ、この「暗闇」にほかならない。暗闇の友であるJLGの「自画像」は、マッチが燃えているあいだしか見ることができない。こんどは、見ているわれわれがあえてマッチをともす立場にあるはずだが、いったい誰がその勇気を持っているというのだろうか。

V フィルムと書物

言葉と物

エドワール・マネとともに近代絵画が始まり、それがシネマトグラフ、すなわち映画の始まりでもあったともいうジャン＝リュック・ゴダールの言明を、ここでいまいちど思い起こしておくことにする。それを耳にした誰もが思わず胸元深くにのみこみ、肯定も否定もせずにやりすごしたはずの『(複数の)映画史』の「3A」篇「絶対の貨幣」のつぎのような言葉である。

ダ・ヴィンチやフェルメールの有名な物憂い微笑みは、まず、私、と言う。私、それから、世界。ピンクのショールを纏ったコローの女性さえ、オランピアの考えることを考えてはいない。ベルト・モリゾーの考えることも、フォリー・ベルジェールの女給の考えることも。なぜなら、ついに世界が、内的世界が、宇宙《コスモス》と合流したからであり、エドワール・マネとともに、近代絵画が始まったからだ。つまり、シネマトグラフが。つまり、言葉へと通じてゆく形式が。より正確を期すれば、思考する形式が。

（『（複数の）映画史』「3A」）

この言明をめぐって、ゴダールが『あなたが何を考えているかわかっているわ』と題してもよかろう「無声映画」を「絶対の貨幣」に挿入していたことはすでに分析したとおりだが、ここでは、それとはやや異なる視点からこの言葉を読みなおしてみたい。それは、ゴダールの『（複数の）映画史』がそれ自体一編の映画であり――フィルムではなく、ヴィデオで仕上げられたとはいえ――、不可避的にフィクションたらざるをえないという視点である。

ここでいうフィクションとは、それをかたちづくっているあまたのイメージや言葉が誰に所属するものか――作者にか、あるいは作中人物にか、それとも映像的＝音声的テクストにか、等々――、にわかには決定しがたいということを意味する。だから、『（複数の）映画史』の画面の背後に響いていた男の単調な声がたまたまゴダールその人のものであったにせよ、それをこの作品の作者ジャン＝リュック・ゴダールの信念の表明と見なすことは、およそ映画にふさわしからぬ姿勢というほかない。

現実のゴダールがここに述べられているのとほぼ同じ考えの持ち主であるか否かは、フィクションと向かいあったわれわれの知るところではない。実際、『（複数の）映画史』の「3A」篇で彼が口にしている言葉の大半は、他人の言葉――エミリー・ブロンテ、アラゴン、オヴィディウス、等々――なのである。また、かりに前記の引用を彼自身のものだと信じるふりを装い、「言葉へと通じてゆく形式」、

「思考する形式」こそが映画だという彼なりの言葉遣いを受けいれるとするなら、「形式」すなわちフォルムを欠いた言葉のつらなりの意味は、「思考」とはおよそ無縁のものということになるだろう。だからわれわれは、本書の第II章で、「3A」篇の「絶対の貨幣」のこの部分を、ピアノ伴奏つきの無声映画とモノローグ入りのトーキー映画との相互反復としてとらえ、字幕スーパーとして読めたり、あるいはナレーションとして響いたりする「あなたが／何を考えているか／わかっているわ」という言葉のつらなりを、あくまで「映画の中の言葉」——あるいはその題名——だと解釈したのである。言表の主体の決定は、とりわけ映画においてはつねに曖昧たらざるをえないのだから、それを「作品の中」の、すなわち「フィクション」の言葉と見なすことがむしろ映画にふさわしいやりかたというものだろう。

その点において、『(複数の)映画史』におけるゴダールのエドワール・マネへの言及は、例えば二〇〇四年に刊行された講演録『マネの絵画(*La peinture de Manet*)』におけるミシェル・フーコーのマネへの言及とは決定的に質を異にしているといわねばなるまい。後者における言表の主体は、まぎれもなく講演者のフーコーだからであり、ここでの言表の主体の確定はいささかも曖昧ではなく、そのことは、同じフーコーが「作者の死」に言及したか否かとはいっさい無縁の問題として処理することができる。

一九六〇年代のある時期——おそらくは『言葉と物』の刊行が巻き起こした思いもかけぬ熱狂のさめきらぬうち——から、フーコーが『黒と色彩(*Le noir et la couleur*)』という題名のもとにエドワール・マネ論の執筆の意志をいだき、書肆との合意もほぼ結ばれていながら、最終的にその書物の出版計画そのものが放棄されたことは、多少とも彼の著作に親しんだ者なら誰もが知っている。その未刊の書物の草稿として分類されうるいっさいのテクストの公表が生前のフーコーによって厳しく禁じられたこともまた、周知の事実である。とはいえ、カセットテープの録音として残されたマネをめぐる彼の言葉は、かりに速記録としてテクスト化されたものを彼自身が仔細に点検しえなかったとしても、少なくとも、講演時における彼自身の思考をほぼ正確に伝えているということができる。

東京をはじめ、イタリアの複数の都市やチュニスで行なわれたその講演が、マネの複数のタブローのスライド写真の投影をともなうものであったこともよく知られているが、そこでの言語とイメージとの関係は、フーコーの言葉がどれほど厳密なものであろうと、例えば映画におけるように、「思考する形式」の域に達していないことは明らかである。ここでのスライド写真の投影によるイメージは、それぞれの都市でそのつど言説の主体となったフーコーにとって、あくまで話し言葉の指示対象、すなわち「レフェランス」にすぎないからである。実際、そこでの言葉と映像は、『(複数の)映画史』の言葉と映像におけるように、相互反復されるサイレント映画とトーキー映画といったフォルムにおさまってはいない。

例えば、《バルコニー》を論じるにあたって、フーコーは、投影されたスライド写真の再現性の不備に苛立たしげに言及せざるをえない。それは、被写体であるタブローに向けられたカメラの位置やアングルにおいてモデルに忠実たりえていないばかりか、色彩の再現においてもきわめて不充分なものだというのである。

残念ながら、これも、スライドの質がかなり悪いですね。実際の絵はもう少し幅の広いものとお考えください。この写真を撮った人は、非常に愚かにも、画面の端をカットしてしまっていますから。

（ミシェル・フーコー『マネの絵画』阿部崇訳、筑摩書房、三三頁）

そういってから、彼は、キャンバスの両脇の緑色の鎧戸の色も現物からはほど遠いものだと指摘せざるをえない。そう言い訳がましく口にする講演者は、写真家が「愚かさ」においていささかでも劣っていさえすれば、すなわちこのタブローの前に立つ不特定多数の視線にごくふさわしくその写真が撮られていれば、かりにスライドの投影によってであれ、聴衆の目の前に再現された《バルコニー》は、そのモデルである現実のマネのタブローの多少とも忠実なコピーたりえたはずだといっているかのように見える。

講演者フーコーがふともらすこうした不満は、写真という複製技術による被写体の忠実な再現機能をある程度まで信頼しているかに響く。「ここでもまた、写真はひどく質の悪いものです」という言い訳は、こうして投影された複数のスライド写真の中には「質の悪くないもの」もあるという前提に立って初めて口にしうるものだからである。

だが、複製技術によるモデルの再現性に対する講演者のこの種の素朴な確信は、それが『言葉と物』の著者フーコーによるものであるだけに、われわれをいささか戸惑わせずにはおかない。カラー・スライドであれ印刷された画集であれ、絵画作品の忠実な再現などそもそも不可能なのだと彼が思っていそうもないからである。あるいは、かりに彼がそう思っていたにせよ、いったんはその苛立たしい不信感を括弧に括り、舞台のかりごしらえのスクリーンに投影される《バルコニー》のスライド写真が、あたかもマネのタブロー《バルコニー》そのもののある程度までは忠実なコピーであるかのように話し始めざるをえないのである。

その場合、「ひどく質の悪い」ものではあれ、そのスライド写真は、明らかにフーコーの口にする言葉の「指示対象《レフェランス》」の位置におかれている。そのことが、とりわけ「言説の人」フーコーにあって、絵画を対象としたスライド写真の投影をともなう講演という形式をあやういものにしていることは否定しがたい。ここでの講演者フーコーが、「言葉と物」との関係をいささか曖昧なままに放置しているとしか思えぬからである。

『言葉と物』の導入部に位置するベラスケスの《侍女たち》をめぐるフーコーの分析に、この種のあやうさはつきまとっていない。たとえあらかじめ草稿が書かれていたにせよ、マネをめぐる講演はあくまでパロール、すなわち聴衆を前にした話し言葉によるパフォーマンスとして演じられているが、ベラスケスをめぐる分析はあくまでエクリチュール、すなわち書かれつつある瞬間には不在の読者に向けられた言葉によるものだからである。フーコーがそれを受けいれるか否かはともかく、ここにはジャック・デリダのいうエクリチュールの無責任な漂流性がまぎれもなく生きられている。

もちろん、『言葉と物』の原著にも日本語版の翻訳書にも《侍女たち》の複製はそえられているが、著者フーコーはたえずそれへと読者の視線を誘いながら言葉をつらねているわけではない。執筆しつつある彼が、その言葉の「レフェランス」をその瞬間に指さすことはありえないからである。かりに、執筆する彼のかたわらにベラスケスの画集などおかれていたにせよ、執筆の瞬間の彼はマドリッドのプラド美術館にいるわけでもないのだから――彼がプラドで《侍女たち》の前に立っていたのは、『言葉と物』のプランを確定する直前の一九六三年一一月のことである――、フーコーの言葉はあくまで不在の対象を不在の読者に向けて記述しているし、そのことがもたらす緊張感は言葉のはしばしにみなぎっている。書物に挿入されている《侍女たち》の複製写真は、『言葉と物』のテクストの直接的な「レフェランス」ではないのである。その意味で、ベラスケスの《侍女たち》をめぐるエクリチュールと、マネの《バルコニー》をめぐる講演をテクスト化したものとは、フーコーの言説において厳密に対応しあってはいない。

だが、そのことに触れるにはいますこしの時間が必要となる。ここでは、ひとまず、ゴダールのマネとフーコーのマネの違いを明らかにしておこう。

複製

第II章でも触れたことだが、「なぜなら、ついに世界が、内的世界が、宇宙と合流したからであり、エドワール・マネとともに、近代絵画が始まったからだ。つまり、シネマトグラフが」という言葉が聞きとれる『(複数の)映画史』の「3A」篇「絶対の貨幣」にクローズアップで引用されているマネの作品には、「レフェランス」的な機能はいっさいこめられていない。実際、「オランピアの考えること」や「ベルト・モリゾの考えること」や「フォリー・ベルジェールの女給の考えること」に言及されていながら、これらの描かれた女性たちの表情を排他的なクローズアップとして背景から孤立して画面に導入する映画作家ゴダールにとって、講演者フーコーが苛立ったスライド写真の質の悪さや構図の無視といったことなど初めから問題とされていない。「断片の人」ゴダールは、フーコーがこだわりを見せた複製によるタブローの忠実な再現などいささかもめざしてはいないからである。

『(複数の)映画史』「3A」篇の「絶対の貨幣」の画面にその一部が姿を見せているエドワール・マネの作品は、《オランピア》《バルコニー》《フォリー・ベルジェールの酒場》《ナナ》《ほろ酔いの女》《ベルト・モリゾ》《笛を吹く少年》の合計七作にすぎず、ミシェル・フーコーの講演録『マネの絵画』にとりあげられている一三作品より遙かに少ない。さきに指摘しておいたように、そこには静物画はまったく含まれてはおらず、言及されている作品は人物画にかぎられている。また、フーコーがその講演で話題にした《チュイルリー公園の音楽会》や《オペラ座の仮面舞踏会》のような群像を描いた作品もゴダールによっては遠ざけられ、《バルコニー》のように複数の人物が描かれている場合でも、構図を無視したかたちで、一人の女性の表情だけがクローズアップで画面に登場しているのである。その女性たちが考えていることだと彼がいうJE SAIS / A QUOI / TU PENSESを、「あなたが/何を考えているか/わかっているわ」として、原文には含まれてはいない女性の言葉のニュアンスをこめて訳さざるをえないのはそのためである。

ここで注目すべきは、《バルコニー》に描かれている三人の人物の中からベルト・モリゾの顔だけをクローズアップで登場させているゴダールが、《ベルト・モリゾ》として描かれたこの女流画家の肖像画にはほとんどキャメラを向けていないことである。あたかもそれが映画作家にふさわしいやりかただというかのように、彼は《バルコニー》の構図を大胆に切断し、そのベルト・モリゾだけをクローズアップでフィルムにおさめているのである。それが明らかにしているのは、ゴダールが、肖像画をも排しているという事実にほかならない。彼は、モデルとなった女性をその背景から孤立させることに、映画作家としての誇りを感じているかのようだ。

だが、マネの描いた静物や群像や肖像画がなぜゴダールによってそのフィルムから排除されているかの詮索もまた、当面の話題ではない。ここでぜひとも指摘しておかねばならないのは、この映画作家にとってのエドワール・マネが、そのタブローに注がれたであろう彼自身の視線の体験とはいっさい無縁のものだということにつきている。《オランピア》《バルコニー》《フォリー・ベルジェールの酒場》《ナナ》《ほろ酔いの女》の五作品の部分をクローズアップで『(複数の)映画史』に登場させているゴダールが、はたしてそれらの作品のオリジナルを自分の目で見たことがあるか否かということすら、ここでは問題となりがたいのである。

実際、パリのオルセー美術館に収蔵されている《オランピア》や《バルコニー》はともかく、『(複数の)映画史』撮影中のゴダールが——あるいはそれ以前のしかるべき時期に——、《ナナ》を見るためにハンブルクへ、《フォリー・ベルジェールの酒場》を見るためにロンドンへ、《ほろ酔いの女》を見るためにワシントンへわざわざ足を運んだとは到底考えられない。おそらく彼は、それらの作品を画集なりポスターなりで、いずれにせよ複製としてしか見たことがなかったろうと想像するほうが遙かに自然なのだが、オリジナルの作品の無視という事実は、ゴダールにとってほとんど意味を持ってはいない。さらにいうなら、『(複数の)映画史』の映画作家ゴダールは、そもそも複製としてしか絵画に興味をいだいていないかに見えるのである。ことによると、オリジナルのタブローとその複製という違いが存在しない複製技術時代に自分は生きているという意識があるのかもしれない。その点で、「複製の人」ともいうべきゴダールの姿勢は、『言葉と物』の執筆にさきだち、マドリッドのプラド美術館で《侍女たち》を見ているミシェル・フーコーの場合とは大いに異なっている。

ことによると、こうしたゴダールの姿勢は、写真による複製の力によって美術館という空間から解放されたことで絵画が近代芸術たりえたという『空想の美術館』のアンドレ・マルローの視点を受けついだものかもしれない。『東西美術論』(小松清訳、新潮社)という題で日本語に訳されたマルローの『芸術の心理学』から、その第三巻目にあたる『絶対の貨幣』を『(複数の)映画史』の「3A」篇の題名として借り受けているほどだから、これがゴダールが何度も手にとって見た書物であることは間違いない。これもすでに触れたことだが、「マネの描く女性はみな、あなたが何を考えているかわかっているわ、と言っているようだ。おそらくそれは、この画家に至るまでは、——そのことを私はマルローから学んだのだが——内的な現実が宇宙《コスモス》よりまだ捉え難かったからだ」というモノローグを「3A」篇のゴダールはもらしていたのである。

「そのことを私はマルローから学んだ」といわれている「そのこと」が、『東西美術論』のどの部分に書かれていることかはあまり明らかではない。「内的な現実が宇宙《コスモス》よりまだ捉え難かったからだ」と要約されるにふさわしい言葉は、『東西美術論』にそのままのかたちでは見当たらないからである。だが、そうした出典の曖昧さはゴダールによくあることで、いささかも驚くべきことではない。ゴダールが『東西美術論』のマルローから受けついだものがあるとするなら、それは美術一般における複製という事態をむしろ積極的に肯定する姿勢につきている。マルローの「空想の美術館」という概念は、写真技術の高度化が可能にした複製による芸術作品の普及を前提にしているからである。

「はじめ、ささやかな普及の手段でしかなかった」写真が、版画にかわって複製を大量に生産し流通させるにつれて、多くの傑作を画家たちに知らしめると同時に、傑作をめぐる思考にも変化をもたらしたという言葉で始まる第二章からして、『空想の美術館』のマルローは、美術空間における複製の機能を積極的に顕揚している。写真による複製が傑作をめぐる思考にも変化をもたらしたというマルローにとって、そうした変化を如実に体現しているのがエドワール・マネだというのはいうまでもない。

われわれは、アンドレ・マルローの近代芸術論そのものにさしたる興味をいだくものではない。ただ、複製によって原画のスケールをいかようにも変化させることから導きだされる「空想の美術館」という構想や、グリフィスの名を挙げつつ映画における「クローズアップ」の重要性をも強調しているマルローの姿勢が、ゴダールを大いに鼓舞したであろうことは想像にかたくない。実際、『空想の美術館』の作者は、その第四章にこう書いているのである。

世人の傳えるところによれば、グリフィスD. W. Grifith監督は映畫を撮っている最中に、或る女優の美しさにすっかり感動したので、もう一度、自分を昂奮させた瞬間を、こんどはずつと近くで撮らせたそうである。そして、そこにその瞬間を挿《さ》しはさもうと努力したが、その効果がうまく成功して、《大寫し《クローズ・アップ》》なるものを發明したと云われている。この逸話《アネクドート》は、映畫の創生期における大監督の一人が、どのような形でその才能を働かせたか、そのことをよく物語つている。また、彼が俳優に働きかけるよりも(例えばその演技を修正することによって)寧ろ俳優と観る者との関係を修正すること(例えば俳優の顔を大きくうつすこと)に、どのような苦心をしたか、それを物語つている。それだけでなく、この逸話は、こうした意識をわれわれにもたせる。——最も凡庸な撮影者でも、數十年以來、モデルを《全身《フル・サイズ》en pied》に寫す習慣をすてて、モデルを半身《バスト》に寫すとか、顔《アップ》だけ寫すようになつた。人物を敢えて半身に切り離して寫すことがこの映畫の性格を一變してからのことであると云える。

(『東西美術論1 空想の美術館』一一三—一一四頁)

多少とも映画史に通じている者なら誰もが知っているグリフィスによるクローズアップ創造の挿話——というより、むしろ神話とすべきかもしれない——をあえて長々と引用したのは、クローズアップを絵画にまで適用している『(複数の)映画史』のゴダールを、このマルローの言葉がある程度まで正当化してはいまいかと思われるからにすぎない。ただ、ここでいささか奇妙に思えるのは、マルローが、グリフィスを「感動」させたという「或る女優」をリリアン・ギッシュとあからさまに名指していないことだ。グリフィスのキャメラマンであるビリー・ビッツアーによる被写体への過度の接近がスクリーンに拡大させたリリアン・ギッシュのイメージを知っている者なら、ゴダールならずとも、サイレント映画であるがゆえにものいわぬ彼女の豊かな表情に、声としては響かぬその思いを読みとったはずである。それが、「あなたが／何を考えているか／わかっているわ」という思いだったのは、ごく自然なことといえる。

「マネの描く女性はみな、あなたが何を考えているかわかっているわ、と言っているようだ」という『(複数の)映画史』のモノローグには、そうしたリリアン・ギッシュのクローズアップの記憶が間違いなく反映している。あるいは、ゴダールは、グリフィスによるリリアン・ギッシュのクローズアップを通してエドワール・マネの絵画を見ているというべきかもしれない。というのも、無声映画は、ゴダールの思惑を遙かに超えたところで、寡黙なる者の予期せぬ雄弁として成立したものだからである。ゴダールがマネの《オランピア》《バルコニー》《フォリー・ベルジェールの酒場》《ナナ》《ほろ酔いの女》などの女性のクローズアップに見たものは、その寡黙なる者の予期せぬ雄弁としての「あなたが／何を考えているか／わかっているわ」という思いにほかならない。

マルローにもバタイユにも見いだしえないこの奇妙な言葉は、いったいどこからきたのか。また、それは何を意味していると解釈すべきか。無声映画を見たことのある者なら、その言葉がごく自然なものであることをすぐさま理解できるに違いない。それは、「私がだまっているからといって／何も考えていないと思ったら／それは大間違いよ」という、無声映画のすべての優れた女優たちのクローズアップにこめられているひそかな思いに対応しているのだ。「私がだまっているからといって／何も考えていないと思ったら／それは大間違いよ」。この寡黙なる者の予期せぬ雄弁こそ、無声映画におけるクローズアップの意味にほかならない。そこにこめられている思いはさまざまに変奏されうるものだろうが、ゴダールはその思いを、「あなたが／何を考えているか／わかっているわ」と読みとったのである。われわれは、それを「私がだまっているからといって／何も考えていないと思ったら／それは大間違いよ」といいかえたいと思うのだが、こうしたさまざまな声としては響かぬ思いの立ち騒ぐ大量のフィルムや絵画の複製の断片からなっている『（複数の）映画史』は、マルローの『空想の美術館』にも似た構想がひとまず実現されたものだともいえるかもしれない。

断片

「3A」篇の「絶対の貨幣」でマネに言及しているシーンが、無声映画とトーキーの組み合わせからなっていることはすでに述べたとおりだが、そのトーキー篇でのゴダールの単調なモノローグは、ジョルジュ・バタイユの書物『マネ』（『沈黙の絵画——マネ論』宮川淳訳、二見書房）を契機として、「あなたが／何を考えているか／わかっているわ」という言葉を改めて声として響かせることになる。「私は独りで、いわば、思索にふけっていた。私は手に、一冊の書物を持っていた。ジョルジュ・バタイユの『マネ』だ」とその声はいうのだが、そのとき彼は、読みおえたばかりの書物を持って思索にふけっていたのだろうか。それとも、これから読もうとする書物を持って思索にふけっていたのだろうか。あるいは、かつて読んだことのある書物の題名を、このシーンにふさわしく挙げてみたというだけなのだろうか。『ウィークエンド(*Weekend*)』(一九六七)の冒頭に優れてバタイユ的なイメージと言葉を配してみせたゴダールのことだから、同じ作家の『マネ』が彼の書架におさめられていたことはほぼ間違いあるまい。それが意味しているのは、彼がマネの作品の複製の所有者だったことにほかならない。あるいは、その複製の当初の帰属が彼の両親であったことも大いにありうるのだが、いずれにせよ、「そのことを私はマルローから学んだのだ」がそうであるように、バタイユの『マネ』のしかるべき一行がそれとわかるかたちで『(複数の)映画史』に反映しているわけではない。

マルローの『東西美術論』の原著は、一九四七年刊の『空想の美術館』に始まり、一九五〇年刊の『絶対の貨幣』に終わる三冊の著作である。それに対して『沈黙の絵画』におさめられた『マネ論』の原著は一九五五年に刊行されたもので、著者バタイユは、そこで当然のことながらマルローにも言及している。もちろん、批判めいた言葉も書きつらねられてはいるが、近代絵画におけるマネの位置に関してその二人の認識は、ほぼ共有されているといえる。例えば、バタイユはつぎのように書いているのだ。

今日、至高なもの、威厳のあるものは、現在の形式の中には決してあらわれない。現在の形式は宮殿や寺院を新しく組織することはできないのだ、そうではなく、それはただあの《秘密の王威》の中にしかあらわれない。マルローがセザンヌの林檎に見たこの王威は、『オランピア』の中にあらわれるものであり、『マクシミリアン皇帝の処刑』の偉大さである。この王威はそれ自体としてはどんなイメージに属するのでもなく、ただ自分のうちで至高の沈黙の領域に達する者の情熱に属するのであり、この領域の中で彼の絵画は変形され、この領域をこそこの絵画は表現するのだ。なぜなら、そのとき以来、絵画はその全体においてブルジョワジーの鈍重さに屈服したこの世界から対象を、対象のイメージを奪取する術であるからである。アンドレ・マルローはそのことを誰よりもさきに断言した。

(『沈黙の絵画』前掲書、七八頁)

読まれるとおり、いわば絵画の絵画性の露呈ともいうべきものによる近代美術の「切断」にマネが深くかかわっていたというのがバタイユの視点であり、これはミシェル・フーコーをも含めた多くの論者によって批判的に継承される視点だといえる。だが、見落としてならないのは、ここにはゴダールがエドワール・マネのうちに見いだそうとしているものなど何ひとつ存在しないということだ。あるいは、そうした文脈にある程度の興味を示しはしても、それを『(複数の)映画史』に反映させようとする意志を、映画作家ゴダールはいっさいいだくことがなかったといえる。自分は「マネの専門家」でもなければ「絵画の専門家」ですらなく、したがって、いわば「門外漢(profane)」としてマネを語るのだとあらかじめ口にしている講演者フーコーがなおとどめている美術史的な配慮と慎重さを、ゴダールはまったく共有していないのである。では、「3A」篇の「絶対の貨幣」に、なぜバタイユの名前が登場したりするのか。

スキラ社から刊行されたジョルジュ・バタイユの『マネ論』は、何よりもまずマネの画集である。それに、全六章からなるバタイユのテクストがそえられているのだが、それは、一九五五年という時点において、複製を通してマネの作品に多くの「門外漢」が触れうるごく普通の書物だったといえる。そうした「門外漢」の一人として、マネの名前はいうまでもなく、その一部の作品をも当然知っていたはずの若きゴダールが、バタイユの『マネ論』によってマネの絵画の全体像ともいうべきものに初めて触れたであろうことは想像にかたくない。二〇世紀の人類のほとんどがそうであったように、絵画作品の多くは複製として所有され、人々の目に触れていたのであり、『東西美術論』のマルローがいうように、それはいささかも例外的な体験ではない。

では、ゴダールによるバタイユの『マネ論』への言及は、マネの作品のかなりの量の複製を所有することがごく自然と見なされていた社会階級の出身者としてのゴダールにとって、避けがたい歴史的な必然だというべきかもしれないが、ここで注目すべきは、かなりの数の作品の複製にバタイユのテクストがそえられていることである。そのとき、われわれは、エドワール・マネの作品の構図を無視し、そこに描かれた女性の一人をクローズアップで複製にしてみせたのは、ゴダールが最初ではなかったという事実に遭遇する。バタイユの『マネ論』には、すでに《バルコニー》のベルト・モリゾのバスト・ショットともいうべきものが印刷されており、しかもその部分複製には、バタイユによるつぎのようなテクストがそえられていたのである。

この細部の複製は単に、その眼ざしが嵐の重さをもつこの見事な肖像(ベルト・モリゾ)に注意をひきつけることを許すだけではない。それはこのタブロオの理解に不可欠なのだ。このタブロオにあってはただ偶然だけが——画家の意図がではなく——この細部を、充分な注意が真先きにそこに与えられることができないような具合に配置したように思えるのである。その結果、やっとそれを見るとき、われわれはひとつの深い秘密を発見するような感じを抱く。それは、目を開く者の注意がそれらを混乱させることなく感知された生の美しさと密度なのだ。

(『沈黙の絵画』前掲書、マネ《バルコニー》部分)

オリジナルの作品の構図を無視して、細部に視線を集中せよとゴダールを誘っているのは、間違いなくこのバタイユのテクストである。『(複数の)映画史』の「3A」篇の「絶対の貨幣」に登場する《バルコニー》のベルト・モリゾのクローズアップは、『マネ論』に「細部の複製」として登場しているベルト・モリゾのバスト・ショットよりもさらに被写体に近づいている。それが、扇を持った彼女の片腕がそえられているバルコニーの欄干さえ視界から遠ざけたきわめて排他的なクローズアップであることは、すでに前々章で触れておいたとおりである。

だが、そのことで、「目を開く者の注意がそれらを混乱させることなく感知された生の美しさと密度」とバタイユがいうものが薄れることがないばかりか、さらにきわだつものであることを映画作家ゴダールは証明してみせた。「断片の人」でもあり「複製の人」でもあるゴダールは、その「生の美しさと密度」といういささか非＝映画的な言辞を、「あなたが／何を考えているか／わかっているわ」とリリアン・ギッシュ風にいいかえてみる。「私がだまっているからといって／何も考えていないと思ったら／それは大間違いよ」というその言辞の変奏は、ことによると、ムルナウの『サンライズ（*Sunrise: A Song of Two Humans*）』（一九二七）におけるジャネット・ゲイナー風のものだといえるかもしれない。こうしてエドワール・マネは、その寡黙なる者の予測しがたい雄弁によって、書物とフィルムとの差異を、思考と感性に向けてゆるやかに送りとどけてくれる。

VI

マネとベラスケスまたは「画家とモデル」

フィクションとしての絵画

ともにエドワール・マネの作品に言及していながら、複製による絵画の再現性についての異なる姿勢によってジャン＝リュック・ゴダールとミシェル・フーコーとがへだてられていることは、前章で指摘したとおりである。だが、その事実をめぐって、二人を結ぶ共通項もまたすぐさま見てとれる。絵画を参照体系とする彼らのいずれもが、絵画そのものではなく、それとはおよそ異なる何かを語ろうとしているという点が共通しているのだ。その異なる何かとは、ゴダールの場合、近代における「思考する形式」としての映画であり、フーコーの場合は、古典主義時代に成立した独特な「言葉と物」の関係にほかならない。

ゴダールについていうなら、すでに何度も触れておいた『(複数の)映画史』の「3A」篇「絶対の貨幣」で聞きとることのできる「エドワール・マネとともに、近代絵画が始まった(……)。つまり、シネマトグラフが」を改めて想起しておけばよい。フーコーについては、『言葉と物』の冒頭におかれたベラスケスの《侍女たち》をめぐる分析を誰もが記憶しているはずだ。「おそらくこのベラスケスの絵のなかには、古典主義時代における表象関係の表象のようなもの、そしてそうした表象のひらく空間の定義があると言えるだろう」というフーコーの言葉は、近代絵画とシネマトグラフの等価性にいきなり言及するゴダールのそれよりいくぶんか厳密なものだといえるかもしれない。

だが、不可視の対象であるはずの「古典主義時代における表象関係の表象」やそこに拡がる「空間」をあえて可視的な絵画の構図を通して語るというフーコーの姿勢もまた、決して自明のものとはいえない。実際、ここで問題なのは、「画家と鑑賞者の空位を、おおい隠すとともに指示する」という微妙な関係なのであり、彼は、そのことをめぐり、こう慎重に書きそえることを忘れていない。

それはおそらく、この絵のなかでも、この絵がいわば本質をあきらかにしているあらゆる表象関係におけると同様、見えているものの底知れぬ不可視性が——鏡や反映や模倣や肖像にもかかわらず——見る人の不可視性と固く結びあっているということであろう。

（ミシェル・フーコー『言葉と物』渡辺一民＋佐々木明訳、新潮社、四〇頁）

表象の表象といったメタ・レヴェルでの視覚性をフーコーが信じているはずもなく、そのかぎりにおいて、ベラスケスの《侍女たち》は、「古典主義時代における表象関係」やそこに拡がる「空間」に類似した可視的な記号たることをあくまで自粛している。その複製が書物の冒頭にそえられていることは、したがって、読む者に、安堵ではなくむしろ緊張感をもたらす試練として機能しているとさえいえるはずだ。いうまでもなく、いかにしてフィクションにたえるかという試練である。

考えてみるまでもあるまいが、かりに象徴としてであれ、ベラスケスとともに「古典主義的な表象空間」が成立したりするはずがないように、エドワール・マネとともに「シネマトグラフ」が始まったりするはずがない。多少ともまともな判断力にめぐまれているなら、誰しもそう訝しく思う権利を持っている。その権利の行使は、しかし、ジャン゠リュック・ゴダールの『(複数の)映画史』やミシェル・フーコーの『言葉と物』への深い疑念となって、思考と感性をめぐる考察をその場で放棄させることにはならない。かりに、「シネマトグラフ」がマネとともに始まったのだとしたら、あるいは、「古典主義時代の表象関係の表象」やそこに開かれる「空間」の「定義」がベラスケスによって可能だったとしたら事態はどのように推移するのかというフィクションとして、ゴダールの『(複数の)映画史』は撮られ、フーコーの『言葉と物』も書かれているからだ。

二人が進んで受けいれようとしているのは、そのことで始動する言説——一方はフィルム的であり他方は言語的な言説——の論理とその限界にほかならない。だから、映画や書物に絵画作品を導入することで、議論がことのほかあやういものとなるという現実に、作家のゴダールも著者のフーコーも充分すぎるほど自覚的なのである。そして、そのような自覚を欠いた言説は、イメージによるものであれ、言葉によるものであれ、思考と感性をめぐる考察をいささかも刺激することがない。彼らは、そう断言しているかに見える。

ゴダールが、近代絵画と「シネマトグラフ」の誕生を視覚的に表象するにあたり、マネの作品の女性たちの表情の複数のクローズアップをピアノ伴奏つきの無声映画めいたものに仕立てあげたことは、すでに指摘しておいたとおりである。そうすることで、「エドワール・マネとともに、近代絵画が始まった(……)。つまり、シネマトグラフが」という言表の主体を曖昧化してみせたのだが、では、フーコーの場合はどうか。

知られるごとく、『言葉と物』の著者は、「人間は、われわれの思考の考古学によってその日付けの新しさが容易に示されるような発明にすぎぬ。そしておそらくその終焉は間近い」という言葉でそのフィクションをしめくくっている。ここでいわれている「日付けの新しさ」とは、誰もがいささか安易に「近代」という言葉で呼びならわしている時代なのだが、フーコーはそれを、「われわれにとってまだ同時代であるもの」、「われわれがまだそこから脱出していない時代」とさまざまな言葉でいいかえることで、年代記的な時間からゆるやかに離脱させている。誰もがそれを一九世紀のことだと意識しはするのだが、書物は大ナポレオンの帝政もその甥による第二帝政にも言及することなく、歴史的な事件をあくまで排除することで、「人間」が思考の主体でもあればその客体でもある時代の知の配置を灰色に塗りあげてみせる。いずれにせよ、「〈人間〉こそ、知という造物主がわずか二〇〇年たらずまえ、みずからの手でこしらえあげた、まったく最近の被造物にすぎない」という指摘は、そうした書物の論理の内部でのみ意味を持つものにほかならず、「その終焉は間近い」と書かれている「終焉」もまた、その被造物がフィクションとしてになう論理的な限界について触れた言葉にすぎない。

いうまでもあるまいが、「人間は波打ちぎわの砂に描かれた顔のように消滅するであろう」という『言葉と物』の最後の言葉は、人類の歴史の普遍的な宿命を述べたものではいささかもなく、「人文科学の考古学」と副題された『言葉と物』が引き寄せるフィクションの中でのみ機能する言説である。その意味がいささか読みとりがたいのは、「古典主義時代の表象関係」については多くの言葉が費やされていながら、「われわれにとってまだ同時代であるもの」をめぐっては、ベラスケスに相当する固有名詞はおろか、これといった具体的な事態の分析もまったくなされていないからである。

実際、そこでは、ほとんど通りすがりにといった呆気なさで、マラルメ、ニーチェ、ヘルダーリンなどに言及されているにすぎず、マネさえほとんど特権化されることがない。それだけに、最後に登場する「波打ちぎわの砂に描かれた顔」という非＝個体化されたイメージが漠然とながらきわだつのだろう。

にもかかわらず、みごとに完結しているはずの《侍女たち》から砂の上に描かれた顔までというフィクションに過剰な何かが含まれていたかのように、多くの人は苛立つ。あるいは、過剰というより何らかの欠落に人は苛立っているのかもしれないが、その苛立ちは、むしろフーコーを肯定する者たちによって広く共有されているかに見える。あたかもその苛立ちを解消するためであるかのように、近年では、フーコーによるエドワール・マネへの言及が、『言葉と物』には不在だった終幕の儀式の代行として意識され始めているかのようだ。

実際、フーコーとマネという主題は、『言葉と物』の著者の死後、公認されたテクストの長い不在ゆえに、かえって神話化されたといってよい。その神話化によって、ベラスケスの《侍女たち》で始まっていた『言葉と物』が、マネの《フォリー・ベルジェールの酒場》の分析で終わっていれば完璧だったというかのような言説として流布され始めているのである。

鏡

『ミシェル・フーコー思考集成I』におさめられた年譜によれば、一九七〇年一一月のフィレンツェでの「マネの《フォリー・ベルジェール》についての講演」の項目に、「この絵は、《侍女たち》の裏返しとしてフーコーを魅了しつづける」と書かれている。おそらく、そう解釈するにふさわしい言葉をフーコーが親しい仲間たちにもらしていたのは間違いあるまい。にもかかわらず、彼は、東京をはじめ、世界各地で四回も講演していたマネをめぐる論考を、予告されていたように『黒と色彩』として書きあげることはなかったし、生前、その一部をテクストとして刊行することもなかった。それは、『言葉と物』が書物としてすでに完成されており、《侍女たち》の「裏返し」としての《フォリー・ベルジェールの酒場》の分析を新たに加える必要を著者が感じていなかったからだろうか。それとも、「魅了」されてはいながらも、この絵画について書くための方法が自分には欠けていると感じていたからだろうか。あるいは、彼の「考古学」的な思考の中に、「われわれにとってまだ同時代であるもの」、「われわれがまだそこから脱出していない時代」とさまざまにいいかえられている時代の絵画作品の特質を位置づけることができなかったからかもしれない。いずれにせよ、マネの作品は、コレージュ・ド・フランス教授に就任したフーコーによって改めて論じられることはなかったのである。

あたかも、その間隙を縫うようにして、『（複数の）映画史』のゴダールは、「3A」篇の「絶対の貨幣」においていかにも唐突にマネについて語り始める。だが、すでに述べたように、彼の興味は、フーコーがことのほか執着するはずの絵画の構図をあっさり無視し、《フォリー・ベルジェールの酒場》におけるバーメイドをはじめとして、もっぱらモデルとなった女性たちの顔に集中している。キャメラを通しての被写体の鏡の表面への反映に敏感であるはずの映画作家は、このアングルからするなら背後の鏡のこの位置には到底存在しえないはずのバーメイドの斜めの後ろ姿などあたかも存在していないかのように、女性の表情のクローズアップを画面におさめながら、例の「あなたが／何を考えているか／わかっているわ」という字幕をそえて、「エドワール・マネとともに、近代絵画が始まった（……）。つまり、シネマトグラフが」といった言葉をあっけらかんと響かせてみせる。もちろん、構図を無視するそんな大胆さを、フーコーが共有しうるはずもない。

ミシェル・フーコーによる『マネの絵画』がほぼ完全なテクストとして読めるようになったのは、フランスでもごく最近のことである。その間の事情については、渡邊守章の「見ること、身体――フーコーの〝マネ論〟をめぐって」（『InterCommunication』51号／『哲学の舞台』（朝日出版社）に採録）に詳しく触れられているのでそれに譲るが、その後、日本語にも翻訳されたこの講演の記録は、フーコーの『マネの絵画』をめぐるシンポジウムの記録とともに刊行されたもので、フーコーのテクストだけで一冊の書物を形成しうるほどの長さにおさまっているわけではない。シンポジウムの発言者のテクストとしては、ティエリー・ド・デューヴの「〝ああ、マネね……〟――マネはいかにして《フォリー・ベルジェールの酒場》を構築したか」が収録されているように、この名高い作品における構図の「ねじれ」が論じられているのはいうまでもない。

フーコーとマネとの関係については、このシンポジウムでの何人かの発言が初めてではない。チュニスにおける講演の不完全なテクストにもとづいて、小林康夫が「フーコーのマネ論――無の眼差しと盲目の眼差し」(小林康夫+松浦寿輝編『表象のディスクール1』東京大学出版会)を書いており、主要な問題はほぼそこで語りつくされているといってよい。実際、「フーコーの議論の論点は、マネが、タブローが現実世界のなかのオブジェであることを、絵画のなかにくり込んで表現を行なった、ということにある。表象世界の現実的な〈外部〉が、表象世界の内部に持ち込まれており、つまりごく簡単にいうなら、本来なら画然と分かれていたはずの表象とその表象が現実的な物質的存在であることとのあいだにくり込みの関係が生まれているということである」という小林氏の言葉は、完全なテクストの公刊によってもほとんど修正される必要がないものである。

はたしてそれがフーコー自身の手になるものかどうかは明らかでないかたちで、二〇〇四年に刊行された『マネの絵画』は三部構成におさまっている。より正確には四部構成というべきかもしれないが、冒頭の無題の導入部に続いて、それぞれ「キャンバスの空間」「照明」「鑑賞者の位置」という小見出しにしたがって複数のマネの絵画が分析されている。だが、ここで興味深いのは、「キャンバスの空間」にせよ「照明」にせよ、そこでは決まって複数の作品が論じられていながら、「鑑賞者の位置」で語られているのは問題の《フォリー・ベルジェールの酒場》一点のみだということだ。そして、それがフーコーの『マネの絵画』をしめくくるものなのである。

この作品で鏡が重要な位置を占めていることを知っており、しかも、フーコーによって提起されている主題が「鑑賞者の位置」であるとするなら、そこでどんなことが論じられるかは誰にもほぼ予想がつく。《フォリー・ベルジェールの酒場》をまともに見たことのあるものなら、それが空間の配置として、古典的な遠近法の秩序にはおさまりがたい「異様なもの」であることに誰もが気づくはずだからである。問題は、それをフーコーがどのように言説化するかにかかっているが、テクストを仔細に読んでみると、正直なところ、驚くべきことがらは何ひとつ口にされていない。正直に告白せねばならぬが、『マネの絵画』のテクストの刊行を禁じたフーコーの立場は決定的に正しく、それにさからって二一世紀にそれを読むことは「正しい」ことではないとさえ思わざるをえない。

空間の配置が「異様なもの」である理由を、『マネの絵画』のフーコーはひとつひとつ律儀に拾いあげてゆく。まず、人物の肖像画が周囲から独立したかたちで描かれており、背後にある鏡がその反映を映しだしてはいるが、その鏡そのものがいわば奥行きを断ち切る壁のように立ちはだかっていると彼はいう。問題は、人物やさまざまな品々が鏡に映ってはいるが、鏡の手前にあるものが几帳面に鏡には反映されがたいというかたちで「ずれ」が起こっている。そしてその「ずれ」の最大のものはバーメイドの後ろ姿であり、鏡を傾けないかぎり、右手斜めにその背が映しだされることなどありえないとフーコーはいうのだが、それらの事実は、あえて彼に指摘されるまでもなく、誰にも感じとれる「居心地の悪さ」にほかならない。

その「居心地の悪さ」は、古典的な絵画にあっては画家と鑑賞者の位置を不動の一点に固定すべき遠近法のシステムが《フォリー・ベルジェールの酒場》には機能していないことからもたらされるというのがフーコーの考えである。そこで、「画家がこのようなものとしてこの絵を描くにあたってどこに位置していたのか、また、このような光景を見るのにわれわれはどこに位置すべきかを知ることが不可能になる」ということになるというのだが、それとて、フーコーの指摘を待つまでもなく、誰の目にも明らかだといわざるをえない。そこから引きだされる結論もまた、ごくありきたりなものだ。何ごとかの表象たることを原理として排しているわけではないマネの絵画が、にもかかわらずキャンバスの物質性をきわだたせ、思考が表象から自由になるための条件ともいうべきものがここに露呈されているとフーコーはいうが、それは、マネを通過することなく、『言葉と物』でいわれている「言語の露呈」という事態を視覚的に上塗りしているだけでしかない。

では、事態がこれほど呆気ないまでに明白なのは、ミシェル・フーコーがマネの《フォリー・ベルジェールの酒場》の決定的な一点に触れずにいるからなのだろうか。それとも、ベラスケスの《侍女たち》を通して、「古典主義時代における表象関係の表象」やそこに拡がる「空間」を語ろうとしたように、絵画という視覚的な記号の分析によって、「われわれにとってまだ同時代であるもの」、「われわれがまだそこから脱出していない時代」における知の配置を語ることにそもそもの無理があるからなのだろうか。ベラスケスにおいてうまくいったことが、マネにあってはうまくいかないという自覚が、フーコーに『マネの絵画』の刊行を思いとどまらせたのだろうか。

おそらく、事態はより錯綜したかたちで推移していたはずだ。『言葉と物』を読む者は、ベラスケスとともに「古典主義的な表象空間」が成立したりするはずがないと自信を持っていえたはずだが、『マネの絵画』を読む者は、ことによると、マネとともに「近代」の表象の崩壊が始まると本気でいいだしかねず、そこにフィクションが介在する余地がなくなってしまうのである。

映画

小林康夫の指摘を待つまでもなく、彼の『マネの絵画』はあらゆる意味で「失敗した試み」である。だがそれは、小林氏がいうように、フーコーが、《侍女たち》で「インファンスの身体をあえて見ないようにしている」ように、《フォリー・ベルジェールの酒場》の「無の表面で輝くバーメイドの身体の輝き」を見なかったことのみからくるのではあるまい。「表象の関係」という見えてはいないものにしか興味がないフーコーは、可視的に表象されているバーメイドの肉感的な肖像になど、いかなる関心もいだいてはいないはずだからである。とはいえ、であるがゆえに、彼がエドワール・マネについてついに語りそびれたのではない。フーコーは、マネにかぎらず、「われわれにとってまだ同時代であるもの」としての一九世紀についてはほとんど何ひとつ語ってはいないのであり、それは、彼の提起する「考古学」の限界だとはいわぬまでも、それがあらかじめかかえこんでいる論理的な不可能性にほかならない。

彼は、エドワール・マネとともに、「われわれにとってまだ同時代であるもの」という現実の中に位置しており、ほとんど自分自身でありながら同時にほとんど自分自身ではないマネを語ることで、いかなるフィクションも始動させえなかったのである。

それは、ことによると、ジル・ドゥルーズとは異なり、ミシェル・フーコーが映画についてほとんど何ひとつ発言しえなかったことと通じているかもしれない。『マネの絵画』に収録されたシンポジウムの発言者のほとんどが、美術史的な視点からのフーコーのテクストのいささか困難な擁護に言葉を費やし、できればこれを読まずにすましたかったという視点がまったく感じられないのは、「われわれにとってまだ同時代であるもの」に対する畏怖の念が彼らに欠けていたからとしか思えない。

例えば、「〝ああ、マネね……〟――マネはいかにして《フォリー・ベルジェールの酒場》を構築したか」のティエリー・ド・デューヴのように、フーコーの提案をいくぶんか修正しつつ、背後の鏡をしかるべく傾けさえすればバーメイドの右隅の後ろ姿は容易に正当化されうるということは、フーコーを読むにあたって何ら有効な指針とはなりがたい。手前におかれた品々がほとんど反映していないと指摘するフーコーが気づいていたように、バーメイドの背後にあるのは、鏡というよりは空間を極端にせばめる壁にほかならないからだ。そして、「われわれにとってまだ同時代であるもの」にふさわしい映画においてなら、セットの鏡などいつでもとりはずして壁に置き換えて撮影することができるし、本書「鏡とキャメラ」の章で見たゴダールの自画像のように、キャメラとモニターの位置ひとつで、こちら側を向いているわけではない人物の表情を、あたかもこちらを向いているかのようにスクリーンの枠内に浮かび上がらせることさえいくらでもできるのである。

《フォリー・ベルジェールの酒場》について、映画的な視点から論じた文章がまったく存在しないわけではない。宇野邦一の「フレームという恐ろしいもの」(『映像身体論』みすず書房)がそれである。だが、ドゥルーズやノエル・バーチにしたがい、小津安二郎における交わらない視線との関係でマネにおけるバーメイドの後ろ姿の「ずれ」を語ろうとするこの文章は、ほんの思いつき程度の貧しい発想をいささか大袈裟に論じたてただけのものにすぎず、その言葉は、小津安二郎にもエドワール・マネにもとどいてはいない。実際、小津において「誰でも異様な印象をうけるにちがいないことのひとつ」は、「視線の方向が、まったくちぐはぐな、あの型破りなモンタージュである」という宇野氏の粗雑な指摘は、誰もがそこで読むのをやめてもよいと判断するに充分なものである。というのも、小津の切り返しショットにあって、視線の方向が「ちぐはぐ」であったことなど一度としてないからである。誰もが知っているように、小津の視線は、あらゆるショットにおいて一貫しており、ノエル・バーチが問題としたのも、その一貫性が誘発する「つなぎ間違い」の印象にほかならない。

いうまでもなく、映画における「つなぎ」は、視線の交錯をめぐるものにつきているわけではない。動作の「つなぎ」もあれば、時間と空間——持続と瞬間、部分と全体、画面外と画面内、等々——の「つなぎ」もあり、それらを「つなぎ」一般として、あるいは「つなぎ間違い」一般として論じることにはいささかの理論的、かつ実践的な困難がともなう。『映像身体論』の著者である宇野氏はその困難にいたって無自覚なのだが、そのことから導きだされる好ましからぬ帰結については論じておかねばなるまい。

いずれにせよ、少なくとも視線をめぐる「つなぎ」に関するかぎり、それは目に見える瞳と異なり、あくまで不可視の対象でしかない視線が、それそのものとしてはフィルムに映らないという現実を前提としている。キャメラは、交わる視線に対しては徹底して無力なものであり、一般に「正しいつなぎ」として受けいれられているハリウッド流のアイライン・マッチの原則とは、「正しさ」や「間違い」とはいっさい無縁のたんなる撮影作法にほかならない。そのほうがより「自然」に見えそうだというだけの理由で、多くの映画作家がひとまず従っているいわば「制度」にすぎないのだから、厳密には、「正しいつなぎ」も「誤ったつなぎ」も存在しないというべきだろう。

実際、小津安二郎独特の一八〇度の「切り返し」ショットが「つなぎ間違い」——あるいは「誤ったつなぎ」——として論じられるのはごく稀なことである。それをあえて論じてみせた例外的な一人であるノエル・バーチにしても、それを「誤った」とは断じておらず、その形容詞「誤った」をひとまず括弧で括り、「〃誤った〃アイライン・マッチ（"bad" eyeline match）」とことさら語調を緩和せざるをえない。それを間違っても「誤った」とは呼べないことを、このアメリカの映画理論家もよく承知しているからだ。ところが、バーチの書物のフランス語訳で、「〃誤った〃アイライン・マッチ」という表現が「〃誤った〃つなぎ（«faux» raccord）」という言葉に置き換えられてしまったことから、バーチの原著を読んでいないらしい宇野氏の理論的かつ実践的な混乱が始まる。事実、『映像身体論』の著者は、ノエル・バーチが「〃誤った〃アイライン・マッチ」とわざわざ括弧つきで呼ばざるをえなかったものを、ジル・ドゥルーズが『シネマ1　運動イメージ』で括弧をつけずに「誤ったつなぎ（faux raccord）」と呼んだ現象と同じものだと判断してしまったのである。

宇野邦一は、おそらくはノエル・バーチの書物で小津を論じた部分に拠りながら、小津の「切り返し」を「しばしば〝誤ったつなぎ〟といわれるモンタージュ」だとして論を進めるのだが、それはまったくの「誤り」である。すでに指摘したように、バーチはわざわざ「〝誤った〟アイライン・マッチ」と留保をつけているのであり、だから、括弧によるその語調緩和を考慮することのない宇野氏自身をのぞいて、これを「誤ったつなぎ」と性急に断じてしまった理論家は皆無だといわざるをえない。もちろん、小津の「切り返し」を「大胆な冒険」と呼んでいるジル・ドゥルーズも、それを「誤ったつなぎ」だなどと断じて論を進めていたりはしない。彼が『シネマ1　運動イメージ』で「誤ったつなぎ」に言及しているのは、交錯する視線の「つなぎ」ではなく、より本質的に映画の存在論にかかわるものだともいえる時間と空間の「つなぎ」にかぎられている。

実際、ドゥルーズが「誤ったつなぎ」の中には映画固有の問題がひそんでいそうに思うと述べるとき、宇野氏が軽率にも「誤ったつなぎ」だと思いこんでしまった小津の「切り返し」のことなどまったく想定されてはいない。そこで問題となっている映画作家は、時間と空間の「つなぎ」、つまり、持続と瞬間、部分と全体、画面外と画面内、等々の関係をモンタージュとして視覚化してみせたセルゲイ・エイゼンシュテインであり、その対極にあるワンシーン・ワンショットとして視覚化してみせたカール・Th・ドライヤーなのである。宇野氏も引いている「誤ったつなぎとは、それだけで〝開かれたもの〟の次元であり、総体とその部分から逃れている」という言葉は、まさにエイゼンシュテインとドライヤーについていわれたもので、小津とはいっさい無縁である。にもかかわらず、宇野氏は、あたかもドゥルーズに勇気づけられたかのように、小津の「切り返し」を「誤ったつなぎ」だと確信しつつ論を進め、あげくのはてに、「誤ったつなぎ」という「誤った」概念を小津からエドワール・マネへと拡張しようとする。これが「ほんの思いつき程度の貧しい発想」でなくて、いったい何だというのか。

大胆というよりはもっぱら軽率に小津の「切り返し」を「誤ったつなぎ」と断じてしまえるのは、ことによると、ドゥルーズの『シネマ2　時間イメージ』の訳者でもある宇野邦一が、映画で「正しい」とされる交錯する視線の「つなぎ」がどんなものかをたやすく想定できないからかもしれない。その「正しい」とされる「つなぎ」は、ゴダール自身がゴダール氏として登場する『アワーミュージック』のサラエヴォでの講演シーンで詳細に語られているものにほかならない。「カットの〝切り返し〟は映画の基本だ」と口にしたうえで、作中人物のゴダール氏は、ハワード・ホークスの『ヒズ・ガール・フライデー（*His Girl Friday*）』（一九四〇）におけるケイリー・グラントとロザリンド・ラッセルの「切り返し」を二枚の対称的な写真として聴衆に提示し、「このホークス映画の写真を見ると、同じ写真を二度使ったように見える。監督が女と男の違いを区別できなかったからだ」といいながら、一般に「正しい」と見なされている「切り返し」に対する不信感を表明している。

このゴダール氏の物言いは、いささか微妙な問題をはらんでいる。というのも、誰もが知るように、ベン・ヘクトとチャールズ・マッカーサーによる原作の戯曲でも、またルイス・マイルストンによるその最初の映画化である『犯罪都市（*The Front Page*）』（一九三一）においても男性だった登場人物が、ここでは、ホークスによって、女性の役に置き換えられているからだ。その意味では、「女と男の違いを区別できなかった」監督のホークスはむしろ正しいとさえいえるのだが、問題はそこにあるのではなかろう。ここでゴダールが指摘したかったのは、あらゆる「切り返し」は決まって「同じ写真」からなっているのだから、「正しいつなぎ」とされているハリウッド流のアイライン・マッチの原則そのものが、いささかも「正しくない」ということにほかなるまい。

ここで見落としてならぬのは、あたかもそのことの証言であるかのように、ゴダール——登場人物ではなく、監督としての——が、『アワーミュージック』の終わり近くに、カフェで向かいあって話すヒロインのオルガ(ナード・デュー)とその叔父を、小津安二郎的というほかはない真正面からのショットの連鎖として描いてみせていることだ。宇野氏なら、思わず「誤ったつなぎ」だと口走るかもしれないこの場面を見ながら、二一世紀に入って、映画はようやく小津の一八〇度の「切り返し」に追いついたといった感慨をいだく者がいても不思議ではないが、実は、ゴダール自身、すでに『女と男のいる舗道』の警察での取り調べのシーンで、ナナ(アンナ・カリーナ)と刑事とを一八〇度の「切り返し」で描いていたのである。

ハリウッド流のアイライン・マッチの原則は、小津やゴダールをはじめとして、『神曲(*A Divina Comédia*)』(一九九一)のマノエル・ド・オリヴェイラなど、すでに多くの現代的な映画作家によって侵犯されているものにほかならず、その事実を無視して小津の「切り返し」ばかりを「誤ったつなぎ」として論じることは、時代錯誤もはなはだしいといわざるをえない。事実、フランスのサッシャ・ギトリーやジョン・フォードなど、必ずしも「前衛的」とは見なしがたい映画作家たちが、すでに一九三〇年代からこれを無視しているのであり、そのことは、わたくし自身の著作『監督小津安二郎（増補決定版）』（筑摩書房）やエッセイ「ジョン・フォード論（2）――〝囚われる〟ことの自由」（『文學界』二〇〇五年三月号）で詳しく述べられている。ここでは、むしろ、映画史的な現実にさからってまで、ノエル・バーチがあえて小津的な「〝誤った〟アイライン・マッチ」に固執したのはなぜかと問うべきかもしれないが、それを「きわめて破壊的なもの」と見なし、そこから小津の空間的な平面性や非連続性に言及したバーチの明らかな「記述の誤り」については、デヴィッド・ボードウェルの『小津安二郎――映画の詩学』（杉山昭夫訳、青土社）で充分に論じつくされている。いずれにせよ、それ自体がいささか粗雑な「記述の誤り」から導きだされた「〝誤った〟つなぎ」の概念を「誤ったつなぎ」へと歪曲し、それをもとにマネの《フォリー・ベルジェールの酒場》を論じることは、小津とマネへの二重の「誤り」を増幅させることにしかつながらないだろう。

模像

『マネの絵画』は、こうした「間違い」とはいっさい無縁のテクストである。小林康夫も正しく指摘しているように、それが「失敗した試み」たらざるをえないのは、フーコーが、この絵画における鏡の効果を「性急に、画家の位置、あるいは翻って、見る者の位置の非固定性に還元させてしまう」ことからきている。視点の「非固定性」に言及しながら、彼は、画家という特権的な不可視の視点を手つかずのまま温存しているのである。だが、その画家なるものが「われわれの思考の考古学によってその日付けの新しさが容易に示されるような発明にすぎぬ」といわれている「人間」だとするなら、その「人間」である画家が、《侍女たち》の作者であるベラスケスと同じ視点の持ち主であるはずはないし、その「人間」が表象された空間に対して非固定的な視点を持っていたところで、いささかも不思議ではない。

ここでのフーコーの誤りは、ベラスケスを前にした場合とマネを前にした場合とでは、「画家」という語彙がもはや同じ意味を持ちえないという「考古学的」な現実に無自覚であることにある。それは、『言葉と物』のフィクションに対する無意識の裏切りであるし、いささかの悪意をこめていうなら、自分がその書物の著者であることをフーコーがあっけらかんと忘れているとしかいいようがない。というのも、《侍女たち》の作者が一人の画家であるとしたら、もはや「古典主義時代」の「表象」空間には位置していない《フォリー・ベルジェールの酒場》の作者は、「人間」という「まったく最近の被造物」にすぎないからである。だから、かりにフーコーがエドワール・マネをベラスケスと同様に画家と呼ぶのであれば、その言表の主体は、もはや『言葉と物』が始動させたフィクションの外部に位置しているとしかいえない。

その意味で、ミシェル・フーコーが『マネの絵画』のテクストの公刊を禁じたのは決定的に正しいといわねばならぬ。これは、『言葉と物』のフィクションの論理を大きく逸脱するしかない反＝フーコー的なテクストにほかならないからである。とはいえ、「われわれにとってまだ同時代であるもの」にふさわしい「写真」や「映画」を知ってしまった者からすれば、《フォリー・ベルジェールの酒場》を「われわれがまだそこから脱出していない時代」にふさわしく読むことはいくらもできる。

例えば、《侍女たち》に鏡が存在しているという意味では、ここに鏡などひとつとして存在しないという視点がそれである。実際、真正面を向いているバーメイドの背後に拡がっているのは鏡ではなく、壁として屹立する書き割りの絵だと考えても、そこにいっさい問題は生じない。右隅に向こうむきの女性とこちらむきの男性を配した書き割りの絵だからこそ、フーコーが目ざとく指摘したように、バーにおかれた品々が鏡と思われた壁にひとつとして反映していないのだと見ることもできる。その場合、真正面を向いたバーメイドは、フォリー・ベルジェールの酒場を描いた絵とカウンターとのあいだに立っていることになろうが、それがアトリエでの光景か否かは、「その日付けの新しさが容易に示されるような発明にすぎぬ」という「人間」のいっさい知るところではない。

そもそも、フォリー・ベルジェールの舞台には、この種の書き割りの装置が、およそ遠近法の秩序を無視したかたちで、不特定多数の観客の視線の前に日々際限なくおかれては姿を消していたはずだ。《フォリー・ベルジェールの酒場》という題名に接して、フーコーがマネと同時代のそうした見世物のいかがわしさにまったく思いをいたしていないことが、むしろ不思議に思われる。そもそも、見る者が、現実のフォリー・ベルジェールの酒場に非固定的な視点を複数設定しても、この構図を部分的にでも正当化する視点はどこにも見いだせぬはずであり、その意味で、画家はどこにもいないというべきだろう。実際、酒場に立ちよってアルコール性の飲み物を味わった観客たちは、誰ひとり、《フォリー・ベルジェールの酒場》に視線を送るフーコーほどの真剣さで舞台に見入っていたはずがない。「その日付けの新しさが容易に示されるような発明にすぎぬ」という「人間」にほかならぬ彼らの視線は、あらかじめ非固定的たるほかはないからである。

その非固定性は、当然のことながら、映画にあってはごく日常的な照明の複数性という問題をも絵画に導入する。フーコーは、マネの《草の上の昼食》をめぐって、そこに「二つの異なる照明のシステム」が共存していることに注目し、それが異なる位置に描かれた人物たちを異なる方向から照らしだしているところにこの作品の特異性を見ているのだが、ここでのフーコーは、マネの絵画というより、そうと自覚せぬまま、映画の画面における照明について論じているかのようだ。実際、映画においては、ひとつの画面に複数の照明が注がれるのはごく普通のことだからである。おそらく、こうした照明の複数性は、視線の非固定性同様、映画のみならず、一九世紀のいかがわしい見世物の舞台にもたえずつきまとっていたはずのものなのだ。「知の考古学者」フーコーは、そのことを一瞬たりとも意識しえなかったのだろうか。

フーコーはまた、《給仕する女》や《バルコニー》について触れながら、そこに描かれている人物たちの視線が、「われわれには見えず知ることもできない向こうの何か」に惹きつけられていることから、「タブローは見えないものに向けられたまなざしである」という「不可視性」の問題を提起しようとしている。だが、そこでもまた、彼は、自分が、「フレーム外(hors-cadres)」という映画独特の不可視の空間表象の技法について語っていることに気づいてはいないようだ。

あるいは、ここには画家などどこにもおらず、あるのは、非人称的なキャメラのレンズばかりだという視点も充分に成立する。ここに描かれている複数の人物にかぎれば、キャメラの機械的な視線でこの種の構図を構成することにはいささかの困難もともなわないからである。実際、レンズの真正面に立つバーメイドの背後に大きな鏡を復活させ、彼女の存在によって鏡には映らないキャメラの視界外の右手に彼女によく似た女性をこちらむきに配し、その斜め前に大柄の男性を向かいあわせ、二人の背丈をしかるべく調節するなら、写真であろうと、あるいは映画であろうと、こうした光景を何の苦もなく再現することができる。

いうまでもなく、その場合、鏡に反映している女性の人影はバーメイドその人ではなく、いわばその身代わりにほかならぬ自己同一性の曖昧な存在となる。その際、後ろ向きに鏡に映るこの身代わりの女性——映画におけるいわゆるスタント・イン——が、バーメイドと同じ衣装をまとい、同じ髪型をしていればそれですむというだけの話なのである。だが、「模像《シミュラークル》」という概念にまったく無縁ではないはずのフーコーがそうしたいかがわしい身代わりの可能性に一瞬も思いをいたさず、正面から見られたバーメイドと鏡の表面に反映する人物像とをあくまで同一人物と見なし、あたかも「古典主義的な表象」の秩序がここでも維持されているかのように議論を進めているのに立ち会うのは、何とも不思議な体験だというほかはない。

「われわれにとってまだ同時代であるもの」、「われわれがまだそこから脱出していない時代」の「人間」は、《フォリー・ベルジェールの酒場》をいささかも「異様なもの」とは見なさない存在だといえる。実際、いつ消えても不思議ではない「波打ちぎわの砂に描かれた顔」を誰が描いたかを問うものはいないし、それをどの位置から目にすればよいかで思い悩む者も一人としていないはずである。「エドワール・マネとともに、近代絵画が始まった(……)。つまり、シネマトグラフが」という言葉が響くのも、そんな人気のない砂浜にほかならない。

VII 「肖像画」の前で

一九六八年のマラルメ

襟元のシャツをほとんどのぞかせることのない黒のスーツを身にまとった男が、木製の椅子の高い背に身をもたせかけ、キャメラの斜め右側に視線を向けながら、「師よ」という呼びかけで始まる見えてはいない何者かの問いに耳を傾けている。このモノクロームのバストショットにさきだつ簡素なクレジットによって、黒い衣装の人物がステファヌ・マラルメにほかならぬことを知らされているわれわれは、二〇世紀に生きる何者かが一九世紀フランスの詩人を装いつつ画面に登場するという時間錯誤にいくぶんかの居心地の悪さを覚えつつも、いったいどんな声がどんな抑揚で口にされるのかをしばし見まもってみようと心を決める。

ほんのわずかな身動きにつれて何かが低くきしむ音が聞こえるところをみると、マラルメと見なされるべき男が腰掛けている椅子は、ロッキング・チェアーなのかもしれない。口髭と顎髭におおわれた男が細くて白いパイプにそえた煙草をときおり口にあてがうとき、几帳面にアイロンのあてられた右手のカフスの白さが妙に生々しくきわだつ。「自分があまりにおのれ自身へ近づきすぎていると感じられるときや、また誰かが私に接近しかけてくるような場合には、［自己という］同じ無意味なものにヴェールをかけるために、いつもタバコをふかしています」というマラルメ自身の言葉がかりに真実だとするなら、われわれは、いま、ヴェールのように漂う紫煙でおのれの存在をおおい隠そうとする瞬間の詩人を視界におさめようとしていることになるのだろうか。白いパイプを手放そうとはしないこの男の声は、「話をするときは、何か言葉を口にするたびにかならず身ぶりを添えるのだが、いろいろなその身ぶりは、優雅と的確さと説得力に満ちて」おり、「声は語尾をすこしひっぱるようにして、しだいになだらかになってゆく」とも描写されたマラルメ的な話術の再現をめざしているのか。それとも、ここでは、再現とはおよそ異なる企てが試みられようとしているのだろうか。いずれにせよ、いま、この画面に見入っているわれわれの周囲に、マラルメの声を聞いたことのある者など一人としていない。

クレジットには監督の名前も、出演者の名前も記されてはおらず、『ステファヌ・マラルメ（*Stéphane Mallarmé*）』という題名の白い文字ばかりが黒地に浮き上がっていたのだが、これがエリック・ロメールの一九六八年の作品で、マラルメを演じているのがジャン＝マリ・ロバンだというフィルモグラフィー的な事実は、かなりのあいだ曖昧なまま放置されていたが、いまではようやく映画史的な知識として人々に共有され始めている。製作は、もはや存在することのないフランスの教育ラジオ・テレビ局、上映時間は二七分の短編である。当時はひとつのチャンネルしかなかったフランスの国営テレビで放映されはしたが、初等、中等教育施設の教室にはほとんどモニターが設置されていない時代だったので、それを見ることのできたのは、午後の時間をもてあますアパルトマンの守衛一家だけだったはずだ、とロメール自身はやや自嘲気味に回想している。以後、再放映される機会にもめぐまれぬままほとんど存在しない作品と見なされ、ごく最近、『シネマ(*Cinéma09*)』誌の付録のDVDとして人目に触れるまで、そのフィルモグラフィーにもごく不正確な記述しか残されていなかったといういわくつきの作品である。

マラルメ、というより、彼の存在に擬しつつあるジャン＝マリ・ロバンのバストショットを人が目にするのは、教育映画として構想されながらもその機能をほとんど演じきれなかったこの不幸な作品の冒頭においてである。椅子の背に斜めにからだをあずけた黒服の男がマラルメその人であるはずはないと誰もが充分すぎるほど意識しながら、その声や立ち居振る舞いをフィクションとして受けとめることになるのだが、役者とはいえ赤の他人が実在の人物に扮するという試みのあやうさに自覚的なロメールは、詩人を黒い木製の椅子から一度も立ちあがらせぬまま、アングルもほとんど変えることのない簡潔なキャメラワークで全編を撮りあげ、映画作家としてのあからさまな視覚的署名はあえて自粛しているかに見える。ちなみに、この映画の登場人物は、マラルメ一人である。

とはいえ、『すべての革命はのるかそるかである(*Toute révolution est un coup de dés*)』(一九七七)で、マラルメの『骰子一擲』を朗読する人物にキャメラを向けるだろうジャン＝マリ・ストローブとダニエル・ユイレならともかく、ジャック・リヴェットの『アウト・ワン(Out 1)』(一九七〇)で博学なバルザック研究者を演じてみせたりもするエリック・ロメールとステファヌ・マラルメという二つの名前の意表をついた組み合わせには、人を戸惑わせるに充分なものがそなわっている。小説家でもあるロメールは、詩よりもむしろ散文の人と思われがちだからである。

六八年といえば、ロメールはすでに「六つの教訓物語」の最初の三五ミリ長編『コレクションする女(La Collectionneuse)』(一九六七)を撮りあげているし、思いもかけぬ興行的な成功をおさめることになる同じシリーズの一編『モード家の一夜(Ma nuit chez Maud)』(一九六九)の準備にもとりかかっていたはずである。もっとも、処女長編の『獅子座(Le Signe du lion)』(一九五九)はほぼ無視されながら、六〇年代を通じて映画作家としての名声をゆっくりと確立し始めていた『カイエ・デュ・シネマ』誌の元編集長が、そのフィルモグラフィーからしばしばこぼれ落ちがちなこの一六ミリの短編をこの時期に撮った理由の詮索は、まったく興味を惹かぬわけではないが、ここでの主要な話題とはなりがたい。マラルメ役の男優ジャン゠マリ・ロバンが、『海の沈黙(Le Silence de la mer)』(一九四七)でもの静かな伯父を演じて以来しばしばジャン゠ピエール・メルヴィル監督の作品にも登場しているといった指摘も、一九一三年生まれの彼が第三共和制的なイントネーションをごく自然にあやつる役者だったという点をのぞけば、この際は傍系的なエピソードでしかあるまい。また、『ステファヌ・マラルメ』の存在をわずかなりとも記憶していれば、俳優ジャン゠クロード・ドレフュスをオルレアン公に見立てて『グレースと公爵(L'Anglaise et le Duc)』(二〇〇一)を撮るというその後のロメールの目論見がより素直に理解できたはずだとも思うが、それとてここでの主題とはなりがたい。『ステファヌ・マラルメ』がわれわれの興味を惹きつけるのは、もっぱらつぎの理由による。すなわち、一見したところ六八年五月が影さえ落としていないこのモノクロームの短編が、それをエドワール・マネをめぐる考察という文脈の中においてみた場合、歴史に触れる契機ともなりうる細部を露わにしてみせるからにほかならない。実際、この短編は、のちに詳しく見てみるように、その発想を、マラルメと同じぐらいにマネに負っているのである。いうまでもなかろうが、ここでロメールが向きあおうとしているエドワール・マネは、これまでに見たゴダール的な文脈とも、フーコー的なそれともいっさい無縁のものである。

異常な、他に類例を見ない

マラルメ自身ではないがゆえにその似姿におさまらざるをえないジャン＝マリ・ロバンの口にする言葉の大半は、クレジットに続いて画面に流れるごく短い説明文によって、ジュール・ユレのインタヴューからとられたものであり、それに種々のアンケートへの回答や、書簡、詩論などからの抜粋が加えられていることも教えられているので、それがある程度までマラルメにふさわしい言説におさまるだろうことはほぼ見当がつく。ある程度までというのは、「文学の進展について」として一八九一年三月一四日の『エコー・ド・パリ』紙に掲載されたこの名高いインタヴューは、あくまで批評家ユレによってまとめられた談話筆記にほかならず、マラルメ自身によって書かれたテクストではないからである。掲載後に、マラルメは、自分が口にしたはずのいくつかの固有名詞が充分に生かされていない事実に多少の不満を表明しはしたものの、インタヴュアーの仕事ぶりにはほぼ満足したという。

声のみ響き、姿を見せることのないここでのインタヴュアー――それがロメールその人にほかならず、すべての質問が彼の手になる創作であることは、彼自身の証言によって明らかである――は、「私たちは、いまこのとき、(……)これまでの詩の歴史全体のなかで、まさしく異常な、他に類例を見ない光景に立ちあっているところです」というマラルメの最初の言葉を引きだすため、サンボリスムの名のもとに活動する詩人たちの多くが、例えばロマンチックやパルナシアンのそれとは比較にならぬほどの多様性におさまり、いささか統一性を欠いているかに見えるのはなぜか、とその理由を問うている。

冒頭の言葉を一息にいってのけたマラルメは、そこで一呼吸おいてから、さらにこういいそえる。

つまり、詩人はそれぞれに自分だけの片隅で、まさしく自分だけのフルートで、自分の好きな曲を演奏しようとしており、詩というものが始まって以来はじめて、詩人たちは聖歌隊席で譜面台をまえにして歌うことをやめてしまった。これまでは、自分の歌に伴奏するには、公の典礼のための韻律を奏でる大パイプオルガンが必要でしたね。ところがです! この大パイプオルガンを弾きすぎたあまり、人々はそれに飽きてしまったのです。死の床にあった偉大なるユゴーは、これは私は信じて疑わないのですが、自分の死とともにつぎの一世紀の詩のすべてを埋葬してしまうのだと確信していた。とはいえ、ポール・ヴェルレーヌはすでに『叡知』を書きあげていました。

（『マラルメ全集III』筑摩書房、四八九頁）

そこまでマラルメの言葉を耳にしてきたわれわれは、はたしてこれが本物の詩人にふさわしい声の抑揚かどうかの判断をいちはやく放棄し、「まさしく異常な、他に類例を見ない光景」なるものをめぐるこの一九世紀末の議論が、詩人自身は生きることのなかった二〇世紀の末期を彩ることになるあの「ポストモダン」という退屈な語彙のみだりな使用を、すでに百年前に禁じていることに思いあたり、粛然とする。「大パイプオルガン」が鳴りやんで以後という比喩は、いまなら誰もが臆面もなく「ポストモダン」的と呼ぶであろう知的、文化的な環境を素描するものだが、その語彙をマラルメの一世紀後にあえて口にすることは、時代錯誤もはなはだしいといわざるをえないからである。

他人を模している以上はどこかしらいかがわしい響きもおびかねないここでの声は、にもかかわらず、文字よりも遙かに直接的に事態の核心をつくものとしてあたりに響いている。一九六八年のこの作品を世紀が変わってから改めて見直しても、その印象は否定しがたい。実際、二一世紀を生きることなく他界したフランスの美学者ジャン゠フランソワ・リオタールが前世紀末にふと口走った「大きな物語」なるものが、いまや機能しえずに姿を消すべき権威として提示された概念であるなら、それが一九世紀末の詩人マラルメのいう「公の典礼のための韻律を奏でる大パイプオルガン」にほぼ相当していることは誰にもすぐ理解できる。大聖堂における宗教的な儀式に通じているものなら、それは、「大きな物語」というやや抽象的な語彙より、遙かに意義深いイメージを喚起しているからだ。この「大パイプオルガン」という比喩は、「国民全般に普及して数百年を閲《けみ》しその潜在する鍵盤を押せば忽ち正統性が高らかに奏で出される巨大なパイプオルガン」として「詩の危機」にも語られていたものだが、「大パイプオルガン」に対応する楽器として、そこでは「フルート」のみならず、「ヴィオラ」も挙げられている。

このインタヴューで語られている「聖歌隊席で譜面台をまえにして歌うことをやめてしまった」詩人という比喩は、礼拝的な儀式性という文脈を超えて、「大きな物語」の支配は失墜したと思いこんでいる者たちの相対的な自由を象徴するに充分である。マラルメ自身は、「詩の危機」でこの自由を高貴なものとは認めているのだが、彼のみならず、声のみで『ステファヌ・マラルメ』に介入するインタヴュアーもまた、依拠すべき統一的な理念の不在を、詩の歴史にあっては未知の現象として話題にしている。今日の文脈でいうなら、「大きな物語」を手放したものたちが陥ったと批判されがちないわゆる「相対主義」という思考の流れを、一九世紀の詩人は、「大パイプオルガン」に飽きてしまった人々が思い思いに奏でる「自分だけのフルート」という比喩で語っているのである。

詩人たちが「大パイプオルガン」を放棄して「自分だけのフルート」に専念せざるをえない現状を、「安定と統一を欠く社会では、安定した芸術、決定的な芸術は想像されえない」と言葉で説明するマラルメは、さらにこういいそえている。

このような未完成な社会の仕組み——それは、多くの精神が不安を抱く理由を説明するものなのですが——は、そういう社会の仕組みから個人主義的な傾向への説明のつかぬ欲求が生まれてくるものであり、その欲求を直接反映したものが、現在見られる多様な文学的立場の表明なのです。

(『マラルメ全集III』前掲書、四八三頁)

これが「異常な、他に類例を見ない光景」の説明だとするなら、この一九世紀末の「安定と統一を欠く」社会という意識はそっくり二〇世紀に受けつがれ、しかるべき世界史的な事件をめぐって、飽きることなく変奏されることになるだろう。実際、人類は、過去一世紀以来——あえて9・11に言及するまでもなく、ロメール自身がその一翼を担った「ヌーヴェル・ヴァーグ」という現象そのものを想起してみればよいことだが——、いたるところで、「異常な、他に類例を見ない」光景に立ち会ってばかりいたのだとさえいえる。ジャーナリズムの領域においては、あたかも「異常な、他に類例を見ない光景」ならざるものは語るに値しないかのように、事態は進展しているのだ。

ことによると、インタヴューという近代のジャーナリスティックな手段は、あらゆる論者から「異常な、類例を見ない光景」という言葉に類似した言辞を引きだすための不穏な反復装置なのかもしれない。だとするなら、ジュール・ユレのインタヴューに応じた詩人マラルメもまた、その不穏な反復装置の罠に落ちたというべきなのだろうか。それとも、そうした言葉を最初に口にした歴史的な存在として、記憶さるべきなのだろうか。

「大パイプオルガン」が鳴りやんでから

「公の典礼のための韻律を奏でる大パイプオルガン」がぴたりと鳴りやみ、誰もがあちらこちらで「自分だけのフルート」を好き勝手に奏で始めた以後の「異常な、他に類例を見ない光景」を目にしてしまったという意味で——たとえ、それが世紀末のフランスの詩壇にかぎられていたにせよ——、一九世紀の詩人ステファヌ・マラルメは、まぎれもなくわれわれの同時代人である。彼自身はそうといってはいないが、依拠すべき原理を持ちそびれた者たちが個々に演じたてるこのいささか統一を欠いた多様なメロディーは、それに対する批判めいた言辞とともに、われわれのまわりのいたるところで耳にしうるものだからである。多くの人が、二〇世紀後半にこそ特殊なものだと思っていたこの現象は、すでに一九世紀末から現実化されていた歴史的な事態にほかならず、マラルメはそのことにことのほか自覚的だったのである。二〇世紀後半に生きる者たちは、晩年のマラルメが目ざとく察知していたことがらを、あたかもみずからの社会に特有の事態だと勘違いして、「ポストモダン」などとつぶやいていたにすぎない。

誰もが肌身で感じている「異常な、他に類例を見ない光景」は、ある意味で、近代におけるジャーナリスティックな言説の跳梁とも無縁ではない。実際、数世紀前に発明されてはいながら、ながらく技術的な惰性態に陥ったまま社会との有効な接点を見いだせずにいた印刷術が、熱力学と手を組むことで複製技術として飛躍的な発展をとげたのは一九世紀中葉のことである。それが可能にした大量高速印刷によって形成されるジャーナリズム的な思考が、名高い作家のインタヴューというかたちで文学の世界に足を踏み入れたのは、ほぼ一九世紀末だったのである。一八九一年三月一四日の『エコー・ド・パリ』紙に掲載されたマラルメの名高いインタヴュー記事は、そのほんの数日前に彼の自宅で行なわれたものと想像されるインタヴューを文字に起こしたものなのだが、それには、ジャーナリストの迅速きわまりない対応ぶりが前提とされている。

このインタヴューは、詩人に詩の執筆を依頼するのではなく、その世間的な名声を正当化の口実として、詩以外の言葉をあれこれ語らせるという試みとしては、もっとも早い時期の一例と見なされている。ただ、これは、マラルメにとどまらず、六〇人を超える多くの詩人や小説家たちのインタヴューからなる一連の連載記事であり、同じ年に、ユレ自身の手で『文学の進展についてのアンケート』として一冊にまとめられ刊行されている。こうした試みがこの時期に行なわれたことの文壇的な必然性についてはここでは触れずにおくが、それが「大パイプオルガン」が鳴りやんで以後の世界にいかにもふさわしい現象であることは、指摘しておく価値があろうかと思う。作家とは、たんにその人の作品を読みたいという欲望にとどまらず、その人の語る言葉にも接してみたいという欲望を惹き起こさずにはいない存在だという新たな文学的定義を、人類は知らぬまに自分のものとしてしまったのだ。

その新たな定義は、ごく自然に文学以外の領域にまで拡がりだし、二〇世紀を通じて、ジャーナリズムにおけるインタヴューの手法をより洗練されたものにしてゆく。その結果として、これまでに登場した名前でいうなら、映画作家ジャン＝リュック・ゴダールや歴史家ミシェル・フーコーのインタヴュー記事を、誰もがいつでも読むことができるのだ。マラルメがわれわれの同時代人だというのは、そうしたジャーナリズム的な言説の起源に近いところに、彼のインタヴューを読むことができるからにほかならない。その光景をひとつのフィクションとして映画に仕立てあげるという構想をめぐらしたとき、その同時代性の意識は、間違いなくエリック・ロメールにも共有されていたはずだ。ちなみに、一八九八年に他界するマラルメは、かろうじて一八九五年の映画の誕生に立ち会っており、ごく少数だとはいえ、彼のテクストには「映画(Cinématographe)」という語彙が含まれてさえいることをいいそえておく。

いうまでもなく、有名な作家の身辺雑記的なゴシップ記事や、ジャーナリストによる作家の訪問記事は、一九世紀後半のそれ以前にも充分すぎるほど存在していた。そもそも、マラルメ自身が、その種のゴシップ記事の巧みな書き手だったことは周知の事実である。だが、ある個人が口にした言葉を可能なかぎり正確に再現することをめざしたこの種の企ては、一八九一年当時においては、きわめて新しい試みだったといえる。ある視点からするなら、発生期のインタヴュー記事は、肖像写真がそのモデルに対して持っていたのとほぼ同じ律儀な対応関係を、実際に語られた言葉にたいして持ち始めたのだと考えることも可能だ。これは、写真独特の被写体との類似という関係を、言語そのものを対象として、言語がみずから演じ始めたかのような現象だといってもよい。

奇妙なことに、言語は、ある時期、写真術の模倣性を模倣し始めたのである。実際、語られた言葉を律儀に再現することで成立するインタヴューという新たな言説は、近代において――ソクラテスの対話を再現しようとするプラトンの時代とは異なり——、その再現の正確さにおいて、ジャーナリスティックな商品としての価値を手にしたのである。それは、ジュール・ユレのインタヴュー記事に、マラルメが口にするはずがない言辞が含まれているといった識者の批判によっても揺らぐことなく、印刷された言葉のいかがわしい権威をあたりにゆきわたらせもするだろう。

いうまでもなかろうが、こうした事態は、一方で、ラジオをはじめとする二〇世紀の新たな音声メディアの創造をうながすと同時に、カセット・レコーダーのような音声再生装置の開発をごく自然に導きだすことになる。マラルメのインタヴューは、そうした複製技術の存在以前に、あたかもそれを前提としているかのようにして実現されたものなのである。その意味で、ロメールの『ステファヌ・マラルメ』は、当然、いつか誰かによって撮られねばならなかった映画だといえるかもしれない。

この時期のインタヴューのほとんどは、ジュール・ユレによるマラルメのそれの場合のように、記事の冒頭に、「私たちは、いまこのとき、と、彼は話しはじめた、これまでの詩の歴史全体のなかで、まさしく異常な、他に類例を見ない光景に立ちあっているところです」のように、「と、彼は話しはじめた」に類する挿入句で、読まれるべき言表の言表行為の主体を明確に指示している。記事によっては、その部分を、例えば「……(とマラルメ氏は語った)」と括弧に括っている場合もあるが、それは、インタヴュー記事を読む者たちの前に、作家の言葉そのものが生の声として響いているわけではないことからくるジャーナリスティックな制約だといえよう。発話の瞬間とその再現にほかならぬ記事とのあいだに本質的に時差をかかえこまざるをえない印刷媒体においては、その場に存在しえない言表行為の主体を、たえず何らかのかたちで明示せねばならないのである。

だが、映画『ステファヌ・マラルメ』のマラルメがその種の挿入句を省略して語っていることからも明らかなように、イメージは、言表行為の主体をめぐる正当化を必ずしも必要としてはいない。いま、この瞬間、語る主体そのものは不在でありながら、その現存をある種の生々しさによって代理的に表象するかのように、語る主体に類似したそのイメージが語ってみせるからである。その代理表象という機能ゆえに、イメージが、プラトンからジャン＝ポール・サルトルにいたるまで、しかるべき不信の対象とされてきたことはいうまでもない。あえてステファヌ・マラルメに擬した俳優に「大パイプオルガン」が鳴りやんだあとの世界を語らせるというエリック・ロメールの引き受けた試みのあやうさも、そこに存している。

陶製の暖炉とロッキング・チェアー

ロメール自身の証言によれば、マラルメのインタヴューを撮るというアイディアは、彼が演出を引き受ける以前に、すでに教育ラジオ・テレビ局の責任者によって決まっていたものらしい。だが、ジュール・ユレのインタヴューをもとに『ステファヌ・マラルメ』の全編の構成を決定したのはロメールであり、画面には登場することのないインタヴュアーとしての彼が口にすべき質問も、すでに述べたように、ことごとく彼自身の手になるものだ。黒い木製の椅子の高い背に身をもたせかけ、その視線を画面の斜め右側に向け、襟元のシャツをほとんどのぞかせることのない黒のスーツを身にまとった男のバストショットでこの作品を始めるという演出意図も、もちろん、ロメールからきている。そのとき、映画作家にとっての微妙な問題が、複製として大量に流通している肖像写真や肖像画によって、マラルメの顔がある程度は知られているという点にあることは容易に理解できる。だからといって、ある時期のモスフィルムが得意としたように、メーキャップによる徹底したモデルの再現といった手段を採用する気など彼にはなかっただろうこともまた、たやすく想像できる。では、『ステファヌ・マラルメ』を撮るにあたって、ロメールはどのような細部を画面にゆきわたらせることになるのか。

「大パイプオルガン」が鳴りやんだあとの「異常な、他に類例を見ない光景」について語り始める黒い衣装の男の容貌が、晩年に写真家ナダールの被写体となった白髪まじりの詩人マラルメに必ずしも似ていないということは、『ステファヌ・マラルメ』を見始めた誰もが抱く正直な感想だろう。それと同時に、肩にチェックの毛布をまとい、右手にペンを握ったあの名高い一八九六年頃のものと想像される肖像写真の峻厳さを、ロメールがあえてフィルムから遠ざけようとしていることも、人は難なく理解する。実際、横顔も、正面に向けられた顔も、髪の短さからしてやや硬質な目鼻立ちがきわだつポール・ゴーギャンやオーギュスト・ルノワール、あるいはホイスラーなどによる肖像画にくらべてみると、ここでのマラルメは、これといって過剰な細部を誇示することのないいかにもなだらかな輪郭におさまり、その瞳も晩年の写真に見られるやや排他的な鋭さを欠いている。

ここで誰もがすぐさま受けとめるのは、ジュール・ユレがインタヴューの前書きに記している「頬から顎にかけての半白の髭は、先のとがったかたちに刈りこみ、大きな鼻はまっすぐ高く、サテュロスのように長くとがった耳、大きく切れ長な目は異様なまでに輝き、繊細さが、いかにも優しく親切な様子でやわらげられて浮かんでいる」という容貌とはいささか異なるイメージが画面に漂っていることだ。それは、例えばナダールによる前向きの肖像写真にも見られる「頬から顎にかけての半白の髭」が、ここではまだ黒々としていることからくる印象かもしれない。ロメールは、一八九一年のインタヴューをもとにマラルメの台詞を構成しながら、その七年後に他界するのだからすでに晩年にさしかかっているといってよかろう詩人から、その年齢を意図的に捨象している。

「未完成な社会の仕組み」から「個人主義的な傾向」への欲求が生まれてくるというマラルメの言葉を受けて、インタヴュアーは、例えば「自由詩句」などがそれにあたるかと尋ねるのだが、そのとき画面には、見るからに韻を踏んでいないことが明らかなヴィエレ＝グリファンの詩の断片が映しだされる。それに対するマラルメの答えは、『フィガロ文芸付録』の一八九五年八月三日号に掲載されたアンケート「自由詩句と詩人たち」の抜粋からなっているのだが、そうした出典の詮索がここでの問題ではない。われわれの興味は、ショットが変わってマラルメがふたたび画面に登場するとき、ほぼ同じアングルを維持したまま被写体からやや遠のくキャメラが、それまでどおり椅子に背をもたせかけている詩人の周囲に、室内の壁やあまたの調度品を描きだしていることにある。そこに浮き上がるのは、自宅を思わせる親しい空間の中でくつろいでいる詩人の余裕あるたたずまいにほかならない。

『ステファヌ・マラルメ』の舞台装置が詩人の自宅を模したものだとするなら、それは名高い「火曜日の夕べ」の舞台となる、あのローマ街八七番地のサロンだろうか。一八八四年の区画整理で八九番地という住所変更をこうむるローマ街の自宅は、一八七五年以来その死にいたるまで、後半生の二十数年をマラルメが過ごすことになる住居であり、その内部の様子は、ポール・ヴァレリーをはじめ、レオン＝ポール・ファルグほか多くの文人によって描写されている。火曜日ごとに詩人が親しい仲間たちを迎え入れたサロンはどうやらあまり大きなものではなかったらしいのだが、多くの証言が、そこに白い陶製の暖炉がそなえられていたことを告げている。椅子に腰をおろしたマラルメをほぼ全身像でとらえた第二のショットは、あたかもそうした記述に忠実であるかのように、画面の左手に、火がともされてはいない陶製の白い大きな暖炉をきわだたせ、詩人の斜め右手には黒い丸テーブルを配している。だが、被写体から遠ざかるキャメラが背後に壁の見える室内に詩人の全身像を配したこの新たな構図でとりわけ人目を惹くのは、白い壁の高い位置に掲げられている小さな額入りの絵画の存在にほかならない。ここでのマラルメは、額縁におさまった絵画に見下ろされたかたちで、不可視のインタヴュアーと向かいあっているのである。

描かれたマラルメ、演じられたマラルメ

多くの証言によれば、「火曜日の夕べ」の舞台となるローマ街のサロンには、複数のマネの絵画が飾られていたという。『ステファヌ・マラルメ』の第二のショット――その名前がインタヴューから抜け落ちたことをマラルメが惜しんでいたヴィエレ＝グリファンの詩を浮き上がらせる挿入ショットを考慮するなら、第三番目となろうが――では、やや距離が遠いので何を表象する作品であるかはすぐに

は確かめえないのだが、そのおよその構図からして、それがエドワール・マネの《ステファヌ・マラルメの肖像》にほぼ間違いないと誰もが見当をつける。後のショットで、キャメラが額縁をクローズアップでとらえる瞬間、その想像の正しさが確証されることになるのだが、それは、同時に、マネによるマラルメの肖像画とともに役者の演じるマラルメをフィルムにおさめることが、ここでのエリック・ロメールの演出意図であったことをも人々に理解させることになる。

そのとき、われわれは、遡行的にではあるが、この肖像画の額縁の下の部分が、冒頭のバスト・ショットの詩人の頭上にわずかにのぞいていたことに思いあたる。つまり、『ステファヌ・マラルメ』は、画面の中心に、たえず二つのマラルメ――ひとつは描かれた、そしていまひとつは演じられたマラルメ――が位置することで初めて成立する映画なのである。実際、ときには視界から遠ざけられもする描かれたマラルメと、たえず視界に姿を見せている演じられたマラルメとを結ぶ不可視の縦の線が、あらゆるショットの構図を決定している。ロメールは、よほどのことがないかぎり――マラルメが煙草の火をもみ消すべく、テーブルの灰皿に向かってかがみこんだり、きざみ煙草の葉を紙につめたりするとき、キャメラが右側にパンする瞬間などをのぞけば、ほとんどの場合――被写体に向けるアングルをその不可視の縦の線にそって決定している。画面構成をめぐるその繊細な配慮は、二つのマラルメがここで相関関係にあることを示唆するに充分である。

マネの《ステファヌ・マラルメの肖像》は、詩人がローマ街に転居した直後に描かれた一八七六年の作品である。一八九一年のインタヴューのときより一〇歳以上も若いそこでのマラルメは、襟元のシャツをほとんどのぞかせることのない黒のダブルのスーツを身にまとい、例えばオーギュスト・ルノワールのかたわらで撮られた写真のように、おそらくは親指を残してポケットに入れている左手のカフスが、几帳面にアイロンのあてられたシャツの白さを生々しくきわだたせている。やわらかそうなソファーの背かクッションにゆったりと身をもたせかけた詩人からは、晩年の肖像写真にはりつめている峻厳さはまったく漂いだしてはおらず、ゴーギャンやホイスラーの素描した短めの髪とは異なり、その頭髪は黒く豊かにたわんでいる。ソファーの左手におかれた低いテーブルにひろげられた書物にそえられている右手の指には、葉巻を思わせる褐色の煙草がそえられており、そのさきからはゆるやかに紫煙が立ちのぼっている。何かを凝視しているというより、対話のあいまにふと視線をやすませたかに見えるその瞳からは、他者を遠ざけようとするこわばりなどまったく感じとれない。ロメールがジャン＝マリ・ロバンに託そうとしているのは、瞬間よりもむしろ持続とともにあろうとするこの詩人のたたずまいにほかならない。

　いまや明らかになろうとしているが、ロメールの短編『ステファヌ・マラルメ』がモデルとしているのは、さまざまな肖像写真によってその容貌が後世に残されているマラルメの固定化された表情ではなく、まぎれもなくこの肖像画の描かれたマラルメの持続とともにあろうとするゆるやかな存在感である。実際、視覚的なモデルの瞬間的な再現というより、画家マネがとらえた詩人のゆるやかな呼吸そのものを視覚化しようとする意志が画面から立ちのぼっている。描かれたマラルメと演じられたマラルメとのあいだに何らかの違いがあるとするなら、マネの肖像画ではやや左側に向けられていたマラルメの顔が、映画では右側に向けられているという点と、それぞれが背をもたせかけている椅子の異なる材質にほかならない。ロメールは、「火曜日の夕べ」の参列者がしばしば言及しているロッキング・チェアーにマラルメをすわらせることで、ほぼ壁に接したエドワール・マネの肖像画の再現とは異なる空間的な奥行きを画面に導入している。それと同時に、見えない縦の線にそって、それぞれ斜め左と右とに顔を向けた描かれたマラルメと演じられたマラルメとを同時にとらえることで、固定することのない動きをおびた安定性をあたりにゆきわたらせている。

こうした画面の中で、演じられたマラルメは、「一八七四年のための絵画審査委員会とマネ氏」の記述にもとづき、官展《サロン》によって斥けられた《オペラ座の仮面舞踏会》と《燕》をめぐって、エドワール・マネの画風に詳しく言及することになるだろう。また、姿を見せることのないインタヴュアーは、画面を流れるマラルメの詩のいくつかを堂々たる口調で朗読してみせたりもする。だが、ここで重要なのは、マラルメによるマネ擁護の正しさを改めて認識することでもなければ、選ばれた詩篇からロメールによるマラルメの理解を推測することでもない。ロメールの『ステファヌ・マラルメ』で見逃してならぬのは、これが現実のマラルメをモデルとしてその再現を役者に求めているのではないということだ。

実際、ここで起こっていることは、より複雑な事象である。それ自体がモデルの再現にほかならぬ描かれたマラルメの複製が一方にすえられ、あたかもその鏡の上のいくぶんか拡大された反映であるかのように演じられたマラルメが同軸上にすえられることで、それぞれがたがいの表象のように見えるという対応関係そのものを、人は画面に認めることになるからである。それは、モデルとそのコピーの対応ですらなく、二つの表象（絵画的な、そして映画的な）がたがいに反映しあうという無限の二重化の運動なのだ。前章の「マネとベラスケスまたは〝画家とモデル〟」で触れた「構図＝逆構図」の切り返しショットのアイ・マッチングというハリウッド的な原則にしたがうなら、ソファーに深々と身を埋めた描かれたマラルメと黒い木製のロッキング・チェアーに背をもたせかけた演じられたマラルメの視線は、それを交互に示すなら、「つなぎ間違い」の印象などいささかも惹き起こすことなく、ごく自然に交わりあっているのである。

そのとき、人は、この表象の無限の二重化こそ映画にふさわしい運動にほかならぬことを意識せざるをえない。エドワール・マネによる《ステファヌ・マラルメの肖像》は、あたかも映画の話法を予見するかのように、「構図＝逆構図」の切り返しショットにふさわしい構図におさまっているからである。ナダールの肖像写真はいうまでもなく、ゴーギャン、ルノワール、ホイスラーなどの肖像画のどれひとつとして、「構図＝逆構図」の切り返しショットにふさわしいものではない。ただ、マネによって描かれたステファヌ・マラルメだけが、持続とともにあろうとするそのゆるやかな存在感によって視線を斜め左に向け、意図することなく、「逆構図」を招きよせているのである。ジャン＝マリ・ロバンが、その「逆構図」を引き受けているのはいうまでもない。

このとき、見る者は、ナダールの肖像写真よりもエドワール・マネの肖像画のほうが遙かに「映画的」であることに改めて驚く。ことによると、エリック・ロメールもまた、『（複数の）映画史』におけるゴダールほど大袈裟ではないにせよ、シネマトグラフはエドワール・マネとともに生まれたとつぶやかずにいられなかったのではなかろうか。彼の『ステファヌ・マラルメ』は、その疑問に肯定的な答えをもたらしているように見える。それを確かめるには、この短編を、『(複数の)映画史』の「3A」篇「絶対の貨幣」と同時に上映してみねばならぬかもしれない。

VIII 声と文字

声の不在

写真術は、一九世紀の詩人ステファヌ・マラルメの表情や身振りを、瞬時の印象としてでしかないとはいえ、後世の視線にとって可視的なものたらしめている。だが、みずからの作品をしばしば読みあげたであろうマラルメ自身の声はといえば、二一世紀に生きる誰ひとりとして、これを耳にすることはできない。ポール・ヴァレリーを前にして、書きあげたばかりの『骰子一擲』を、「低い、抑揚のない声で、いささかの〝効果〟もねらわず、ほとんど自分自身に語るかのように読みはじめた」(『ヴァレリー全集7 マラルメ論叢』筑摩書房)というその「低い、抑揚のない声」を聞く機会は、決定的に奪われているのである。一九世紀の詩人たちの声は、再現不能な一過性のはかなさゆえに、かえって触れがたい領域に貴重な何かとして身を隠しているかに見える。

もっとも、マラルメの晩年は映画の発生期ともかさなりあっていたので、何者かがふとその気になりさえすれば、動いている詩人の身振りさえフィルムに定着しえたはずである。例えば、まだ劇作家でも、舞台俳優でも、映画作家でもなかった青年サッシャ・ギトリーが、いかにも素人じみたキャメラワークで、アナトール・フランス、オーギュスト・ロダン、エドモン・ロスタン、サラ・ベルナール、カミーユ・サン＝サーンスといった名高い同時代の画家や作曲家、小説家、彫刻家、女優などを「動くイメージ」としてキャメラにおさめたのは、一九一四年から一九一五年にかけてのことだ。『わが家に集う人々（*Ceux de chez nous*）』として知られるこのアマチュア・フィルムが撮られたのは、マラルメが他界してからまだ二〇年とたってはいない時期である。

もちろん、そのとき、録音という技術が存在しなかったわけではない。というより、「話された言葉はそのままのかたちで、不滅なものとなった」と叫んだというエディソンによるフォノグラムの発明は一八七〇年代のことだから、彼自身によるキネトグラフやキネトスコープのそれに先だつものであり、トーキング・マシーンとも呼ばれた録音機がフィルムの撮影機より以前に人類の資産となっていたことはまぎれもない事実である。二〇世紀初頭の人類にとって「驚嘆の的」ともいわれた蓄音機の発明に貢献した録音術は、しかし、例えば一九世紀の小説家エミール・ゾラがその操作を心得ていた写真術のように、多くの人々によって気軽に共有されることはなかった。同時代の芸術家たちを動くイメージとして記録した名優リュシアンの息子サッシャが、彼らの声を同時に記録しえないことに深く苛立ってもいないように見えるのは、そうした理由による。録音術は、主に音楽の商品化をめざす蓄音機という再生装置とそれにふさわしいレコードという商品として普及したにすぎず、写真機のように手軽な複製装置として日常に浸透するにはさらなる時間が必要とされたのである。

コンピュータの私有化が当然視され、音声の私的な複製がごく自然なものとしてある今日の感性にとってはいささか想像しがたいことだが、世界の視覚的な再現を可能にするテクノロジーに興味を示した人類は、エディソンの不意の絶叫にもかかわらず、世界で聞き分けられる物音や声の複製技術的な再現に関してはある戸惑いを隠さざるをえなかったかに見える。事実、録音の主体をあくまで専門的な技術者に委ね、あたかも声の管理の排他性を当然視するかのように、素人の介入を許さない時期が不自然なまでに長く続いたのである。いかにも象徴的なのは、量産可能なトーキング・マシーンの完成を確信した瞬間のエディソンが、まず写真家を呼びよせたことだ。実際、この発明家のその日の表情をわれわれは写真として生々しく見ることができるのだが、エディソンは、その日の喜ばしいできごとを声として語り、それを録音したりはしていないのである。写真による容貌の再生と録音機による声の再生とのあいだに生じているずれは、いったい何によるものなのか。人は、その偏差により敏感でなければならない。

誰もが知るごとく、映画はまず無声映画として一九世紀末に誕生し、それがトーキーとなるのにほぼ三〇年の歳月を必要としたのだが、ことによると、この三〇年という時間的な偏差には、重い歴史的な意味がこめられているのかもしれない。テクノロジーとは異なる何かが、再現された映像と再現された音声との同調をひそかに回避させていたとしか見えぬからである。実際、再現された映像は、複製技術にふさわしい世界の一部としてたちどころに「民主化」されたのだが、どうやら音声はそれにふさわしくないという漠たる思いが、素人にも操作可能な録音装置の普及をさまたげていたかのように事態は進展している。トーキーが一般化されて以後も、人々が音声の再現装置を身近に持つようになるには、なお、かなりの時間が必要とされた。

かくして、写真機やキャメラの普及とテープレコーダーのそれとのあいだにほぼ一世紀のへだたりが横たわることになったわけで、その間、音声的な現象は、日常生活においては、一回かぎりのものたるほかはなかったのである。だが、メディア論の多くは、そのことにあえて触れようとはせず、エディソンによる蓄音機の発明をいささか誇大視しているかに見える。それは、グーテンベルクによる発明を誇大視するあまり、ながらく惰性態に陥っていた印刷術が、一九世紀の半ばに輪転機の導入によって飛躍的に発展するという事態を見落とすメディア論の陥りがちな抽象性である。声の再現にも同じことがいえるわけで、磁気テープの導入による録音術の急速な「民主化」を語ることのないメディア論のすべては、事態をあまりにも単純化しがちだというほかはない。その単純化は、しばしば粗雑さの同義語となる。

メディア論的陥穽

フリードリッヒ・キットラーの『グラモフォン・フィルム・タイプライター』(石光泰夫+石光輝子訳、筑摩書房)は、「メディアがこれまでつくりだしてきた五感の洗練は、いまでは戦略的なプログラムの余剰産物としてかつかつ暇つぶしのために生きながらえているにすぎない」という視点から記述されたメディアの同時代史ともいえる著作である。この著書にはきわめて威勢のよい断言が多く書きこまれているが、それはときとして粗雑さの同義語たりかねない。

そこでの著者は、例えば、「グラスファイバー・ケーブルによるネットワーク化によって、これまでは分離されていたすべての情報の流れがデジタル的に統一された数値の羅列になってしまえば、どんなメディアも任意の別のメディアに化けることができる」という。そうした時代はもうそこまで来ているというのに、なお「いまはまだメディアがあり、娯楽がある」という状況を生きていた二〇世紀を、ひとつの過渡的な時代として振り返ろうとする。つまり、思考と感性との差異がかろうじて近代的な「主体」を生きのびさせていた一時期のメディアや娯楽のうちに、「終末がやってくるまえに、すでになにものかが終末を迎えてい」たといういささか曖昧な状況として、グラモフォン、フィルム、タイプライターというメディアの発展形態が分析されているのである。ただ、「すべての情報の流れがデジタル的に統一された数値の羅列にな」るといった言葉の威勢のよさにひきかえ、「いまはまだメディアがあり、娯楽がある」という二〇世紀に向けられた視線が、いかにも抽象的なのだ。そこには、「デリダのグラマトロジーにおける原エクリチュール」へといたる「痕跡」をめぐる思考はことごとく「エディソンの単純な発想に基づ」くものだという、ある意味では二〇世紀を「非＝歴史」化するかのごとき著者の姿勢がうかがえるようにも見えるからだ。

その場合、キットラーは、無声映画からトーキーにいたる三〇年という時間的な偏差を、とるにたらぬ誤差としてほとんど無視せざるをえない。実際、『グラモフォン・フィルム・タイプライター』の

「フィルム」の章は「グラモフォン」の章にくらべて遙かに短く、『カリガリ博士(*Das Cabinet des Dr. Caligari*)』(一九二〇)の監督ロベルト・ヴィーネをルドルフと誤記しているように、信じられないような粗雑さが目立つ。とはいえ、名高いヴィリエ・ド・リラダンの『未来のイヴ』をはじめとして、ライナー・マリア・リルケの『始源のざわめき』など、一連のいわゆる「エディソン小説」にも言及している著者は、その時間的な偏差に、間接的ながら言及しているといえるのかもしれない。

例えば、モーリス・ルナールの『男と貝殻』の主人公が、「死んだ友人たちの声を蓄音機によって聞くことが、彼らを〝映画に撮って〟永遠化することよりも勝ると断言していた」と書くキットラーは、その理由を、「イマジネールなものとしての白黒のドッペルゲンガー幻像と違って、声では身体は、その外郭が、腐肉もしくは骸骨といったような婉曲表現しか許さないほどのリアルさでもって、その姿を現している」からだと説明する。声が具現化する身体性はイメージによる再現とはくらべようもなく高いという彼の指摘はひとまず正しいものだといえる。

キットラーは、また、フォノグラフの最盛期といってよかろう一九一六年に書かれたザロモ・フリートレンダーの『フォノグラフに向かってしゃべるゲーテ』という作品が、「フォノグラフが一八〇〇年に発明されていな」かったことを嘆く若い女性を登場させていることを教えてもくれる。この作品のヒロインは、ゲーテの声が聞きたくてならぬというのだが、その言葉を聞いたさる工科大学教授が、いささかの下心をもこめて、ゲーテの声の再現に取り組むという物語である。作品の結末には触れずにおくが、博士がゲーテの声の再現に取り組む過程で、声の身体性に着目しているのはいうまでもない。

ゲーテの「骸骨から肉のついた身体を再構成する」ことをめざす博士は、「気管を声帯や肺にいたるまで」再現し、「計測したゲーテの肺に見合う空気の流れ」をそこに送りこむことで、その声の再現に成功したというのである。

いわゆるヴァーチャル・リアリティなるものの祖型が語られているこのフィクションは、声と身体とののっぴきならぬ関係を語ってもいるのだが、その文脈にそって、キットラーは、「この方面ではドイツ語で書かれた最初のモノグラフィー」としてアルフレート・パルツァー＝ミュールバッハーの『現代のスピーチ・マシーン（フォノグラフ、グラフォフォン、蓄音機）、その取り扱い方と使用法』という論文の数行を引用する。

とっくに死んでしまった、何ものにも代えがたい親戚、愛しい友人たち、それに著名な同時代人――そうした人たちが何年もたったあとで、再びわれわれに語りかけるのだ、あの同じ生き生きとした調子と暖かさで。蠟管によってわれわれは若かった頃の幸せな日々に連れ戻される。

（『グラモフォン・フィルム・タイプライター』前掲書、八九頁）

この言葉が、「死んだ友人たちの声を蓄音機によって聞くことが、彼らを〝映画に撮って〟永遠化することよりも勝ると断言」していたという『男と貝殻』の主人公の姿勢を共有するものであることはいうまでもない。声は、映像に対して優位にあるとの認識がその背後にあるのは明らかだからである。

だが、一九〇二年に記されたこの予言にもかかわらず、人類はいまなおこうしたかたちで録音術を充分に活用していない。実際、数世代前の祖先の写真なら誰の家にも残されていようが、彼ら(や彼女ら)がいったいどのような声で、またどのような抑揚で、いかなる言葉を話したのかを知るために、人々が「スピーチ・マシーン」(やその発展形態のさまざまな装置)の助けをかりることはまずないからである。誰もが等しくマラルメの肖像写真を見ることができるのに、その声を聞くことはできないという状況は、今日にいたるもなお維持されている。そのことの歴史性に目を向けてみなければならない。

ここで見落としてならぬのは、この現実が、逆説的に声の優位を立証しているということだ。つまり、声は、イメージと異なり、まさに身体そのものであるがゆえに、かえって触れがたい領域に身を隠しつづけているのである。映画など誰にも撮れるが、あらゆる者が等しく声の再現にかかわってはならない。あからさまに明言されることのないその暗黙の禁止が、二〇世紀の歴史を複雑に染めあげているのである。「自己への現前」においてしか声は声ではないという初期デリダが批判した「現前の形而上学」につらなる何かが、無意識的にではあるが、音としては響かぬその禁止の声の背後に鈍くこだましているように見えるのだが、キットラーはそれを聞くにふさわしい聴覚にはめぐまれていそうにない。

『声と現象』のジャック・デリダなら、例えば、フッサールの現象学もまた、その禁止の声を共有しているというに違いなかろう。実際、「私が話すとき、この操作の現象学的本質には、私は私が話している時間において私を聞く、ということが属している」(『声と現象』高橋允訳、理想社、一四六―一四七頁)という現実は、録音装置による声の再生を、声にはふさわしからぬ事態として揺るがせかねないのである。無声映画とトーキーとをへだてる三〇年という歳月を歴史化しているのは、この「音声中心主義」的なイデオロギーにほかなるまいが、エディソンによる蓄音機の発明は、あらかじめこの偏差を内包していたのだろうか。

『声と現象』

二〇世紀は、この三〇年という時間的な偏差の歴史性を無視して語ることはできない。とはいえ、その偏差を具現化している無声映画の重要性についてここで詳しく論じるつもりはない。問題は、無声映画を成立せしめた声の禁止という現実を無視することでキットラーのメディア論が陥る抽象性を明らかにすることにある。実際、彼のいうように、「終末がやってくるまえに、すでになにものかが終末を迎えてい」たかに見えながら、その予感をあたりから遠ざけようとするかのように、何かが「終末」に抵抗していたとしか思えぬように事態は推移している。複製技術による映像の再現と音声のそれとは、異なる比重で人類の思考と感性とを騒がせていたのであり、そのことが、メディアの複製技術的な存在形態にある種の歪みをもたらすことになる。その歪みに、過渡的でありながらも無には還元しえぬ無声映画という現象が位置しているのである。

二〇世紀は、トーキーよりも、むしろサイレント映画を持ってしまったことで記憶さるべき時代なのだ。つまり、ある人影を複製のイメージとして目にすることが、その声の複製を耳にすることにくらべて遥かに容易であり、かつまたそれが広く容認された一時期のまぎれもない存在が、二〇世紀を二〇世紀たらしめているのである。詩人ステファヌ・マラルメの声を誰ひとり聞くことができないのは、その歴史的な事実と無縁ではない。それは、聞いてはならぬものにほかならず、その禁忌にはテクノロジーもさからえなかったのだ。

キットラー自身が引用している一連の「エディソン小説」から読みとるべきは、その禁忌にほかならない。「死んだ友人たちの声を蓄音機によって聞くことが、彼らを〝映画に撮って〟永遠化することよりも勝ると断言していた」という『男と貝殻』の作中人物は、無自覚ながら「現前の形而上学」にふさわしい言説を口にしていたのであり、その言葉は、いささか逆説的ながら、「キネマトグラフは許せるが、フォノグラフは許されてはならない」と翻訳されねばならない。実際、許されたのは電話による声の遠隔伝達にほかならず、キットラーも指摘しているように、蓄音機はそれから派生した副次的なテクノロジーにすぎず、生きた声よりもむしろ演奏された音楽の再現に適していたのである。

にもかかわらず、メディアを論じているはずのキットラーは、メディアを成立せしめているもろもろの感性的なフォルムをめぐる言説をほとんど口にすることがない。第一次世界大戦中に参謀本部の肝いりで映画政策が立案され、それが大戦末期の一九一七年に映画製作コンツェルン「UFA」の設立をうながしたと指摘しながら、「映画史はまさにそこからつくられたのである」と彼はいうのだが、これはドイツ映画に対する無知の告白以外の何ものでもない。一九二〇年代の中頃、辣腕プロデューサーのエリッヒ・ポーマーのデクラ・ビオスコープ社を吸収合併することで、「UFA」は初めて「五感の洗練」という言葉にふさわしいフリッツ・ラングの『ニーベルンゲン（*Die Nibelungen*）』（一九二四）やF・W・ムルナウの『最後の人（*Der letzte Mann*）』（一九二四）を製作しえたのであり、ポーマーの貢献を考慮せずにドイツ映画を語ることなど不可能である。いささかの勘違いを含みつつも、少なくとも同時代の合衆国が大量生産するレコードや映画について語りえた『啓蒙の弁証法』のアドルノとホルクハイマーにくらべてみても、キットラーの大衆文化への鈍感さはきわだって見える。だとするなら、彼が得意とする領域は何なのか。

「フォノグラフとキネマトグラフ。どちらの場合にも〈グラフ〉＝〈書く〉という単語が名称のなかに含まれているのがいかにも意味深長だ」というフリードリッヒ・キットラーは、あたかも録音機による声の「文字化《グラフ》」がごくスムーズに受けいれられたかのように議論を進めている。すでに指摘しておいたことだが、『グラモフォン・フィルム・タイプライター』をジャック・デリダの「グラマトロジー」的な文脈に位置づけているのである。「痕跡というものをめぐる想念は、……エディソンの単純な発想に基づいている」というすでに引用した文章に続いて、著者は、「あらゆるエクリチュールに先行する痕跡、書くことと読むことのいまだ手前にあって、純粋な差異である痕跡とはつまり蓄音機《グラモフォン》の針のことなのだ」とさえいいきることになるだろう。この指摘をデリダ自身がどうとらえるかはいまは問わずにおくが、例えばつぎのような言葉を読むと、キットラーによる「グラマトロジー」的な文脈の把握がやや杜撰ではなかろうかと危惧せずにはいられない。

(デリダとともにいうなら)いわゆる人間という存在とその意識は、己れが喋るのを聞き、あるいは己れが書くのを見ることによって形作られるものなのだが、メディアはそういうフィードバックをいっさい断ち切ってしまう。

(『グラモフォン・フィルム・タイプライター』前掲書、四一頁)

『声と現象』について触れながらすでに見てみたように、この引用の前半における「己れが喋るのを聞き」という部分についてはさしたる問題も生じまい。だが、後半の「己れが書くのを見ることによって」という部分は、「(デリダとともにいうなら)」という言葉といささかの齟齬をきたしているというほかはない。なぜなら、デリダにとっての「文字」は、メディアの介入以前に、コンテクストの形成にさからうというそれ自体の特性として、すでに「フィードバックをいっさい断ち切ってしまう」ものと見なされているものだからである。キットラーは、声の「自己への現前」とほぼ同じものとして文字の「自己への現前」を考えているようだが、それは、ジャック・デリダの誤読というにとどまらず、『グラモフォン・フィルム・タイプライター』という書物によるメディア論のいささか抽象的な楽天性を露呈させているように思う。

その楽天性は、無声映画とトーキーをへだてている三〇年という時間的な偏差を無視しうる非=歴史的な抽象性を書物にまとわせている。つまり、声の「自己への現前」という現象は、プラトン以来の西欧社会に特有のイデオロギーにほかならぬ「現前の形而上学」として、エディソンによる録音術の発明にもかかわらず、声の複製技術による再現にはしたたかに抵抗するしかなかったのである。文字は、そして本質的にはそれに類するコピーにほかならぬ世界の視覚的な再現は、「現前の形而上学」においては初めから二義的な役割を演じることしかできず、であるがゆえに、普遍化された模造品として容認されたにすぎない。だが、模造品でしかないはずの無声映画は、リアルなものの模造というにとどまらず、いわば模造されたもののリアルさともいうべきものを、未知の体験として人類の感性に提示したのである。その事実を見落とすと、二〇世紀の歴史は語りえないものとなる。

骰子とドッペルゲンガー

『グラモフォン・フィルム・タイプライター』の著者にとって、無声映画はリアルとは無縁の粗雑さとして語られている。例えば、ジョルジュ・メリエスによるトリック撮影の起源をめぐるよく知られた挿話をとりあげながら、「こうしてイマジネールなものが回帰してきた――かつての書物におけるよりも力強く、娯楽小説作家のためにはちょうどよい時に」と書くキットラーは、フォノグラフの発明者たるエディソンは許しがたいが、映画を発明したがゆえに彼を許すというハンス・ハインツ・エーヴェルスの言葉をとりあげ、つぎのように書いている。

これはメディア技術をきわめて精確に表現している文章だ。レコードの溝が忌まわしい排泄物、身体におけるリアルなものを記憶する一方で、映画は、一世紀のあいだ文学とよばれてきた幻想的なもの、あるいはイマジネールなものを継承する。

（『グラモフォン・フィルム・タイプライター』前掲書、二四〇頁）

エーヴェルスがたまたまシュテラン・ライ監督の『プラーグの大学生（*Der Student von Prag*）』（一九一三）の原作者であったことから、キットラーは、彼のいう「幻想的なもの」「イマジネールなもの」をドッペルゲンガーを可能にするトリック撮影の中に見いだし、「カリガリ」「ゴーレム」等々をとりあげ、いきなり「ドッペルゲンガーはいまや空前のブームであった」と記しているのだが、これは何とも粗雑な議論だというほかはない。イメージそのものがいくぶんかドッペルゲンガー的な性格をおびているから、ドッペルゲンガーそのものを主題とした映画こそ「ネオ・ロマン主義の作家たち」による文学の後継者だと彼はいいたいのだろうが、かりにドイツ映画にかぎってみたところで、この指摘は到底受けいれがたいものである。

ドイツは、『プラーグの大学生』や『カリガリ博士』によってではなく、ルビッチやムルナウやラングを持ちえたことで世界と拮抗しえたのであり、それを語るには、ともすれば精神分析的なコノテーションをおびがちなキットラー的文脈だけでは到底無理というほかはない。『ドクトル・マブゼ（*Dr. Mabuse, der Spieler*）』（一九二二）から『スピオーネ（*Spione*）』（一九二八）へといたるフリッツ・ラングの作品には人格の二重化がたえず主題とされていながら、そこに描きだされているのは、安易で通俗的なドッペルゲンガー的想像力を真正面から批判する変装のリアルさにほかならない。であるがゆえにキットラーがこれに触れずにいるのか、それとも、ことによったら彼がそれを見たことがないからなのかの判断がつきかねるところに、『グラモフォン・フィルム・タイプライター』の弱さが露呈されている。

いうまでもなかろうが、無声映画が一九二九年の大恐慌の直前に世界的な規模で到達しえた高度な美学的達成は、ドッペルゲンガー的な想像力とはいっさい無縁である。喜劇(チャップリン、キートン)、西部劇(フォード、ドワン)、歴史活劇(ウォルシュ、デミル)、サスペンス(ラング、ヒッチコック)、チャンバラ(伊藤大輔、マキノ雅弘)、メロドラマ(シュトロハイム、ボゼージ)、等々は、ことごとく文学における「イマジネール」なものの継承とは異なる領域に、かつて人類が目にしたことのない運動体験をつくりだしていたのであり、それを認識するには、F・W・ムルナウの『サンライズ』における市街電車の滑走ぶりを想起すればそれで充分だろう。それとて、説話論的な構造において小説を継承しており、未知の運動体験もまた感覚の問題に還元されるというならわからぬでもないが、『グラモフォン・フィルム・タイプライター』における「フィルム」の章にそうした問題はいっさい論じられていない。

「メディアがこれまでつくりだしてきた五感の洗練は、いまでは戦略的なプログラムの余剰産物としてかつかつ暇つぶしのために生きながらえているにすぎない」というキットラーの言葉は、さし迫った現実を語るものというより、あえて挑発的に事態を単純化した記述というべきだろう。だが、『グラモフォン・フィルム・タイプライター』には「五感の洗練」という言葉にふさわしい事態の指摘が決定的に欠けている。しかも単純化が細部の粗雑さを露呈させるのであれば、この書物の挑発性にも翳りが見えて当然だろう。

「グラスファイバー・ケーブルによるネットワーク化によって、これまでは分離されていたすべての情報の流れがデジタル的に統一された数値の羅列になってしまえば、どんなメディアも任意の別のメディアに化けることができる」と書くキットラーが、メディア論の視点からあえてそういいたいのはわからぬではない。にもかかわらず、人類は、『プラーグの大学生』のパウル・ウェゲナーの声や、『ドクトル・マブゼ』のルドルフ・クライン＝ロッゲの声をおそらく永遠に聞けぬだろうし、ゲーテの声がそうであるように、フォノグラムの発明とほぼ同時期に発せられていたはずのマラルメの声さえ、「統一された数値の羅列」たりえないという現実は否定しがたく残る。というより、キットラーにとってのマラルメは、あくまで「文字」の人であり、「声」の人ではないのかもしれない。

われわれがこれまでマラルメの声にこだわってきたのは、『グラモフォン・フィルム・タイプライター』の著者が、いささか不用意にこの詩人に言及しているからにほかならない。事実、「技術を用いて音響を保存することができるようになってから」というもの、「多くの人にとっては愛そのものであった文字は、その終焉のときを迎えた」と書くキットラーは、いきなりゲオルゲとともにマラルメを召喚しているのである。

こうした状態で著作家に残された選択肢はそう多くない。マラルメやシュテファン・ゲオルゲのひそみに倣って、行間に響いているかのごとき幻想を与えていた声などさっさと追放してしまい、文字をフェティッシュにあがめる人々による彼らのためだけの信仰を創始するという手がひとつ。それだと抒情詩は、高価な白い紙に黒々と印刷されて視覚化された文書、すなわち「賽の一振り［骰子一擲］」になる。

（『グラモフォン・フィルム・タイプライター』前掲書、一二七頁）

ステファヌ・マラルメの『骰子一擲』がはたして「声」の追放に向けて書かれているかどうかは、それが「抒情詩」と呼ばれるにふさわしいかどうかという点とともに、大いに疑わしい。すでに見たように、詩人マラルメは、呼びよせたポール・ヴァレリーに向かって、書きあげたばかりの『骰子一擲』をまず「朗読」したのであり、その文字のつらなりを見せたのはそれ以後のことだからである。また、この詩篇が、文字へのフェティシズムを煽りたてるものかどうかも、はなはだ疑わしいといわざるをえない。

誰もが知っているように、マラルメが死の直前に書きあげ、一八九七年五月の『コスモポリス』誌に掲載された『骰子一擲』は、「文字」というより、独特な「活字」の配置と、ページの過剰なまでの余白によって読む者を惑わしかねぬ詩篇である。また、その「活字」もローマン体とイタリック体との違いがあり、そのポイントもさまざまに異なっている。おそらくキットラーは、一九一四年に刊行されたいわゆる当時の「決定版」の紙面のレイアウトを想定しつつ語っているのだろうが、その「序文」は、この作品が「朗読」されることをいささかも遠ざけてはいないどころか、「口頭で発信される」場合の「イントネーション」についても触れており、「演奏会で聞かれる〝音楽〟の影響」のもとに、「自由韻律と散文詩の融合」が語られていさえするのである。

『骰子一擲』が「声」の追放とは無縁であることの証左として、この作品が全篇読みあげられている映画さえ存在することを最後に指摘しておく。そこにはドイツ語訛りの朗読さえ含まれており、一九七七年に撮りあげられていたのだから、一九八六年に刊行された『グラモフォン・フィルム・タイプライター』の著者は当然のことながらその作品を見ることもできたはずである。たんなる文学の研究者ならともかく、マラルメにも言及しつつメディアを論じようとするキットラーがこの作品に触れていないことは、映画一般に対する彼の好奇心の著しい低さを物語っているというほかはない。

いうまでもなかろうが、『骰子一擲』の朗読の光景をフィルムにおさめた作品とは、ジャン＝マリー・ストローブとダニエル・ユイレの『すべての革命はのるかそるかである』にほかならない。かりにこれを読みあげるマラルメの声を録音術が再現しえたなら、この作品は、おそらく存在する理由を失っていたはずである。この驚くべき作品については、次章で語ることになろう。

IX 偶然の廃棄

「複数化された一」

二〇〇六年一〇月九日の夜半、ダニエル・ユイレが入院先の病院で息をひきとる。長く患っていた宿痾が悪化してのことだという。享年七〇歳。新作『あの彼らの出会い（*Quei loro incontri*）』（二〇〇六）の公開に向けて、たまたま滞在中だったパリでのことである。当事者以外には不意打ちというしかないこの唐突な死を、人はどのように語り、どのように哀悼すればよいのか。

パリ生まれのダニエル・ユイレにとって、それはようやくたどりついた故郷で迎えることのできた最期だとひとまずいうことができる。五〇年来の同志ジャン＝マリー・ストローブとともに過ごしたドイツやイタリアでの長い亡命生活について、ここであえて触れることはしまい。フランス国籍を持ちながらフランスで生きることのかなわぬできごとが、ある時期まで、二人をパリから遠ざけていたのである。ただ、ユイレの生きた七〇年という歳月を振り返りつつふと筆が滞ってしまうのは、彼女の死を、一人の映画作家の死と素直に書くことがためらわれるからである。

実際、多少とも事情に通じている人なら誰もが知っていようが、ダニエル・ユイレという個人は、映画の世界では存在しないに等しい。ドイツであろうが、イタリアであろうが、また亡命生活終焉後のフランスであろうが、どこでもストローブのかたわらによりそっていた彼女は、彼とともに、彼と同じ資格でしか映画を撮ることはなかったからである。処女作『マホルカ＝ムフ(*Machorka-Muff*)』(一九六二)のクレジットに「ダニエル＝ユイレとジャン＝マリー・ストローブ作品(Einen Film von Danièle Huillet und Jean-Marie Straub)」という文字があらわれて以来、何語による作品であれ、ほぼこれと同じ内容の言葉で作品のストローブとユイレへの所属が明記されている。だから、厳密には、ストローブ個人の作品というものが存在しないように、ユイレ個人の作品というものも存在していない。そんな彼女を、はたして一人の映画作家と呼ぶことができるのだろうか。

異なる個人の共同監督というケースなら、マイケル・パウエルとエメリック・プレスバーガーをはじめとして、いっさい血縁関係のないセルゲイとゲオルギーによる通称ワシリーエフ兄弟など、映画史には何組も存在している。タビアーニ兄弟、姉弟と書くのがより正確かもしれないウォシャウスキー兄弟、ダルデンヌ兄弟など、血縁の男性二人による作品も多々見られるし、一組の男女ということであれば、アントニオ・レイスとマルガリーダ・コルデイロなどの例がすぐさま思い浮かぶ。とはいえ、そのつど「ストローブとユイレ作品」を撮ることしかなかったストローブとユイレの場合は、生涯を通じての国境を越えた活躍の持続性において特別である。ともに映画作家だった男女が、あるとき、ある国で、ともに映画を撮ろうと思い立ったわけではないからである。そもそもの始まりから、二人は二人で映画と向かいあうことしかできなかったのであり、母国語とは異なる地域での映画製作においても事情は変わらず、映画を見る場合でも、それはストローブとユイレの体験としてしかありえなかったのである。そもそも、二人という言葉さえ、この二つの固有名詞にはふさわしくない。生物学的には間違いなく独立した個体でありながら、映画的には、本質としてひとつの人格しか持ちえぬ存在だからである。

この場合、「本質」とは、あくまで唯物論的な意味にとらえられねばならぬ。ストローブとユイレは、その「唯物論的な本質」という矛盾を誇らしげに生きてみせた映画作家なのだ。いかなる題材であるにせよ、彼らの作品が底抜けに「明るい」のは、そうした理由による。それは、ことによると、ジル・ドゥルーズともフェリックス・ガタリの著作にも通じる「明るさ」かもしれないが、かりに「複数化された二」という概念が「複数」とも「一」とも異なる何かとして想像しうるとするなら、ストローブとユイレは、まぎれもなくその「複数化された二」という晴れがましい矛盾概念にほかならず、その点において、ときにはまぎれもない「二」として著作を発表しているドゥルーズ＝ガタリとも、文字通り本質において異なっているのである。

その本質的な特異性から、悲痛な現実が導きだされる。二〇〇六年一〇月九日にユイレの身に訪れた死は、「複数化された二」のまぎれもない消滅を意味するしかないからである。いいかえるなら、その日付けをもって、ジャン＝マリー・ストローブもまた死んだのであり、残酷というほかはないこの現実を否定することはきわめて難しい。実際、ユイレにさきだたれたストローブの生涯は、ストローブという名の映画作家などかつて存在したためしはなかったし、今後もまた存在しえないという歴史的な真実の証明に費やされることになろう。かりに、ストローブがなお映画を撮ることがあるとしても、それはあくまでストローブとユイレの「死後作品」としてでしかあるまい。

二人がどのような仕事ぶりをしていたかを知りたければ、ペドロ・コスタの撮った美しい『映画作家ストローブ＝ユイレ／あなたの微笑みはどこに隠れたの？（*Danièle Huillet, Jean-Marie Straub, Cinéastes / Où gît votre sourire enfoui?*）』（二〇〇一）を見てみればよい。そこでの二人（「複数化された一」としての）は、新設されたばかりのル・フレノアの現代芸術学院におけるゼミナールのために、『シチリア！（*Sicilia!*）』（一九九八）の何度目かかのヴァージョンを編集している。フィルムを撮りおえてしまったストローブは、煙草などくゆらせながら、編集室の開かれたままの扉からときおり中をのぞいたり、手持ちぶさたに廊下を歩きまわったりしている。室内で編集台を占拠しているのはユイレであり、その落ちつきはらった仕事ぶりは、編集をはじめとする厄介な技術的問題を一手に処理しているのが彼女であることを見る者に納得させる。

編集中のユイレを背後からのぞきこむようにフィルムにおさめるペドロ・コスタは、何よりもまず、二人の「愛情のかたち」に深く心を動かされたという。「これは最初から愛の物語なんだが、すばらしいのは、彼らがたがいに交わす言葉だ」と親子ほど年齢の違うコスタは証言する。「それはハワード・ホークスの映画みたいだ。そのすばらしさはアメリカ古典映画の偉大な台詞とそれほど遠くないんだ。

ケーリー・グラントとキャサリン・ヘップバーンや、ハンフリー・ボガートとローレン・バコールのようだ」。

実際、五〇年来の同志であるこの男女は、結婚生活という社会的な「制度」が前提としているあの親しげな性的振る舞いをこれみよがしに演じることなどいっさいない。たがいを「きみ」にあたる親称の《tu》やファースト・ネイムで呼びあったりすることもせず、それぞれのファミリー・ネイムで相手を律儀に名指しながら、もっぱらプロフェッショナルな仲間意識でたがいを認めあっており、古風なともいってよかろうその距離感が、「複数化された二」だけに許された絶妙な愛の関係をフィクションのようにあたりにゆきわたらせる。実際、ユイレが難詰するような口調で「まあ、ストローブ」などと口にする瞬間、誰もがハリウッドのコメディのもっとも洗練されたギャグに立ち会っているかのように、笑わずにいることも泣かずにいることも禁じられてしまう。だが、ホークスのコメディやフィルム・ノワールがもはや再現不能であるように、ストローブとユイレの生きる絶妙な男女の関係もまた再現不能だとするなら、われわれはいったいどうすればよいのだろう。

当事者以外には不意打ちに近いものだったとはいえ、ダニエル・ユイレの他界には、何やら予言めいたものがなかったわけではない。二〇〇六年九月に開催された第六三回ヴェネチア国際映画祭は、あろうことか、ダニエル・ユイレとジャン゠マリー・ストローブの新作『あの彼らの出会い』をコンペティション部門で上映するという大胆な決断を下していたからである。これは、映画祭的な社交術からすると、ほとんど「暴挙」というほかはない例外的な処置である。実際、彼らの「難解」なといわれがちな作品をコンペティション部門に参加させるようなメジャーな国際映画祭など、存在するはずもなかった。だが、この年のヴェネチアは、そうした「暴挙」のみならず、「彼らの作品の総体における新たな映画言語の創造」に対して、特別獅子賞を授与するという「暴挙」まで演じることを辞さなかったのである。ディレクターであるマルコ・ミュレールならではの英断だろうが、その「勇気ある」招待に応えるべく、リド島に姿を見せることのなかったストローブは、映画祭事務局あてに、三通のメッセージを送っている。

そこには、いかにもストローブとユイレにふさわしい言葉がいくつも書きこまれているが、ここでの主題にふさわしいものは、第一のメッセージの第一行目につきている。

これは、われわれの死にあまりにも近すぎるし、われわれの生にはあまりにも遅すぎる。

「これ」といわれているのは、いうまでもなく、ヴェネチア国際映画祭から送られた特別獅子賞を意味する。それが「われわれの死にあまりにも近すぎ……、われわれの生にはあまりにも遅すぎる」と断じられている言葉を目にして、人は、ごく自然に、一九三三年生まれで七三歳になるストローブの身を思う。だが、それから一月もしないうちに彼にさきだってこの世界から遠ざかっていったのは、三歳年下のユイレのほうだったのである。

生者の声、死者の声

ステファヌ・マラルメの『骰子一擲』を朗読する複数の声が、作者自身も予想しえなかっただろう他国語の強い訛りをともなって響きあうストローブとユイレの『すべての革命はのるかそるかである』について語ること。そのフィルムの音声と映像とを恰好の素材として、生者の声とその再現が、死者の肖像写真との決定的な差異として論じられることになるだろうと前章の最後で予告されていながら、事態は思いどおりにはかばかしく推移しそうにない。これまでに記したように、ちょうど前章の「声と文字」が活字として人目に触れようとしていた時期にダニエル・ユイレの身に訪れた死が、年も改まったいまもなおそうすることをはばんでいるからである。

いうまでもなく、彼女の死にもかかわらず、『すべての革命はのるかそるかである』がストローブとユイレの作品であることは、まぎれもない事実である。だが、その作品の作者の一人でもあれば同時に被写体でもあるユイレは、さらに、その声をフィルムのすみずみにまでゆきわたらせている。パリのペール・ラシェーズ墓地の芝生の斜面に腰をおろして横座りとなり、パリ・コミューンの犠牲者たちの記念碑が位置しているはずの右手をきっと見すえながら『骰子一擲』の一部を読みあげている彼女の声は、このテクストが予告されていた段階では、まぎれもなく生者の声として響くものと想定されていた。それが、ほんのわずかなあいだに死者の声へと変貌してしまったのだから、前章での予告には何やら禍々しい意図がこめられていたのかもしれない。それとも、そうなることには「歴史的な必然」

めいたものがあったというのだろうか。

誰もが気軽にその肖像写真を見ることのできるステファヌ・マラルメの声を、二一世紀の人類は耳にすることができない。にもかかわらず、人は、ジャン＝マリー・ストローブとダニエル・ユイレの作品によって、マラルメの詩篇『骰子一擲』の言葉のつらなりを、声として聞くことができる。それが、ポール・ヴァレリーを前にしてそのテクストを読みあげたマラルメ自身の声の抑揚に似ているか否か、その責任を『すべての革命はのるかそるかである』の作者たちはいっさいとろうとしていない。この映画は、二一世紀の人類の誰ひとりとして聞くことのできないマラルメの声の再現などめざしてはおらず、見ている者もそうしたものとは思っていないからだ。人は、ストローブとユイレのフィルムによって、読みにくさで知られるこの作品を声として聞くことができる。『すべての革命はのるかそるかである』から受けとるべきものは、その事実につきている。

その指摘は、『骰子一擲』を「声」の追放という視点から論じた『グラモフォン・フィルム・タイプライター』の著者フリードリッヒ・キットラーへの反論として口にさるべきものだったのだが、それにとどまらず、ここで打ち明けてしまうなら、ダニエル・ユイレの声を通して、映画とセザンヌとの関係を論じるための布石でもあったのだ。ゴダールがエドワール・マネの絵画に映画の起源を見ていたように、ストローブとユイレもまた、ポール・セザンヌの絵画にそれに似た役割を求めているからである。

ゴダールと異なり、ストローブとユイレは、ショットではなく、音声によってそれをめざしている。実際、ストローブとユイレの作品では、「私」という一人称の代名詞がほかならぬセザンヌその人を指示していながら、それがセザンヌの口からもれたはずのない声として聞くことができる。それは、『セザンヌ(*Cézanne*)』(一九八九)と『ルーブル美術館訪問(*Une visite au Louvre*)』(二〇〇四)のコメンタリーとしてなのだが、「私」としてセザンヌを指示しているのはいずれも女性の声である。そこに奇妙なこそばゆさが生まれ落ちるのだが、その女性の声のひとつが、ほかならぬダニエル・ユイレの声だったのである。『ルーブル美術館訪問』の最後では「私は、セザンヌだ」という声さえ聞こえるのだが、当初はその言葉がこの作品の題名として想定されており、朗読者の候補にはミシェル・ピコリが挙げられていたのだという。彼の拒絶によって朗読者がジュリー・コルタイに変更されたことを、人は映画の名において祝福せずにはいられない。「私は、セザンヌだ」と、セザンヌその人であるはずもない女の声が厳粛に宣言するとき、それを映画の一画面として耳にする人は、誰もが、ハリウッドの最良のコメディの洗練されたギャグに立ち会っているときのように、笑わずにいることも泣かずにいることもできないからだ。「私は、セザンヌだ」と淀みもなくいいきって作品をしめくくってみせるジュリー・コルタイ。この美しいフィクションは、セザンヌの声を聞くことができない二一世紀の人類にとって、あまりにも贅沢な映画的パフォーマンスというほかはあるまい。それがセザンヌの声でないことは、誰もが知っている。それでいながら、その声が「私は、セザンヌだ」と断言してみせるとき、人は、その言表行為の真実ともいうべきものにしたたかに打たれる。あるとき「私は、セザンヌだ」といったかもしれないセザンヌその人へと思考をさし向けるのではなく、それが声として響くその瞬間、自己同一性の定かならぬその声と、それが現在化する言表とのぬきさしならぬ関係から、フィクションの真実ともいうべきものを受けとめずにはいられないからである。

だが、セザンヌをめぐる思いもかけぬハリウッド的な展開について語るのは後のこととして、ここでは、いささかの困難を承知のうえで、マラルメに戻ることにする。『すべての革命はのるかそるかである』で『骰子一擲』の朗読の一部を受けもっていたユイレはつい最近までわれわれの同時代人たりえていたのだから、死者となった彼女の声を通してマラルメの詩句を耳にするという状況は、前章を書きおえた時点では想定外のものだったというほかはなく、そのことがこの筆をとめどもなく鈍らせる。われわれは、いま、同じ死者でありながら、ステファヌ・マラルメの声は聞けないが、ダニエル・ユイレのそれなら聞くことができるという新たな文脈を開設せねばならないからだ。それがいまの自分に可能であるか、それを見きわめる余裕もないまま、とりあえず話を進めねばならない。

前章でも触れたことだが、マラルメ自身が序文で朗読に際しての「音符」的な役割に言及しているにもかかわらず、『骰子一擲』が口頭で読みあげられることをこばんでいるかに見えてしまう理由は、ページ一面に拡がる紙の白さと、それに対する活字の有効性からはひたすら遠い配置にある。その配置にはたして確かな原則があるか否かは必ずしも明らかでないが、その断片的な言葉がおさまるべきなのはもちろん脚韻を踏んだ韻文ではなく、すべてがひとつの文章におさまるものと見ることも不可能ではない複数の語からなっている。それぞれの文字は構文法的な秩序には素直におさまりがたい位置に印刷されており、その活字そのものにもローマン体とイタリック体との違いがあり、そのポイントもさまざまに異なっている。

一般に『骰子一擲』として知られているこの作品の題名を正確に再現するなら、『骰子の一擲は、決して偶然を廃棄しないだろう(*Un coup de dés jamais n'abolira le hasard*)』となるのだが、活字のうえではそのいずれもがローマン体の大文字で登場し、それが意味論的な文脈を超えて複数のページに振り分けられており、ここではそれが同じ人物によって読まれることになる。つまり、『すべての革命はのるかそるかである』における『骰子一擲』の朗読は、差異の体系としての言葉の意味論的な秩序とは無縁に、もっぱら印刷術上の差異にふさわしく遂行されており、単語と単語とを一見無原則に引き離しているページの余白は、ひとまず無視されることになる。

題名を読む男の声のほかに、すべてが大文字のみで書かれたり(いま見た題名の場合がこれにあたる)、大文字と小文字とで書かれたりする語のそれぞれのローマン体とイタリック体との違い、ならびにポイントの大中小の違いをきわだたせるために、さらに八つの異なる声が動員されている。合計九つの声は、国籍と性別を異にする人物によってになわれ、それぞれがペール・ラシェーズの芝生にほぼ等間隔に腰をおろしている。

とはいえ、九人の人物が同じ画面におさまっているのは、パリ・コミューンの犠牲者たちの記念碑をなめるようにフィルムにおさめる冒頭の長い移動ショットのみであり、いったん朗読が始まってしまうと、それぞれが受けもっている活字のつらなりを口にする瞬間に朗読者の姿が独立したショットで示され、その同じショットが、読まれているテクストの活字の種類が変化するまで、キャメラのアングルもそのままに持続する。したがって、『骰子一擲』の活字に律儀に依存している『すべての革命はのるかそるかである』の編集の原則は単純きわまりなく、演出もまた、ほとんど杓子定規だとさえいってよい。あるいは、読まれるべきテクストの活字の配列の視覚的な途方もなさにもかかわらず、その途方もなさの視覚化をいっさい放棄していることが、ストローブとユイレの独創性だといったらよいだろうか。

あらゆるショットは、朗読者が朗読を始める瞬間に始まり、朗読を終える瞬間に終わる。それ以外に画面転換の原理はないというこの杓子定規な演出は、ことによると、これが彼らにとって生涯で初めてのフランス映画であることからきているのかもしれない。フランス語の作品ということでなら、コルネイユの同名の戯曲にもとづく『オトン(*Les yeux ne veulent pas en tout temps se fermer ou Peut-être qu'un jour Rome se permettra de choisir à son tour*)』(一九六九)が存在するが、イタリア人を出演者としてローマで撮影されたこの作品はドイツ゠イタリアの合作であり、まさに亡命者の作品と呼ぶにふさわしいものだ。『すべての革命はのるかそるかである』は、亡命から帰還した彼らにとって、文字通り最初のフランス映画なのであり、ここでのストローブとユイレは、ある意味で、あらゆる映画的な贅沢を自分に禁じているかに見える。それは、パリで、マラルメの『骰子一擲』を字義通りにキャメラにおさめるという途方もない贅沢が許されたからに違いない。長い亡命生活のはてに帰還した祖国の首府でフィルムを回す機会にめぐまれた彼らは、それがごく自然な選択であるというかのように、パリ・コミューンの記憶とマラルメの詩とを交錯させてみたのであり、そのこと自体が途方もない映画的な贅沢だったといえるだろう。

ローマン体で綴られる題名の文字を読む男性は、ごく少ない数の大文字のイタリック体で綴られる語を読む男性同様、ほぼ正面を向いた姿勢で画面におさまっており、フランス人ではなかろう彼ら独特の訛りが強調されている。それぞれの活字の違いにしたがって朗読する女性たちはいずれもやや斜め左に向いた姿勢でキャメラの前に位置しており、男性はいずれもほとんど右向きの姿勢でとらえられている。その中で、冒頭の一字のみ大文字となる場合もあるが、そのほとんどが小文字で綴られたテクストの朗読にあたるダニエル・ユイレが、おそらくもっとも長く画面に映っており、見開きのページに配された語句の複雑な配置をも細心にたどり、パリ生まれのこれといった訛りの不在によって、断片化された活字の配列に音声的な持続感を導入している。「思考たるもの、ことごとく骰子の一擲を発する」という最後の一行を読んでいるのも彼女なのだから、朗読者の中で最後に目にする人物もまた彼女なのである。

ペール・ラシェーズの高みから見下ろしたパリの光景がしばらく挿入されてから、画面が変わってクレジット・タイトルが流れようとするとき、ナダールによるマラルメの肖像写真があらわれる。それをきっかけとして、一九世紀の詩人マラルメならいくらでも視覚的に再現できるのに、その声は再現しえず、それにかわって、ストローブとユイレが、一編のフィクションとして、マラルメの『骰子一擲』の活字ごとの声の違いをきわだたせつつ、映像と音響を組織してみせたのであり、それこそ生者の声にほかならぬと言葉を結ぶつもりでいたのだが、二一世紀の映画作家ジャン＝マリー・ストローブとダニエル・ユイレの身にごく最近起こった変化が、その結論を無効にしてしまう。まぎれもなく二〇世紀の作品であったはずの『すべての革命はのるかそるかである』が、ステファヌ・マラルメの『骰子一擲』と同様、歴史的な過去の作品となってしまったからだ。

人は、いま、二〇世紀の映画『すべての革命はのるかそるかである』を一九世紀の詩篇『骰子一擲』を読むように見なければならない。この苛酷な現実に、人はしばらくは馴れることができまい。馴れずにいることができない代償としてユイレの声と表情とが記録されていたことのアーカイヴ的な安堵感にひたりきることは、到底できまい。

言表を現在化する「声」

『セザンヌ』と『ルーブル美術館訪問』に共通しているのは、この二本の作品のコメンタリーをかたちづくる言葉が、いずれもジョワシャン・ガスケの『セザンヌ』(與謝野文子訳、求龍堂)からとられていることにある。セザンヌの友人でありその肖像画も残されているアンリ・ガスケを父に持つ文人ジョワシャンの書物は二部からなっており、前半は彼自身の目に映ったセザンヌ像としての「私の知ることやこの目で見たこと」、後半はセザンヌとともに過ごした時間を架空のインタヴュー形式で綴った「彼が私に語ったこと」であり、そのインタヴューにはときに父親のアンリまで登場したりする。

ガスケの『セザンヌ』は、美術史研究の領域ではまことに毀誉褒貶の激しい本であり、著者の歴史的な視点の欠落を理由として、インタヴュー形式におけるセザンヌ自身の発言にも信頼がおけぬとする批判は、一九二一年の刊行時から今日まで多々存在する。ストローブとユイレがこの書物におけるセザンヌの言葉にどの程度の信頼を寄せていたのかはわからない。ただ、二人は、誰ひとりセザンヌの生の声など聞くことはできないという現実を踏まえた二〇世紀の映画作家として、あたかもそれがセザンヌの言葉であるかのように見なし、それにふさわしくコメンタリーを執筆し、編集の原理を構築している。

それはこういうことだ。すなわち、すでに触れておいたように、あるとき「私は、セザンヌだ」とその自己同一性を明らかにしながら多くの言葉を口にしたかもしれない現実のセザンヌへと思考を誘うのではなく、文脈からすればセザンヌを指示しているかもしれない「私」を含んだいくつもの文章がまさしく声として響くその瞬間、その声の主が視覚化されているわけではない以上、自己同一性は曖昧だというほかはないその声と、その声がなおも現在化することをやめない言表とのぬきさしならぬ関係のうえに『セザンヌ』は成立することになるのである。いいかえるなら、『セザンヌ』はセザンヌをめぐるドキュメンタリーではなく、ガスケの記録したセザンヌのものとされる言葉を声として響かせるフィクションなのだ。

言表行為の主体はあくまで不在でありながら、そのつど現在化される言表そのものをまぎれもない現実として受けとめること。このフィクションの真実ともいうべきものを容認しないかぎり、人は映画を映画として体験することなどできはしまい。実際、人がフィルムで耳にすることになるひとつの言表について、その言表行為の真の主体は誰かと問うたとき、映画はその映画的な機能を失うしかあるまい。セザンヌ自身の声であろうはずもない女性の声をあえて響かせながら、朗読における「私」という代名詞の曖昧さをめぐってのフィクションの現在性を始動させようとするストローブとユイレは、

『セザンヌ』で言表されつつあるものの現在をフィルムにおさめようとする。

ガスケによって再現されたとするセザンヌの言葉が真のセザンヌに帰属するかどうかを、その言表行為の主体と見なされるセザンヌその人にまで遡って検証するのではなく(セザンヌの声などもはや聞くことができない以上、それは当然のことながら不可能な試みである)、それが言葉として口にされる瞬間の現在性をフィルムのすみずみにまでゆきわたらせ、その一貫性に無用な疑念を生じさせずにおくこと。それが『セザンヌ』のめざすところであるとするなら、ここでのユイレの声は、マラルメを朗読するユイレの声と、そのパフォーマティヴな機能において明らかに異なっているといわねばなるまい。マラルメになり代わって『骰子一擲』を読んでいるのではないという点では、セザンヌを代行しつつその言葉を読んでいるのではない『セザンヌ』の場合も大差はないが、ここで「私」という代名詞を含んだ文章を口にしつつあるユイレの声の自己同一性の不確かさは、あくまで同質の不確かさとして持続せねばならず、途中からそれを他の不確かな声が代読することは許されないからである。そのとき、ユイレの声は、それが現在化する言表の真実において映画を支える。

『セザンヌ』がさらにどのような映画的主題を引き寄せているかは、『ルーブル美術館訪問』とともに、次章に詳しく見てみることにする。ストローブとユイレが映画とセザンヌとの関係をどのように構想しているかも、そこで改めて話題にされるだろう。ここで短く触れておくべきは、『ルーブル美術館訪問』で、ガスケにしたがってセザンヌの言葉を読みあげているジュリー・コルタイが、ダニエル・ユイレと同様、自己同一性の不確かな声が現在化する言表の真実においてこの作品を支えているということだ。すでに指摘しておいたことだが、作品の最後で、彼女は「私は、セザンヌだ」という声さえ響かせているのだが、セザンヌその人であるはずもない女性の声がいかにも厳粛にそう宣言するとき、それを耳にする人は、誰もが、これこそ映画だと嘆息せざるをえない。それは、その思いがけなさによって、古典的なハリウッドの最良のコメディの洗練されつくしたギャグに立ち会っているかのように、誰もが笑い、涙せずにはいられない瞬間だからである。

ストローブとユイレの会話をめぐって、それを「アメリカ古典映画の偉大な台詞とそれほど遠くない」といったペドロ・コスタが、すぐさま「ケーリー・グラントとキャサリン・ヘップバーンや、ハンフリー・ボガートとローレン・バコールのようだ」と言葉をそえたとき、彼は決定的に正しいといわねばなるまい。誰かが、その言表行為の真の主体は「ケーリー・グラント」でも「キャサリン・ヘップバーン」でもないと反論したところで、映画的にはまったく無駄だからである。ダッドリー・ニコルズ、ハガー・ワイルド共同脚本によるハワード・ホークス監督の映画『赤ちゃん教育(*Bringing up Baby*)』(一九三八)の作中人物にほかならぬデヴィッドとスーザンとが言表行為の真の主体だと訂正したところで、そのことで人は映画からひたすら離れてゆくことしかできまい。ここで問われているのは言表行為の真の主体ではなく、そのつど現在化される言表の生々しさにほかならず、その生々しさと率先して戯れる術を心得た存在だけが、ハリウッドでスターたりえたのである。

ストローブとユイレにおける声——とりわけ『セザンヌ』と『ルーブル美術館訪問』とでコメンタリーを読みあげている女性の声——には、どこか古典的なハリウッド映画のスターを思わせるものがみなぎっている。実際、「私は、セザンヌだ」と淀みもなくいいきって作品をしめくくってみせるジュリー・コルタイの声は、ケーリー・グラントやキャサリン・ヘップバーン、あるいはハンフリー・ボガートやローレン・バコールだけに許されていた高度なフィクション性を身にまとっているとしか思えない。「私は、セザンヌだ」という台詞を画面に響かせてみせたストローブとユイレは、途方もなく不条理な台詞が飛びかっている『赤ちゃん教育』の作者ハワード・ホークスにも劣らぬ偉大なコメディ作家なのである。

X 複製の、複製による、複製性の擁護

「私は、ローラが死んだ週末のことを、決して忘れないだろう」

「私」という語彙のごく日常的な言語操作に難儀する者はまずいないだろうが、だからといって、人称代名詞としての「私」がそのつど確かな指示対象を持っているかといえば、これは大いに疑わしい。それは「私」にかぎられたことではなく、「転位語」と呼ばれている「あなた」だの「ここ」だの「昨日」だのに見られる一般的な特徴にほかならず、その指示対象を確定するには、「私」を主語とする言説の主体が聞き手に現前していなければならない。すなわち、自分を「私」と呼ぶ何者かの存在は、そう口にする瞬間、その声と同時に視覚的にも認識されるという空間的な状況が成立した場合、そのときにのみ、初めてその指示対象は明らかになる。だが、それに対して、聞き手もまた自分を「私」と名指しつつ応えることになるのだから、「私」が、「空」だの「花」だの「草」だののように固有の指示対象を持っていないことは明らかである。

文字言語においては、「私」を含む文章に書きそえられた署名が声の現前を代行するとしばしば考えられがちだが、誰ひとりそれに立ち会ったわけではない署名を声の代行と見なすのはもっぱら社会的な慣例にすぎず、文字は本質的に声の現在性を持ちえないと考えるべきだろう。書かれた記号としての「私」が紙の上で生きつつある時間は、「私」と書く主体の現在からはかぎりなく遠くへだてられており、その時間的かつ空間的な偏差ゆえに、書かれた文章の中の「私」の指示対象はたえず曖昧なものたらざるをえないからだ。文字言語一般におけるこの指示作用の曖昧性は名高いデリダ＝サール論争を惹き起こしもした哲学的な主題でもあり、改めてそれに触れることもあるまいが、ここでは、ジャック・デリダのいう文字記号の孤児的な漂流性が、映画における「私」の指示対象をどう扱うべきかという議論とも無縁ではないとのみ指摘しておくこととする。

実際、ドキュメンタリー映画の被写体の一人が自分を「私」と呼ぶとき、その指示対象の特定は人の思うほど簡単なことではない。確かに、アレクサンドル・ソクーロフ監督の『ロストロポーヴィチ――人生の祭典（*Elegiya zhizni. Rostropovich. Vishnevskaya*）』（二〇〇六）では、ムスティスラフ・ロストロポーヴィチもガリーナ・ヴィシネフスカヤも自分自身を「私」と名指しており、監督自身もまた、そのナレーションではみずからを躊躇なく「私」と呼んでいる。だが、それぞれの声が、いま、この瞬間に現前していると思うのはもちろん錯覚にほかならず、それぞれの人物像は、しかるべき映画的な手段で複製されたイメージにすぎない。その意味で、映画における「私」の孤児的な漂流性は、文字記号のそれより遥かに大きいといわざるをえない。そこでのロストロポーヴィチのイメージは、その声がそうであるように、無数に流布されているコピーのひとつでしかないからである。『ロストロポーヴィチ――人生の祭典』――「エレジー」シリーズの一編として、『人生のエレジー』がその原題ではあるが――におけるロストロポーヴィチは、ロストロポーヴィチとして知られているロシア出身のチェロ演奏家でありオーケストラ指揮者でもある当の本人にほかならないと人はいうかもしれない。だが、このドキュメンタリーの彼の相貌が、あたりに流通しているロストロポーヴィチの写真のいくつかに多かれ少なかれ似ていることはあったにせよ、それは、無数のコピーとの類似によってひとつのコピーの同一性を確信するという複製技術時代に特有の社会的な慣例にすぎず、その慣例にとどまるかぎり、ロストロポーヴィチの声の現前にたどりつくことはない。ドキュメンタリーの映像と音響が文字記号の孤児的な漂流性を断ち切りえないばかりか、かえってその孤児性をきわだたせざるをえないのは、そうした理由による。

この曖昧さは、いうまでもなく、映画がその存在条件としてかかえこんでいる限界である。事実、自分自身とは異なる人物を演じる俳優たちの口からもれる「私」の場合、その孤児的な漂流性はさらに誇張され、ほとんど始末におえぬものとなりかねない。だが、その始末のおえなさは、同時に、本来がいかがわしい複製技術に基礎をおいた映画のある種の可能性を開示しているともいうべきだろう。それは、前章で、言表行為の主体の詮索とは異なる地平に出現する言表そのもののまぎれもない現在性と呼んでおいたものにほかならないが、ここではそれを、指示対象という視点から改めて論じることにする。

例えば、いわゆる「フィルム・ノワール」に分類される作品の多くは、「私」を主語としたナレーションで過去の事実を明らかにするが、そこでの「私」は、しばしば、過去の事実を明らかにするかに見え、同時に、それを巧みに隠蔽しようとする。実際、「私は、ローラが死んだ週末のことを、決して忘れないだろう」というモノローグで始まるオットー・プレミンジャー監督の『ローラ殺人事件（*Laura*）』（一九四四）の場合、その「私」が誰のことなのか、それを耳にする瞬間には想像することができない。そのとき画面に姿を見せているのは、ソフト帽をかぶったいかにも警部じみた風情の男であり、そのマクファーソン警部補を演じているのがダナ・アンドリュースであることは、映画史的な知識さえあればすぐにもわかる。だが、男は無言のまま室内を物色するばかりで、彼がナレーションにおける「私」だと推測するにたる細部は何ひとつ存在していない。

ほどなく、その内的な独白は、バスタブにつかったままタイプライターでその言葉を打っているウォルド・ライデッカーという名の作中人物によるものであり、それをクリフトン・ウェッブが演じていることを見る者は理解する。より正確にいうなら、「フィルム・ノワール」というジャンルに特有の説話構造からの類推で、そうであろうと事後的に想像することができはするが、「私は、ローラが死んだ週末のことを、決して忘れないだろう」という文章の主語である「私」の指示対象は、なおも曖昧なまま宙を漂っている。それは、タイプライターで打たれたはずのその文面が一度も画面に映しだされることはないからでもあるが、また、どうやら作家であるらしいライデッカーが登場するとき、その画面には主観的な一人称性ともいうべきものがいたって希薄だからでもある。彼は、警部補マクファーソンとともに、物語の数ある登場人物の一人として非人称的にキャメラにおさまっているにすぎない。その後、作家ライデッカーは、警部補マクファーソンとともにバーでグラスを傾けながら、ローラと過ごした時間を語り始める。その言葉につれてフラッシュ・バックで語られる過去の場面はすでに聞きなれた声のナレーションによって導入されているが、そのショットの連鎖にも主観的な人称性は皆無といってよく、「フィルム・ノワール」独特の回想場面における彼自身は、登場人物の一人として、他の人物と同じ資格できわめて客観的に描かれており、「私は、ローラが死んだ週末のことを、決して忘れないだろう」という文章の主語である「私」の位置はここでも曖昧である。しかも、作品そのものの「フィルム・ノワール」的な構成が、この曖昧さとむしろ積極的に戯れているのである。

クリストファー・イシャーウッドの短編小説『サリー・ボウルズ』を原作としたジョン・ヴァン・ドルーテンの戯曲『私はキャメラだ』は、ヘンリー・コーネリアス監督によって映画化され、日本では『嵐の中の青春(*I am a Camera*)』(一九五五)として公開されている。ヒットラー興隆期のベルリンを舞台としたこの作品は、文字通り「私はキャメラだ」という男の声のモノローグを含んでおり、そう口にする人物は、ローレンス・ハーヴェイが演じているクリストファー・イシャーウッドとされているのだが、この映画でキャメラに擬される「私」はもっぱら文学的かつ演劇的な比喩にほかならず、いささかも映画的な瞬間を喚起するものではない。

同じ戯曲は後にミュージカルとしても上演され、ボブ・フォッシー監督によって『キャバレー(*Cabaret*)』(一九七二)として映画化されてもいるが、それについては触れずにおく。ここで指摘しておくべきは、キャメラと主観的な一人称性とはきわめて相性の悪いものであり、いわゆる主観的なショットというものも、いわば「文体」という修辞学的な問題にすぎず、言語における構文法的な秩序とはいっさい無縁のものだという点につきているからだ。ほとんど杓子定規にキャメラに主観的な一人称性をになわせようとした例として、ロバート・モンゴメリー監督によるレイモンド・チャンドラーのフィリップ・マーロウものの映画化『湖中の女(*Lady in the Lake*)』(一九四六)がすぐさま想起されるが、マーロウ役のロバート・モンゴメリー自身が鏡の中に一瞬登場し、あとはことごとく彼の目に映じる主観的な世界をキャメラが表現するという手法は、かえって映画と人称性の相性の悪さを立証するのみである。

「私は独りで、いわば、思索にふけっていた」

「ドキュメンタリー」である『ロストロポーヴィチ――人生の祭典』における指示対象は、「フィクション」である『ローラ殺人事件』や『湖中の女』のそれとは異なるものだという反論があるかもしれない。だが、ジャンルとしての差異は、これまでに見た映画と人称性の相性の悪さの軽減にいささかも貢献することがない。いずれにおいても、被写体となった人物の声や肖像は映画的に複製されたコピーでしかなく、クリフトン・ウェッブや鏡に映るロバート・モンゴメリーがそうであるように、ロストロポーヴィチがスクリーンに現前しているわけではないからである。

実際、映画を見ている者は、実在していたりいなかったりする人物のコピーをスクリーンに認め、いわば複製技術時代にふさわしく、そのつどコピーとモデルとのあるべき関係の詮索を曖昧に放置したまま、とりあえず複製の複製性ともいうべきものの現在を受けいれているにすぎない。もちろん、それが一般化することで、人々はごく自然に映画を受けいれるのだが——と、ここまで書いた瞬間に、このドキュメンタリーで八〇歳の誕生日を祝う姿を見たばかりのムスティスラフ・ロストロポーヴィチに訪れた死のニュースに接することになるのだが、その予期せぬできごとは、しかし、このテクストで述べてきたことがらにいかなる変更をもたらすものではない。

「ドキュメンタリー」と「フィクション」の違いを超えて拡がりだす映画的な指示作用の曖昧さは、俳優たちのかたわらに実在の人物を登場させている作品において、さらに厄介なものとなる。例えば、『女と男のいる舗道』ではブリス・パランに、『中国女(*La Chinoise*)』(一九六七)ではフランシス・ジャンソンにキャメラを向けたジャン=リュック・ゴダールは、その曖昧さに充分すぎるほど自覚的な映画作家だといえる。事実、そこでさまざまなことがらを語っている二人の言葉が、ブリス・パラン本人、あるいはフランシス・ジャンソン本人に所属しているのか、それとも彼らのコピーとしての作中人物に所属するのか、それを決定することは不可能に近い。その関係が、登場人物としてのゴダールにおよんだ場合、事態はさらに錯綜したものとなる。

処女長編『勝手にしやがれ』以来、何度も自分自身をその作品に登場させているゴダールは、とりわけ一九八〇年代以降の作品では、『ゴダールのリア王』の「プラギー教授」や『右側に気をつけろ』の「白痴=公爵」のように、みずからのイメージを道化として描いてみせることに喜びを覚えているかに見える。それは、ことによると、一九九〇年代にいたって、自分自身を誇張なくキャメラにおさめるための下準備だったのかもしれない。実際、二〇世紀末の作品である『JLG/自画像』ではみずからを主要な被写体としているし、『(複数の)映画史』にも彼はしばしば姿を見せ、ナレーションで「私」という人称代名詞を堂々と響かせてもいる。

二一世紀の初頭に撮られた『アワーミュージック』でのゴダールは、「ムッシュー・ゴダール」と他人から呼ばれることをごく自然に受けいれる作中人物を演じている。しかも、そこでの「ムッシュー・ゴダール」は、ジャン=リュック・ゴダールその人がそうであるように映画作家であり、そこには『右側に気をつけろ』に見られるような誇張性は微塵もない。だが、それは『アワーミュージック』の作者であるゴダールその人にかさなりあうことはなく——作者ゴダールはサラエヴォでこの映画を撮っているが、作中人物のゴダールはサラエヴォで講演しかしていない——、あくまでフィクションの作中人物の一人にほかならず、事実、「ムッシュー・ゴダール」に向けられたキャメラは、いかなる人称性をもおびようとしていない。にもかかわらず、この作品は、作中人物としてのゴダールと作者としてのゴダールが惹き起こすだろう混同をあらかじめ想定しつつ撮られているかに見える。それは、モデルとコピーとの関係を深く詮索することなく映画を語ろうとする複製技術時代の社会的な慣例を、ゴダールがある程度まで受けいれていることを意味しているのだろうか。

『(複数の)映画史』は、いわば複製の廃墟で、複製による複製性の擁護を試みているかのような作品だといえる。すでに触れておいたように、ここに動員されているさまざまな作品の断片は、絵画も映画も、むしろ粗悪なコピーにほかならない。当然のことながら、そこに登場しているゴダールもまた、みずからの粗悪なコピーであることを避けようとはしていない。それは、あくまでフィクションの作中人物であり、作者としてのジャン=リュック・ゴダールその人とは存在領域を異にする人物と見なされねばなるまい。

例えば、これまでに何度も言及する機会のあった『(複数の)映画史』の「3A」篇「絶対の貨幣」で、「私は独りで、いわば、思索にふけっていた」というナレーションが聞こえるとき、その「私」の指示対象は、『ローラ殺人事件』の「私は、ローラが死んだ週末のことを、決して忘れないだろう」の「私」と同じぐらいに曖昧だというしかない。

確かに、「絶対の貨幣」は、その声とともに、いかにも物思いにふけっているかのようなゴダール自身の斜め右に向けられた顔を、暗闇の中にクローズアップで浮かび上がらせてはいる。だが、そこでの彼は、影になった頬のあたりに紫煙をくゆらせながら沈黙をまもっており、何かをつぶやいているようには見えない。したがって、画面の背後に声として響く「私は独りで、いわば、思索にふけっていた」という文章の「私」の指示対象が、薄暗闇で煙草をすっているこの男だとするのは、複製技術時代の社会的な慣例に対するあまりにも安易な屈服というものだろう。実際、これは、作中人物によって語られる台詞ですらなく、あくまでその内的な独白として処理されており、構造的にいうなら、『ローラ殺人事件』の冒頭のナレーション同様、誰の言葉とも決定しえぬまま曖昧に宙に漂うしかないものなのだ。

より正確を期するなら、ここで「私は独りで、いわば、思索にふけっていた」という言葉を口にしうる存在は視覚的に存在しておらず、にもかかわらず、それを作中人物としてのゴダールの独白だと理解するのは、そうしておけば混乱せずにすむはずだという、複製を前にした者の慣例化された事態の処理能力によるものだ。実際、この言葉は、映画の中でそれを耳にする瞬間、いま、ここことは時間的にも空間的に遠くへだたったところで読みあげられたことが間違いない文章の聴覚的なコピー＝複製にほかならない。それは、作品としての「絶対の貨幣」のおさまるべき文脈とはおよそ無縁の場で読まれていたはずであり、その瞬間、映画作家としてのゴダールは間違っても物思いにふけってなどおらず、ただ、「私は独りで、いわば、思索にふけっていた」という言葉を、編集段階で作中人物の内的な独白として響いてもおかしくないように読みあげていただけである。

いうまでもなく、視覚的、聴覚的な記号のそうした時間＝空間的な偏差のあらかじめの調整なしに映画は成立しない。いわゆる「フィルム・ノワール」は、あたかもそんな偏差の調整などなかったかのような調整ぶりによってかろうじて新たなジャンルたりえているが、粗悪な複製にほかならぬここでの作中人物ゴダールは、画面で「思索にふけってい」るふりを装っているのだから、作者ゴダールによる調整は、少なくともこの場面においては、「フィルム・ノワール」以前の「古典的」な映画作家として振舞っているといえるかもしれない。その装われた同調性をひとまず受けいれること。それが、複製技術時代にふさわしいコピーの、コピーによる、コピー性の擁護にほかならない。

「私は、セザンヌだ」

こうして、人は、ストローブとユイレの『ルーブル美術館訪問』で耳にした「私は、セザンヌだ」にたどりつく。そこでもまた、いくつものコピーを通して、複製の、複製による、複製性の擁護ともいうべきものが演じられているからである。だが、ストローブとユイレは、ゴダールとはまったく異なる経路でそこへと到達している。

まず、「私は、セザンヌだ」といっているのはまごうかたなき女性の声であり、『(複数の)映画史』の「3A」篇「絶対の貨幣」の「私は独りで、いわば、思索にふけっていた」という男の声による内的な独白の「私」の指示対象と誤解されてもおかしくない作中人物の表情を画面に登場させるゴダールとは対照的に、『ルーブル美術館訪問』の二人の作者は、指示作用が陥る時間的かつ空間的な偏差の調整をあらかじめ放棄している。つまり、女性が読みあげている「私は、セザンヌだ」の「私」の指示対象が間違ってもセザンヌその人だと思わせぬような仕掛けがほどこされており、そのことで、人称代名詞の「私」と固有名詞の「セザンヌ」の存在にもかかわらず指示作用は中断され、孤児的な漂流性はさらにきわだつことになる。

ゴダールは、しばしば「引用」の映画作家だといわれる。だが、その作品に断片的な姿を見せている作品のほとんどは、自分の作品はいうまでもなく、他人の手になる映画であれ、絵画であれ、小説であれ、詩であれ、それが引用と呼ばれるにはあまりにも恣意的な変形をこうむっており、むしろ粗雑なコピーと呼ぶにふさわしいものだといわねばなるまい。実際、彼の『（複数の）映画史』は、ときにオリジナルを想像しがたいまでに奇形化したイメージや音響からなっており、絵画であればその構図は大胆に無視され、複雑な二重露出でほとんど原形をとどめることがない。また、小説や詩もそれ本来の文脈を大きく離脱して断片化され、オリジナルが何語であろうと、画面の背後にはもっぱらそのフランス語訳のテクストが流れることになる。ゴダールは、「引用」というより、むしろ断片化された「複製」による映画作家であり、彼がキャメラを向ける複製のほとんどは、おそらく彼自身のアトリエに画集やポスターとして存在しているものに違いなく、その意味で、彼は自宅を一歩も出ることなく仕事ができたはずである。

ストローブとユイレは、ゴダールのように、無数の作品の複製に囲まれたまま自分のアトリエで映画を撮ったりはしない。彼らの映画的な身振りは、何よりもまず自分の生活領域から遠ざかることにある。実際、この二人が絵画作品を画面に登場させるとき、彼らは、個々の作品を、それらが展示されている世界各地の美術館——クレジットにそれは明記されている——で律儀にキャメラにおさめており、二人がその撮影に立ち会っているか否かはともかく、そのフィルムによる再現にあたっては、作品を限界づけている額縁の模様まで克明に記録している。

『セザンヌ』のように、キャンバスに向かって絵筆を手にするセザンヌ自身をとらえたモーリス・ドゥニによる写真を挿入する場合にも、その構図とアングルは几帳面なまでに維持され、そこに、トリミングのような人為的な変更はまったく加えられていない。文学的なテクストの場合も、ヘルダーリンやカフカならドイツ語、パヴェーゼやヴィットリーニならイタリア語、コルネイユやマラルメならフランス語というように、フランス語訳のテクストではなく、いずれもそれが書かれた言語のまま読みあげられ、ゴダールにおけるように、原典の断片的な奇形化はめざされていない。

いうまでもなかろうが、「複製の映画作家」たるゴダールに対して、ストローブとユイレが複製よりもオリジナルを尊重する映画作家だと思うのは愚かな勘違いでしかない。『ルーブル美術館訪問』の作者たちは、映画がコピーにほかならぬことを誰よりも深く意識しており、その複製性の擁護にあてられているそれぞれのショットは、構図もアングルも厳密きわまりない。その厳密性はナレーションにも受けつがれており、そこには、ある文脈が一貫して維持されている。そのつど現在化される視覚的、聴覚的な言表の生々しさをストローブとユイレの作品のすみずみにまでゆきわたらせているのは、その一貫性にほかならない。

これは前章でも触れたことだが、「私は、セザンヌだ」という文章はジョワシャン・ガスケの『セザンヌ』の第二部「彼が私に語ったこと」からとられている。この第二部は、「モチーフ」「ルーブル」「アトリエ」の三章からなっているが、ガスケ自身の言葉によれば、「私が彼と共にあった、野外や、ルーブルや、彼のアトリエで、私が実際に見て集めた数々の情景と、私が思いだせるかぎりの、彼の考えをすべて収録した」ものだとされている。つまり、セザンヌの声を文字で再現したテクストであり、インタヴュー形式で語られているその情景そのものが、再現された声に劣らずコピーなのである。「私は、セザンヌだ」の「私」は、一見、セザンヌ自身を指示しているかに見えるが、ここではその声の現前が声としてさえ再現されてはおらず、もっぱら書かれた文字によるその再現が試みられているにすぎない。したがって、しばしば美術史の専門家たちが指摘するこの書物のセザンヌの言葉の不正確さが問題となる以前に、そもそもの初めから「私」の指示対象は確定しがたい環境が設定されているのであり、あらゆる文字記号が陥ることになる孤児的な漂流性をまぬがれることはそもそも不可能なのである。

ストローブとユイレは、いわば粗雑なコピーでしかない「彼が私に語ったこと」のセザンヌの言葉の複製性そのものを擁護する。そこで自分自身を「私」と呼ぶセザンヌが、生身のセザンヌにふさわしい言葉を述べているか否かにかかわりなく、『セザンヌ』と『ルーブル美術館訪問』の作者たちは、ジョワシャン・ガスケが筆写したセザンヌの言葉をそっくり受けいれようとしているのである。それが正しい言葉だからではなく、いま、自分たちが撮っている作品が、それ自体として文字通りの複製——絵画の、彫刻の、写真の——からなっており、そこに成立する映画そのものがスクリーンに投影されるコピーのコピーにほかならぬことに意識的だからである。他人によって筆写されたセザンヌのものとされる言葉を改めて女性の声で再現してみせるストローブとユイレは、声の現前の署名による代補などいっさい無視し、映画を成立させるもろもろのフィルム前的な調整をあえて放棄する。

そのとき、声は、すでに始まっている文字記号の孤児的な漂流性をさらにきわだたせる。女性によるナレーションが「私は、セザンヌだ」と断言しているのだから、誰もが、その「私」が「セザンヌ」であるはずがないと確信するが、これまたある種の映画の力に煽られて——ブレヒト的な？——、「私は、セザンヌだ」という言表の生々しさをそっくり受けいれざるをえない。

かくして、そんなはずがないのに、あたかもそれが可能であるかのように事態は推移する。そのとき、人は、呆気にとられ、それが途方もないコメディのギャグではないかと思う。だが、ストローブとユイレは、あっけらかんとした風情でいう。そうではない、これはたんなる「引用」にすぎない。

《ロザリオを持った老女》

ジャン＝マリー・ストローブとダニエル・ユイレは、まごうかたなき「引用の映画作家」である。そして、その肩書きにふさわしくあろうとするかのように、彼らは、その『セザンヌ』に、ジャン・ルノワール監督の『ボヴァリー夫人（*Madame Bovary*）』（一九三三）の農業共進会の場面をそっくり「引用」する。画面に《ロザリオを持った老女》が映しだされるとき、ダニエル・ユイレの声が、ジョワシャン・ガスケの『セザンヌ』の第二部の「モチーフ」の章に再現されているセザンヌの言葉を読み始める。ここでは、映画で省略されている部分を補いつつ、書物におさめられたテクストをその翻訳で再現してみることにする。

ご存じでしょうが、フローベールは『サランボー』の執筆中に、ものが緋色に見えていたといっています。まあそれで私は、『数珠を持つ老女』（『ロザリオを持った老女』）を描いていたときは、フローベール的な色調《トン》というか、『ボヴァリー夫人』からこみあげてくるように思えるひとつの雰囲気、何とも定義しにくいもの、水色《ブルー》めいた、焦茶色が目に見えていました。一生懸命にアプレウスを読んで、文学的すぎて危険なものに思われたこの妄執を追い払おうとしましたが、どうにもならない。その大きな焦茶色のブルーが私の魂に入り込んできては、歌うのです。全身その中につかっていました。

（ジョワシャン・ガスケ『セザンヌ』前掲書、一八二頁）

「それはあなたと現実の間、あなたの目とモデルの間に入ってきたのですか」というガスケの問いに答えて、セザンヌはさらにこう続ける。

いや違う。その色は、ほかでもそうであるように、漂っていました。私は服装のこまかい部分を微に入り細に入りのぞきこんだ。冠り物や前掛けのひだ、腹黒そうな顔面を判断してみた。後になって、顔が焦茶色で、前掛けが水色めいているのに気づいた。同じようにして、絵を描き終って、農業共進会で老下女の様子を聞かされたときのことを思いだした。

（同書、一八三頁）

すでに何度も述べたように、ここでの「私」が現実のセザンヌを指示しているか否かはいささかも重要ではない。問題は、多少の省略をともなってではあるが、ガスケがセザンヌの言葉として書きとめていたテクストが引用文として読みあげられ、それが終わるのを待って、ルノワールの『ボヴァリー夫人』の農業共進会の場面がそっくり引用されていることにある。ガスケのテクストで問題とされていたのはギュスターヴ・フローベールの長編小説『ボヴァリー夫人』なのだが、ストローブとユイレは、何の躊躇もなく、その翻案にすぎないモノクローム作品の一シークエンスを画面に導入するのである。

そのとき、作品としてのオリジナルな正統性はどこにもなく、声の文字言語による複製と文字言語の映画的な複製とが、孤児的な漂流をことのほかきわだたせながら、複製の、複製による、複製性の擁護として浮上する。女性の声が「私は、セザンヌだ」という音声的なコピーを響かせたとき、誰もが「それは、セザンヌではない」と確信するしかないように、画面にルノワールの『ボヴァリー夫人』が引用として流れ始めるとき、セザンヌが読み、その細部に惹きつけられたのはあくまでギュスターヴ・フローベールの『ボヴァリー夫人』であり、彼がその翻案を映画館で見たことなどあるはずがないと口にするだろう。

にもかかわらず、ストローブとユイレは、そのありえないことをスクリーンに生起させてみせる。実際、ルノワールの『ボヴァリー夫人』の農業共進会の場面で、「五四年の同じ農場での奉公に銀メダル」を授けられる「カトリーヌ＝ニケーズ＝エリザベット・ルルー」の肖像は、「冠り物や前掛けのひだ、腹黒そうな顔面」において、あたかもモデルとそのコピーであるかのように、セザンヌの描いた《ロザリオを持った老女》にそっくりなのである。セザンヌは、ことによるとルノワールの『ボヴァリー夫人』を見ていたのかもしれない。引用の交錯がふとかいま見させるこの時代錯誤——歴史的な時間の流れ間違い——そのものが、『セザンヌ』の作者たちの巧まざるユーモアをきわだたせている。

「引用の映画作家」ジャン＝マリー・ストローブとダニエル・ユイレだけが気づいていたわけではなか

ろうこの類似は、ありえないはずの事態が目の前で嘘のような自然さで推移してしまうという映画ならではの楽天性で、見る者を武装解除する。そこには、もはやセザンヌもフローベールも存在しておらず、ただ、絵画としての《ロザリオを持った老女》の映画的な複製と長編小説『ボヴァリー夫人』の映画的な複製とが、あらゆる文脈を超えてあっけらかんと遭遇している。それは、複製の、複製による、複製性のひたすらな擁護だけがもたらす高度に洗練されたコメディの一景のようだ。映画はセザンヌの《ロザリオを持った老女》とともに始まるといっているかに見える『セザンヌ』の作者たちは、それをもギャグとして笑いとばすのだろうか。

XI
理不尽な楽天性と孤独

アナクロニスム

冗談なのか真剣なもの言いなのかにわかには判断しかねる口調で、ゴダールは、詩人ステファヌ・マラルメがルイ・フイヤードの監督作品を絶対に見ていたはずだと断言する。一九八八年に行なわれたあるインタヴューでのことだ。それは、映画はいまなおみずからの「言葉《パロール》」を見いだしえぬまま、あくまで視覚的なものにとどまっているというゴダール流の思考を立証する例として挙げられたものである。

マラルメが白いページについて語るための言葉を見つけたのは、きっとフイヤードの一本を見たあとだったはずだ。かりに予審判事がマラルメが白いページについて書いた日のことを調査するとすれば、そう、——ぼくはこう言いたい——それは彼がフイヤードの一本を見たあとだったことがわかるはずなんだ。それに、それがフイヤードのどの映画だったかさえ言いたい。『悲劇的誤り』という題の映画だったんだ！

（『ゴダール全評論・全発言III』奥村昭夫訳、筑摩書房、二三九頁）

「マラルメが白いページについて書いた日」という言葉で、ゴダールが具体的にどのテクストを指示しているのかは明らかでない。とはいえ、「白いページ」というのであれば、「肉体は悲し、ああ、われは、全ての書を読みぬ」という鈴木信太郎訳で名高い初期詩篇の「海の微風」以来詩人につきまとっていたイメージであり、「おお夜よ、素白《そはく》の護守《まもり》固くして虚しき紙を／照らすわが洋燈《ともしび》の荒涼たる輝きも」という二行を誰もがすぐに思いだす。この詩篇には「白いページ」という表現は存在しないが、この部分のおよその意味は、「そのまっさらな白さが触れることを拒んでいるまだ何も書かれていない紙」というほどの意味だから、ゴダールのいう「白いページ」が、その初期からマラルメに執拗につきまとうイメージだったことは確かだといってよい。事実、一八六五年の春に書かれたアンリ・カザリスあての手紙に「自分が空虚だと感じて、頑として白い、僕の紙の上に、ただの一語も書きつけることができない」（『マラルメ全集IV　書簡I』筑摩書房、二一六頁）と記されている。

　多くの論者は、「海の微風」が、『エロディアード』の執筆を一時的に放棄せざるをえなかった時期の作品であることから、この「白いページ」——いま見た「素白の護守固くして虚しき紙……」——を詩人としての不毛性の意識ととらえている。もっとも、その不毛性の中には、書く意識を阻喪させる不可能性のイメージと同時に、不可能であるがゆえに詩人を書くことへと向かわせる力とが同時に立ち騒いでいると見るべきだろう。

「海の微風」は一八六五年に書きあげられたものとされているが、その不毛性の意識としての「白いページ」は、後期の『イジチュール』においても姿を見せている。それは、夜の暗さの中の「仕事机の上に開かれた本のページの白さ(la pâleur d'un livre ouvert que présente la table)」へと受けつがれることになるのだが、渡邊守章による『マラルメ全集Ⅰ』(筑摩書房、近刊)のための試訳によるなら、「それは、己れ自身のなかに消え去った《深夜》の、純粋な夢である、その確認された明るみ、それだけが影のなかに延びて、完成した彼〔=《深夜》〕の最中に残っており、それが、テーブルの差し出す開いたテクストの青白い光芒の上に、己が不毛性を要約している」となるだろう。だが、いうまでもなく、これらの言葉がマラルメによって白い紙片に書きつけられたのは、シネマトグラフが発明されるより遙か以前のことである。

もっとも、すでに指摘したように、生前のマラルメがシネマトグラフに言及しているのは間違いのない事実である。「挿絵本について」という『メルキュール・ド・フランス』誌の一八九八年のアンケートに答えて、「どんな挿絵もないことに賛成です」と口にしながら、彼は、「写真を用いるとおっしゃるなら、なぜいっそのことシネマトグラフにしないのですか」と皮肉めいた口調でその言葉をしめくくっているからである。これがシネマトグラフの上映をこの目で見たことのある者としての言明なのかどうか明らかではないが、マラルメがアンケートに答えた日付けはほぼ一八九七年の暮れのことと想像できるから、リュミエール兄弟によるシネマトグラフの最初の興行がパリで評判を呼んでからすでに二年がたっており、マラルメの晩年が映画の初期とかさなりあっていることだけは確かである。年代的にいうなら、彼がリュミエール兄弟やジョルジュ・メリエスはいうにおよばず、パテ商会によるフェルディナン・ゼッカの作品さえ見ていた可能性がないとはいえない。

とはいえ、一八九八年に他界しているステファヌ・マラルメがルイ・フイヤードの作品を見ることはまったくもって不可能だというほかはない。フイヤードがゴーモン社に入社して作品を撮り始めるのは一九〇七年以降のことだし、ゴダールが挙げている『悲劇的な誤り(*Erreur tragique*)』の製作年度は一九一三年のことだから、どれほど腕利きの予審判事が派遣されたところで、マラルメとフイヤードの共犯関係を立証することなどとてもできはしまい。

では、ゴダールが、映画作家ルイ・フイヤードによる詩人マラルメへのしかるべき影響といった、およそありえないアナクロニスム——セザンヌがルノワールの『ボヴァリー夫人』を見ていたと断言することに似た時代錯誤——を断固とした口調で主張してみせたのはいったいなぜなのか。たんなる無知からだろうか、それともちょっとした思い違いからなのか、あるいは挑発的な冗談だったのだろうか。いずれにせよ、ゴダールの発言が、『イジチュール』や『書簡』——「海辺の微風」はともかくとしても——までじっくり読みこんだうえでなされたものとは到底考えにくい。おそらく、ゴダール『全評論・全発言』の訳者である奥村昭夫が註で示唆しているように、それはモーリス・ブランショのマラルメをめぐるテクストを経由したものと考えるべきではなかろうかと思う。

だが、ステファヌ・マラルメとエドワール・マネとがほぼ同世代——後者が前者より一〇歳年長ではあるが――だったこと、マラルメが「3A」の「絶対の貨幣」に挿入されていた無声映画『あなたが何を考えているかわかっているわ』の「登場人物」の一人であるベルト・モリゾと親交があり、その展覧会のためにテクストさえ書いていること、さらには、ゴダールが「近代絵画」と「シネマトグラフ」とが同じ時期に同じ身振りとして成立したと考えていること、等々、を考慮してみるなら、『エロディアード』や『牧神の午後』の詩人が『ジュデックス(*Judex*)』(一九一六)や『ファントマ(*Fantômas*)』(一九一三)の映画作家と同時代人だとゴダールが涼しい顔で強弁してみせても何ら不思議はないといえるのかもしれない。

それは、ことによると、前章で見たストローブとユイレがセザンヌに向ける視点ともかさなりあうものだともいえる。実際、「私は、セザンヌだ」という女性の声を堂々と響かせてみせた『ルーブル美術館訪問』の二人の作家は、ギュスターヴ・フローベールについて語るセザンヌの言葉の正確さを、ジャン・ルノワール監督の『ボヴァリー夫人』の農業共進会のシークエンスをそっくり引用することで、『セザンヌ』に向けられたあらゆる視線を武装解除させていたのだから、ここにもある種のアナクロニスムが演じられていたと見ることができる。

前章でも述べたことだが、セザンヌの《ロザリオを持った老女》の複製は、少なくともそれがストローブとユイレによって『セザンヌ』に引用されているかぎり、フローベールがその長編小説『ボヴァリー夫人』に「カトリーヌ゠ニケーズ゠エリザベット・ルルー」として登場させたノルマンディーの年老いた奉公女とそっくりである。その類似をきわだたせていたのは、フローベールの長編小説の映画的な複製にほかならぬルノワールの監督作品『ボヴァリー夫人』の断片的な引用画面にほかならない。それこそ、引用が交錯させるアナクロニスム――「時代錯誤」すなわち「歴史的な時間の流れ間違い」――と呼んでおいたものなのだが、いささか香具師めいた口調でゴダールが提起するマラルメとフイヤードとの共犯関係もまた、その「歴史的な時間の流れ間違い」と呼ぶべきものなのかもしれない。

まさかとは思うが、画家セザンヌは、ジャン・ルノワールの『ボヴァリー夫人』の農業共進会のシークエンスを見ていたのだろうか。思わずそうつぶやかせずにはおかぬ映画ならではの理不尽な楽天性は、あっけらかんとした風情で見る者の瞳を甘美にくすぐる。ゴダールに「マラルメが白いページについて語るための言葉を見つけたのは、きっとフイヤードの一本を見たあとだったはずだ」といわしめていたのも、映画ならではの理不尽な楽天性だったに違いない。少なくとも、『(複数の)映画史』のゴダールが位置づけていた「芸術の幼年期」においては、エドワール・マネとシネマトグラフがそうであったように、フイヤードも、マラルメも、フローベールも、マネも、ルノワール――オーギュストではなく、もちろんジャンのほうだ――も、親しく同時代的な体験を共有しあっていたはずだからである。

フーコーの孤独

ジャン＝リュック・ゴダールは、自分はいかにも孤独な存在だといった言辞をいたるところで弄している。それは、ゴダールその人のみならず、映画そのものの孤独が『(複数の)映画史』の主題だったといってもよいほどのものだ。しかし、いま見た映画ならではの理不尽な楽天性は、ゴダール自身の言葉を否定しはしないまでも、彼を孤独とはおよそ異なる饒舌な時空に位置づけているように思える。

「マラルメが白いページについて語るための言葉を見つけたのは、きっとフイヤードの一本を見たあとだったはずだ」といった断言は、孤独な人間には到底不可能なものだからである。『（複数の）映画史』のゴダールにくらべてみれば、『マネの絵画』の講演者ミシェル・フーコーのほうが、遙かに孤独な言説を口にしていたといわねばなるまい。

実際、ここには、「エドワール・マネとともに、近代絵画が始まった（……）。つまり、シネマトグラフが」といった「暴言」めいたゴダール風の断言を思わせる言葉はひとつとして含まれていない。「私はマネの専門家でもなければ絵画の専門家でもない」ので、「言ってみれば、私は門外漢の立場からマネについて語ろう」としているのだとひとまず謙遜してみせながら、ゴダールのように「門外漢」だけに許されているはずの理不尽な楽天性を大っぴらに披露してみせることを、フーコーはひたすら自粛しているとしか見えない。だが、これはいささか奇妙な言いのがれではないだろうか。『言葉と物』でベラスケスの《侍女たち》について語ったとき、彼は「門外漢」という意識などこれっぽっちも持っていなかったはずだからである。では、『マネの絵画』の著者――というよりその講演者――をいつになく自信なさげに振る舞わせているものは、いったい何なのか。

おそらく、それは、ベラスケスと異なり、エドワール・マネが一九世紀に生きるまぎれもない「近代絵画」の画家だからである。すでに指摘しておいたように、フーコーは「近代」という語彙をあえて避け、「われわれにとっていまだ同時代であるもの」、「われわれがまだそこから脱出していない時代」、等々、あれこれいいかえながら、そこに生まれた「人間」を思考の主体でもあればまたその客体でもあるような「最近の発明」ととらえることで、一九世紀に向けた視線をおぼつかなく支えている。その「最近の発明」である「人間」が、これまた「最近の発明」というほかはない「近代絵画」について語るとき、その主体はきわめて微妙な立場におかれるしかないからである。そのことの自覚が、フーコーを、「古典主義時代」の表象空間に位置していたベラスケスの《侍女たち》を語るのとは異なる困難さと直面させることになるのはいうまでもない。また、それが、「人文科学の考古学」と副題された『言葉と物』の一九世紀以降の記述を、いくぶん抽象的な図式性に閉じこめさせていたということも、すでに第VI章で述べておいたとおりである。

『マネの絵画』の導入部でフーコーが口にしていることも、ある種の抽象性を逃れてはいない。「美術史において、また一九世紀絵画史において、マネは絵画的表象の技法と様式を変えた人」だというのは明らかだが、ここで自分が語ってみたいのはそのことではないとフーコーはいう。「マネがもたらした奥深い断絶、あるいは深いところでの断絶」を通して、「マネが印象派をも越えて可能にしたのは、印象派以後のすべての絵画、二十世紀絵画のすべてであり、いまもなお現代美術がその内部で発展し続けているような絵画だったのではないか」という点を語ってみたいというのである。ここで「現代美術(l'art contemporain)」と呼ばれている「現代」が「われわれにとっていまなお同時代であるもの(le temps qui nous est encore contemporain)」の「同時代」と同じものをさしていることはいうまでもない。

そのとき、フーコーのマネ論が明らかにすべきものは、すでに小林康夫の「フーコーのマネ論——無の眼差しと盲目の眼差し」を引きつつ指摘しておいたように、「本来なら画然と分かれていたはずの表象とその表象が現実的な物質的存在であることとのあいだにくり込みの関係が生まれているということ」にほかならない。その関係を、フーコー自身はつぎのような言葉で説明しようとする。

長方形をなす表面、垂直や水平の主要な軸線、キャンバスに対する現実の光による照明、鑑賞者がさまざまな方向からキャンバスを眺められる可能性、それらのすべてがマネの絵には含まれています。……そしてマネは、〈オブジェとしてのタブロー〉、すなわち物質性としてのタブロー、外部からの光が照らし出し、鑑賞者がその前や周囲で向きを変えることができる、色を塗られた〈もの〉としてのタブローを甦らせたのです(あるいは、発明したといってよいでしょうか)。

(『マネの絵画』阿部崇訳、筑摩書房、六頁)

ここで述べられている三点のうちの二つ、すなわち、光線の複数性と鑑賞者の視点の変化をめぐるフーコーの分析の不充分さ、というか発想そのものの貧困さについては、すでに第VI章で述べておいたとおりである。マネの作品《フォリー・ベルジェール》に注目しながらも、フーコーは、そこに描かれている「フォリー・ベルジェール」という猥雑な書き割り空間をみたしている融通無碍な光線とそれに向けられた視点の執着のなさに思いいたることがなく、もっぱらクワトロチェント以来の絵画的な表象性の「奥深い断絶」しか問題にしていない。マネを可能にしたものが、同時にフォリー・ベルジェールといういかがわしい空間をも可能にしたという歴史的な現実が講演者の思考をいささかも刺激してはおらず、それがここでいうフーコーの抽象性であり、その言説が不可避的におさまる孤独にほかならない。

その孤独は、『マネの絵画』におさめられた何人かの論者の「美術史的」な言説が、フーコーの死後に刊行されたアメリカの美術史家マイケル・フリードによる『マネの近代性（*Manet's Modernism or The Painting of the Face in the 1860s*）』（一九九六）との意義深い関連性――あるいは、それとのきわだった対照点――をどれほど列挙してみても、到底救えるものではない。ここでの孤独は、おそらく、これが音声によって伝達された講演の収録であることからきており、その口語性の孤独ともいうべきものは、例えば、同じ絵画を題材にしていながら、ジェラール・フロマンジェの展覧会のために書き言葉として綴られたテクスト「フォトジェニックな絵画」にはまったく見いだしがたいものである。フーコーほどの華麗な雄弁家においてすら、その書き言葉はその語り言葉より遥かに充実しており、また周到に仕組まれているのだ。

実際、「フォトジェニックな絵画」におけるフーコーは、「イマージュの新たな熱狂の時代」ともいうべき一八六〇年から一八八〇年にかけての一時期を、「イマージュの、まだまったく新しく、しかし巧妙で、冗談っぽく、大胆な盗用（＝飛翔）の時代」と定義してみせる。そこでは、「技術者とアマチュアが、芸術家と手品師が、自分が何であるのかも気にもせずに、はしゃぎながら飛び回るような広大な遊びの空間が開かれつつあった」のだとさえ彼はいっている。いかがわしい「同時代的な書き割り空間」としての「フォリー・ベルジェール」とはまさにそれであり、そうした「イマージュの新たな熱狂の時代」の存在を理論的には知っていながら、それを『マネの絵画』にとりこめなかったことが、講演者フーコーの孤独をきわだたせているのだ。

あるいは、こうともいえるのかもしれない。すなわち、『マネの絵画』のみならず、『言葉と物』もまた、まぎれもなく「イマージュの新たな熱狂の時代」について触れていないがゆえに、ある意味では孤独な書物というほかはないということだ。『マネの絵画』におさめられたいくつかの論文の中で、フーコーをその孤独から救わんとする意志がかろうじて読みとれるのは、クロード・アンベールの「イメージの権利」につきているが、そこでのアンベールは、「『言葉と物』の、失敗というのではなく悲劇的な点」を周到に指摘している。だが、批判的ともいえるその指摘は、「フォトジェニックな絵画」で「イマージュの新たな熱狂の時代」に触れているフーコーが、「われわれにとっていまだ同時代である」はずの一九世紀に起こった「最近の発明」としての「書き割り空間」のいかがわしさにまったく言及することなく、そうすることで書物を宙づりにしたまま残してしまったというこのテクストの趣旨といささかも矛盾するものではない。

孤独の美しさ

『言葉と物』のフーコーが一九世紀に向ける視点は、その言説のきわめて抽象的な孤独さをきわだたせている。これもすでに述べたことだが、そこでの彼は、マラルメとヘルダーリンとニーチェの名前を挙げるにとどまっている。よく知られているように、「一九世紀のはじめ、言語《ランガージュ》が客体としての厚みを持つにいた」ったとき、「文献学」に対するいわば双生児的な異議申し立てとして「文学」が出現したというのがフーコーの「考古学」的な展望なのだが、「文学」についていわれる言語の「客体としての厚み」という概念が、マネについて口にされた「〈オブジェとしてのタブロー〉、すなわち物質性としてのタブロー」という言葉の背後に響いているのはいうまでもない。そこに、ニーチェとマラルメが召還されるのは当然だろう。

可能なあらゆる言説《ディスクール》を、語の束の間の厚みのなかに、白紙のうえのインクで書かれるあの厚みのない物的な黒い線のなかに、閉じこめようとするマラルメの企ては、事実上、ニーチェが哲学にたいして解決を命じた問いかけに答えるものだ。（……）だれが語るのか？　というこのニーチェの問いにたいして、マラルメは、語るのは、その孤独、その束の間のおののき、その無のなかにおける語そのもの――語の意味ではなく、その謎めいた心もとない存在《エートル》だ、と述べることによって答え、みずからの答えを繰りかえすことを止めようとはしない。

（『言葉と物』渡辺一民＋佐々木明訳、新潮社、三二四頁）

マラルメの「白いページ」にも言及しているこの文章の美しさは、もっぱらその孤独さからきている。それは、「言語が客体としての厚みを持つにいた」ったときに「文学」という「新しい日付けを持った」語彙が出現したという事態そのものの孤独であり、同時に、そう指摘する主体が引き寄せるしかない孤独でもあるだろう。というのも、「文学」の一語は、フーコーが指さした場所とはいささか異なる場所に、「技術者とアマチュアが、芸術家と手品師が、自分が何であるのかも気にせず、はしゃぎながら飛び回るような広大な遊びの空間」とまではいえぬにしても、それとはさして遠くないところで推移しつつあるいわば「言語の新たな熱狂の時代」ともいうべき一時期と同時的にしか出現しえなかったはずだからである。つまり、マラルメが直面した「書くことの不可能性」は、誰もが容易に「書ける時代」にいかにもふさわしい体験にほかならず、やがて、その「言語の新たな熱狂」の時代の余波として、マラルメの同時代人にほかならぬピエール・リヴィエールやエルキュリーヌ・バルバンと出会うことになるフーコーは、彼らの書き残したテクストを白熱した興奮とともに「読む」ことになるだろう。

『言葉と物』の「失敗というのではなく悲劇的な点」は、著者が、一九世紀に書かれたおびただしい数のそうした言葉と出会う可能性すら予期しえぬまま、「言語の客体化」による「文学」の冒険をもっぱらニーチェとマラルメとの仮構化された問答に還元してしまったことにある。『マネの絵画』の言説がまとう孤独に反映しているのも、その悲劇性にほかならない。

あたかも『マネの絵画』の孤独から抜け出そうとするかのように、フーコーは、「フォトジェニックな絵画」で、「われわれは今、絵画が、芸術としてみずからを〝純化し〟、高めるために、絵画として絶えずみずからを最小化してきたこの長い時代から抜け出そうとしている」と書く。そこでの「絵画は、通過の場所、無限の越境となることを受け入れ、……イマージュのありとあらゆるテクニックと同化」し、「画家はもはや画家だけでは存在せず、唯一の至上の絵画などもう存在しない」はずだというのである。

そこでの画家は、「イマージュの花火師、手品師、盗人、密輸人」といった「あらゆる種類のアマチュアの群れをふたたび見出す」。そのような「群れ」の中にジェラール・フロマンジェの作品を位置づけようとするフーコーは、それをマネと結びつけずにはいられない。実際、《世界最高の詩人、ミシェル・ビュルトーの肖像》とともに「今回の展覧会を締めくくる」作品と見なされている《ヴェルサイユのオペラ劇場》について、彼はこう書いている。

ヴェルサイユの方では、シャンデリア、光、輝き、変装、反射、鏡。フォルムが権力の豪奢のなかで儀式化されていたに違いないこの優雅な場所では、すべてが豪華さの輝きそのものによって解体され、イマージュは色彩の飛翔を解き放つ。王宮の花火とヘンデルとが雨と降ってくる。フォリー・ベルジェールのバーだ、マネの鏡の輝きだ。(『ミシェル・フーコー思考集成V』筑摩書房、三一七頁)

「イメージの権利」でこの文章を引用しているクロード・アンベールは、「フォリー・ベルジェールのバーだ、マネの鏡の輝きだ」の一行を受けて、「だが果たして、それは鏡だったのだろうか」と書き加えているが、その姿勢はわれわれのそれに近い。すでに第V章でも指摘しておいたように、ここには鏡などひとつとして存在していないという視点から《フォリー・ベルジェールの酒場》を見ることもまったく不可能でないばかりか、それを鏡を模した書き割りの壁だととらえたほうが、遙かにマネの時代にふさわしい「読み方」であるはずだからである。にもかかわらず、なお鏡が演じうる古典主義的な表象作用の名残を捨てきれずにいるのだとしたら、『マネの絵画』のフーコーの孤独は誰にも救いようがない。

花火師、手品師、盗人、密輸人

シネマテーク・フランセーズでの特集『フランスの前衛映画、実験映画の歴史(*Jeune, dure et pure! Une histoire du cinéma d'avant-garde et expérimental en France*)』のカタログのために執筆されたジェラール・フロマンジェの短いテクストによると、彼は「一九六八年五月」にジャン＝リュック・ゴダールと遭遇している。どのようなきっかけからだったのかは明らかにされていないが、あるとき二人は会って話をしようということになったらしい。

だが、ゴダールが当時住んでいたというサン＝ジャック街のアパルトマンを初めて訪れた画家は、映画作家のベッド脇の部屋で、「何時間ものあいだ、ひとことも言葉を交わさずに」時を過ごしたのだという。不意に沈黙を破ったゴダールから、いったい絵はどのように描くものかと尋ねられ、その時期に多く手がけていたフラッグ・ペインティングについてあれこれ説明すると、相手はそれをノートに克明に記録する。絵画の制作に必要なものは絵の具とブラシと筆洗だというと、ゴダールはいきなり姿を消し、五分後にそれらをそっくり買い求めて帰ってくるなり、やおら実践的な絵画のレッスンが始まったのだという。最初に青を塗り、それから白は余白のまま残し、最後に赤を塗ったと書かれていることからすると、二人はどうやら三色旗から描き始めたようだ。

実際に色を塗ってみせるフロマンジェの筆遣いにすっかり魅せられた様子のゴダールは、彼に映画のキャメラを使って仕事をする気はないかと問いかける。そんな装置はどう操作するのかもわからないと答えると、一緒にやろうじゃないかということになり、翌日から、映画作家は、画家のポスターをフィルムにおさめ始めたという。「それが友情の始まりであり、それは二年間続いた」とフロマンジェは書いている。「それは本当に魅力的で——子供っぽく、素晴らしかった」。

この挿話が、どこまで現実のできごとを正確に記述したものかはわからない。だが、それは、ジャン゠リュック・ゴダールとミシェル・フーコーとを結びつけていたものが、マネの絵画ばかりではなかったことを立証するに充分である。フーコーが「フォトジェニックな絵画」を発表する七年も前に、ゴダールとフロマンジェとは、絵画の制作とキャメラによる撮影という個人授業を通じて、たがいの得意技を教えあっていた仲だったのである。とするなら、フーコーが絵画は「イマージュの花火師、手品師、盗人、密輸人」といった「あらゆる種類のアマチュアの群れをふたたび見出す」と書いたとき、彼からさして遠くない場所に、まぎれもない「花火師、手品師、盗人、密輸人」の一人として、ゴダールが存在していたはずである。

にもかかわらず、幸か不幸か、そのことをフーコーは知らずにいたし、また、知ることもないまま他界してしまった。僚友のジル・ドゥルーズとは異なり、映画がフーコーの思考を芯から刺激することがなかったからだが、ことによると、それが『言葉と物』の作者の孤独の実態だったといえるのかもしれない。われわれとしては、フーコーが、ゴダールの『あなたが何を考えているかわかっているわ』を見ていたとしたら、いったいどんな言葉をもらしたのだろうかと思わずにはいられない。二人は、まぎれもなく、同時代人だったからである。

ジェラール・フロマンジェと贅沢きわまりない交換授業を続けていた時期のゴダールが、ミシェル・フーコーにあまりよい感情をいだいていなかったことは確かだ。一九六八年当時、彼はどちらかといえばメルロー＝ポンティ信者で、その時期に「構造主義者」として——もちろん、誤って——一括されていた思想家たちにはごく冷淡な反応しか示してはいない。この時期のゴダールは、「マスコミによって支えられた〝人文科学〟の流行」をうさんくさく思っており、一九六七年のあるインタヴューで、パゾリーニの記号論的なテクストについて、「ベラスケスについてのフーコーのテクストが美しいのと同じように美しい」と述べてはいるが、そのいずれについても、それを書く「必要性」がよくわからないといっている。以後、公刊されたゴダールのテクストから、フーコーの名前は影をひそめ、おそらく『（複数の）映画史』のために多くの歴史関係書を読むまで、あまり本気でフーコーに接したことはなかったのではないかと思う。

ちょうど「大文字の歴史」といった話題がよく論じられていた一九八〇年代の終わりに、自分にとっての「大文字の歴史」は、投影という「拡大」手段による映画しか想像できないが、フーコーはその『狂気の歴史』を一冊の書物に「縮小」してしまう、といったかたちで、二〇年ぶりにフーコーの名前が——いくぶん理不尽なかたちで——姿を見せることになる。とはいえ、同じ年の講演で、ゴダールは、技術的に完璧ではなかったにせよ、トーキーは映画史の初めから存在していながら、観客たちがむしろサイレント映画を選択したのだという持論を展開し、そう主張するには「ブローデルやフーコーのような歴史家に論拠を裏打ちしてもらう必要がある」と述べ、歴史家としてのフーコーにしかるべき信頼を寄せている。そして、『(複数の)映画史』の編集作業の最中の一九九五年に、彼がトリュフォーたちと新たな映画を撮り始めた時期を回想しながら、それは、「戦前のコレージュ・ド・フランスの哲学」や「一九世紀の遺産」に対抗するかたちでフーコーが書き始めたのと同じだという言葉で、その執筆活動を「ヌーヴェル・ヴァーグ」のそれに相当するものとして評価しているようにも見える。

だが、「絶対の貨幣」に『あなたが何を考えているかわかっているわ』を「無声映画」として挿入したとき、ゴダールはフーコーによるマネをめぐる講演にはまったく言及していない。それは、たんに、この神話的な講演の存在を彼が知らなかったことからきているのだろうが、ここでもわれわれは、もしゴダールがフーコーの講演を聞いていたなら、いったい何といっただろうかとつぶやかずにはいられない。同時代人ジャン＝リュック・ゴダールとミシェル・フーコーは、エドワール・マネをめぐって——また、ジェラール・フロマンジェをめぐって——ごく近い時空に棲息していながら、ついに出会いそびれたままに終わる。

だが、二人の出会いは本当になかったのだろうか。われわれ——というより、ここでわたくし個人に立ち戻りたいのだが——としては、『(複数の)映画史』の「4B」篇「徴(しるし)は至る所に」がまだ始まったばかりのときに、エコーのかかった聞きとりにくいゴダールの声が、ほとんど自分自身のことを語っているかのように、「私にはよくわかる」と低く語り始めるのを耳にするとき、ある感動とともに、二人はまぎれもなく出会っていたとつぶやかざるをえない。

私にはよくわかる、先ほど私がなぜ、あれほどの困難を覚え、なかなか始められなかったのかが。今では私にはよくわかる、私に先立って私を後押しし、語るように私を誘い、私自身の演説の中に宿ってほしいと私が願っていたのは、どんな声なのかが。言葉を発するのを、あれほど恐ろしいものにしていたのは、なんだったのかが私にはわかる。私が言葉を発したこの場は、彼の話を私が聞いた場所であり、ただ私の話を聞こうにも、彼はもうそこにはいないのだから。

（『（複数の）映画史』「4B」）

『（複数の）映画史』を埋めつくしているあまたの引用の中で、これは主語の「私」を多く含むことで、例外的に人称性の高いテクストとなっている。誰もが、フーコーによる名高いコレージュ・ド・フランスの開講講義の始まりの部分だと知っているこの文章を、ゴダールが、あたかも『（複数の）映画史』を終えるにふさわしい彼自身の言葉であるかのように口にするとき、この「イマージュの花火師、手品師、盗人、密輸人」は、いったい何を考えているのか。もちろん、それは誰にもわからない。しかし、わたくしは知っている。ジャン＝リュック・ゴダールは、そうと意識することもないまま、映画だけに許された理不尽な楽天性によって、ミシェル・フーコーをその美しい孤独から救おうとしているのだということを。それが『（複数の）映画史』を撮る目的だったわけでないことは、いうまでもないのだが。

XII 旅人の思索

ミニチュアの電気機関車

二〇〇六年七月二日日曜日午後一一時二五分、フランス航空278便のボーイング747型機は、パリのシャルル・ド・ゴール空港第二ターミナルのF52搭乗口をゆっくりと離れて滑走路へと向かい、成田国際空港までの一一時間半ほどの飛行態勢を整える。

不意にエンジン音が高まり、滑走路上の高速の移動が始まる。車輪と地面との摩擦による途方もない振動を束の間の野蛮さとして耐えているかのようなジェット機は、ほどなく思いきりよく浮上し、市街地の灯りも見えぬほどの高みに達して機体を安定させたところで、かろうじて本来の自然さを回復したかに見える。だが、重力にさからうこの空中浮遊をごく自然なものととらえるには、不自然さへのおもねりのようなものがあるとしか思えない。10Kと指定された座席の背をゆっくりと傾けながら、東アジアからの旅行者は、いつものようにそんな言葉をつぶやいてみる。

高度XXXXメートルに達した当機は、時速XXXXキロメートルの速度で一路東京をめざしておりますが、途中、シベリア上空で気流の悪いところを通過する可能性は否定しきれません。フランス語と英語とでほぼそうした内容を乗客に告げる機長が列挙してみせる数字の桁数の多さにもかかわらず、みずからをその機能に委ねているジェット機と呼ばれるこの輸送機関の運行ぶりを具体的なものとして把握しえずにいるわたくしは、それまで姿を消していた客室乗務員がいきなり笑顔で勧めてまわる食前酒のあれこれを固辞し、発泡性のミネラル・ウォーターのみを所望しながら、ついいましがた目にしたばかりの、おそらくは時速数キロメートルにもおよぶまいミニチュア鉄道のゆるやかな往復運動のことばかり考えている。

そのちっぽけな模型の電気機関車が数両の貨車を引いて行ったり来たりしていたのは、フランス共和国の数代前の大統領だったジョルジュ・Pの記憶につらなるパリの文化施設の、一般に「南ギャラリー」と呼ばれている展示空間でのことである。ほとんどの場合、人は、何がしかの「展覧会」を見るために、ボーブールと呼ばれる地域に位置するポンピドゥー・センターへと足を踏み入れるのだが、緑色——なぜ、この色が選ばれたのだろうか——の電気機関車の模型軌道がその一部をなしている展示品は、それぞれが「展覧会」だけには似まいとする強固な意志を共有しあい、視線の対象におさまることを執拗に回避しているかに見える。それを、「展覧会」ではなく「インスタレーション」と呼んだところで、事態は一向に変わるまい。

ここで何にもまして人目を惹くのは、鉄道模型のミニチュアがそうであるように、本物よりも極端に縮小されたもろもろのオブジェの散在ぶりである。あたりにおかれたいくつもの室内模型のマケット、テレビのモニターに映っている名高い映画の画面、意味なく点滅しているとしか思えぬ携帯電話のモニター、等々、すべては、いつかスクリーンに向けて投影されることで確かな輪郭におさまるのを待っているフィルムの一齣のように、途方もない極小性におさまっている。それは、あたかも、縮小と拡大という映画にふさわしい両極性の一方だけが、この展示空間を定義すべく訪問者を出迎えているかのようだ。いずれにせよ、映画には原寸大という概念は存在しない。スクリーンにせよ、テレビのモニターにせよ、そこに映しだされる被写体はあまりにも大きすぎるか小さすぎるかのどちらかでしかない。再現される画面の適切な規模を知らないということが、映画の存在様態なのである。

書物の開かれたページ、水が出るわけではない蛇口のついたキッチンセット、ガスも電気も通ってはいないコンロやオーブン、ソファー、椅子、テーブル、ベッド、鉢植えの植物なども、すべては原寸大でありながら、この展示空間の中では惨めなまでに小さなものと映る。そこには、「展示」されることへのあからさまな敵意というほどではないにせよ、いつでも呆気なくその場から姿を消してみせるぞといった存在への執着の希薄さがたちこめており、「一昨日」「昨日」「今日」という時間的な構造にしたがって区切られていた三つの空間から、時間の概念を小気味よく一掃しているかに見える。だが、それがこの「展示＝インスタレーション」を構想したジャン＝リュック・ゴダールの意図かどうかは、もとより明らかではない。

この「展覧会」が、すでにその準備段階から解決すべき無数の問題をかかえていたことは、いやというほど聞かされていた。コミッショナーのドミニック・Pから、食卓をはさんで、誰もが問題児と見なしたがる傍若無人な外見にもかかわらず、ジャン＝リュックの言動にはときに思いのほか素直な妥協への意思が見え隠れしているといったエピソードを聞かされたのも、一度や二度ではない。とはいえ、それが何であれ、ゴダールをめぐる企画がいかなる困難にも遭遇することなしに成就するだろうとは誰も思っていなかったはずである。ただ、少なくとも三年の構想期間があったはずの「映画の考古学――コラージュ・ド・フランス」の実現が、オープニングのほんの数カ月前に放棄されたというのは、明らかに異例の事態だというべきだろう。

その「異例さ」こそいかにもゴダール的なものなのだと誰もがつい納得してしまいがちなのだが、「南ギャラリー」に足を踏み入れた途端に、あらゆる入場者は、「芸術的、技術的、財政的な理由」から、「映画の考古学――コラージュ・ド・フランス」の実現が不可能となったのだという、すでに誰もが知っていることがらを改めてパネルで告げられる。「ユートピアへの旅、ジャン＝リュック・ゴダール、1946－2006――失われたテオレマを求めて」というのが新たな正式名称だともされているが、その掲示を横目に見ながら、人は、まず、入口を通りすぎてから左手に折れるかたちで、「昨日」という中央の空間へとまぎれこむ。そのとき、誰の瞳も、決して明るくはないその奥まった部分に行き来しているミニチュア鉄道の存在にいやでも惹きつけられる。それが、この展示空間でたえず動いている例外的なオブジェだからである。

先端をごくぞんざいに、だがひとつの例外もなく律儀に三角状に削りとられたいくつもの木材のあまり高くはない柵が、あたかも危険地帯へのみだりな侵入を禁じるかのように、模型列車の軌道を両側からいくえにもとり囲んでいる。とはいえ、その隙間をすり抜ければ、誰もが思いきり模型列車に近づき、進行中の車体に直接手をかざすことだってできる。実際、わたくしは、誰に見とがめられることもなく、緑色の電気機関車に引かれた無蓋の貨車に積まれている色とりどりの果物がプラスチックの模造品であることをこの指先で確かめてみたりしたのだが、そのとき、ふと、車輪とレールとのあいだにボールペンでも一本滑りこませれば、模型列車は呆気なく脱線するはずだと確信し、その確信に思わず胸が騒ぐ。

そうすることへの誘惑にはかろうじてさからいえたものの、そんなことなら、ことによると、物好きな入場者の誰かが、ゴダールへの反感から、あるいはむしろ彼への共感から、一度や二度はすでにやらかしていたのかもしれない。実際、ここでの「展示」は、あたかもそうした事故の誘発を奨励するかのように、まったき無防備さを誇示している。

サラエヴォ、ベルリン、それとも

ふと小耳にはさんだことだから真偽のほどは何とも請け合いかねるが、どうやら模型の鉄道軌道には、当初、二本の列車がすれ違いざまにこの場を往復していたらしい。そのひとつがどうして展示空間から姿を消したのかはつまびらかにしえないが、おそらく、この空間に雑居しているいくつものオブジェが、これに似た不意の消滅ぶりを示しているに違いない。

実際、会期が始まってかなりの時間がたってから、ゴダールその人が、観衆にまぎれて、何かのオブジェを糊で念入りに壁に貼り付けているのをこの目で見たと証言する者も、一人や二人にとどまらない。とするなら、わたくしが目にしたのは、あくまで二〇〇六年七月二日日曜日の夕方の「ユートピアへの旅」にほかならず、列車が動いていない日もあれば、電気機関車のかわりに蒸気機関車のミニチュアが貨車を牽引している日があるのかもしれないと考えておくべきなのだろう。だがそれにしても、円形の軌道をひたすら循環するのではなく、ほんの一〇メートルもあるかないかの直線のレール上を走っては停まり、また思いだしたように逆方向に走り始める模型の電気機関車のあの律儀な走行ぶりは、いったい何なのだろう。

どこで読んだのか記憶も定かではないが、デジタル技術の映画への貢献は何かと聞かれたゴダールが、それはイメージの質を向上させるための技術ではいささかもないと断言していたことが思いだされる。それは、イメージを圧縮してまとめて運ぶために考案された技術にほかならず、それは貨車いっぱいに人をつめこんで移送するようなものだと彼はいっていたはずだ。この比喩は、明らかに強制収容所へと犠牲者たちを運ぶ列車のイメージを思わせるが、だとするなら、この模型の電気機関車が牽引している無蓋の貨車の色とりどりの果物はユダヤ人たちだということになるのだろうか。「マネからアウシュヴィッツまで」の章で見たことだが、『ラ・シオタ駅への列車の到着』の列車がはからずもアウシュヴィッツをめざしてしまったという二〇世紀の歴史的な必然が、このミニチュア鉄道に寓意としてこめられているのだろうか。

とはいえ、これがリュミエール兄弟の名高い『列車の到着』を擬しているのだとするにしても、その場合、牽引しているのが電気機関車だというところがどうも腑に落ちかねる。ゴダール自身の作品でいうなら、『中国女』のアンヌ・ヴィアゼムスキーがフランシス・ジャンソンを問いつめる郊外電車のシークエンスが想起されるが、そうした六八年的な雰囲気もここには感じられない。『右側に気をつけろ』の刑事と犯人とが、コンパートメントの窓辺で会話を交わす息詰まる瞬間も、この模型列車の律儀な走行にはどこかしらふさわしくない。また、『愛の世紀（*Éloge de l'amour*）』（二〇〇一）の「彼女」が真夜中に働いている操車場に滑りこんでくる客車を想起するにしても、ここでの模型列車の走行は、あのあくまでゆるやかな運動の再現とはほど遠い。

だとするなら、これは、『フォーエヴァー・モーツアルト』で父と娘が、家族や召使いと一緒にサラエヴォをめざして乗りこんだ夜汽車なのだろうか。それとも、その背後には、『（複数の）映画史』の「3A」篇「絶対の貨幣」にエミール・ゾラの『ナナ』の最後の言葉として引かれていた「ベルリンへ、ベルリンへ」がこだましているのだろうか。「私はまた独りで、一九四二年のこの列車に、まだ何人か乗っていただろうと考える。パリ解放の一年前——本当は二年前なのだが——には、アルベール、ダニエル、ジュニー、シュジー、ヴィヴィアーヌが」とゴダールがいい、また、晩年のアラン・キュニーに、「なあ、マリー、この列車に乗ることにするかい、それとも乗らないでおくかい」といわしめてもいたことの記憶をよみがえらせるべきなのだろうか。

とはいえ、ベルリン行きの列車に乗り込んだアルベール、ダニエル、ジュニー、シュジー、ヴィヴィアーヌという五人の三〇年代スターのファミリー・ネイムと容貌とを記憶している者が、二〇〇六年のこのインスタレーションを目にする観衆の中に何人いるというのだろうか。それこそ、『映画誕生100年／フランス編（*2x50 ans de cinéma français*）』（一九九五）で、ゴダール自身がホテルのメイドと交わした会話の主題ではなかっただろうか。だとするなら、これは記憶を欠いた場所、映画という記憶が抹殺されたがゆえに記憶されねばならぬ場所へと、音もなく人を導く列車なのだろうか。

ときおり、まるで人を小馬鹿にしたような金属的な警笛があたりの光景を場違いになごませていたような気もするが、それは疲労しきった頭脳の捏造するありえない記憶かもしれない。空港へと向かうタクシーに乗りこむほんの一時間ほど前まで見ていたはずのさまざまなオブジェはすでにすっかり遠いものになり始めており、そこで目にしたあらゆるイメージは模型列車の芸もない往復運動とひとつに溶けあったまま、意識の遠近法におさまろうとはしないからだ。

実際、この模型鉄道のレールが、「一昨日」「昨日」「今日」のどの空間に設置されていたのか、まったく思いだすことはできない。そのゆるやかな往復運動が二つの時間を貫いていたような気もするが、それが「一昨日」と「昨日」とのあいだだったのか、「昨日」と「今日」とのあいだだったのかはまったく曖昧だというしかない。それを確かめるには、帰宅後に、スーツケースに放りこんでおいた分厚いカタログでもひもとけばよいのだとつぶやきながら、わたくしは、からだの芯までしみこんでいる暑さの名残を遠ざけようとして、発泡性のミネラル・ウォーターばかりを無闇に摂取する。

このジェット機がいま離れたばかりのフランスの首都のその日の暑さは、尋常一様のものではなかった。水銀柱がどれほど上昇したか、それが問題なのではない。気温の高さということでいえば東京のほうが遥かに過ごしにくいはずだが、ここでとりわけ容認しがたいのは、まがりなりにも冷房施設の整ったホテルを一歩踏みだした途端に、あたりの生活環境が、戸外も室内も、ことごとく暑さを無防備に受けいれてしまっている抵抗精神の不在にほかならない。人々は、跳梁する乾いた暑さに対してあまりにも無力であり、その裏をかいたり、騙したり、手なずけたりするという多少とも文化的な試みが、この都会ではいっさい行なわれていない。

とりわけ、ボーブールと呼ばれる地域に位置するポンピドゥー・センターの入口付近でペドロ・Cの到着を待っていたときなど、午後の日ざしをまともに受けとめる西向きの物陰ひとつない傾斜面一帯からは、大気中の酸素のことごとくが物質化した熱へと変質して肌にまつわりつくかのような息苦しさを覚えたほどだ。このゆるやかな勾配にそってしばらく水でも流しておけばこの不快感を多少とも軽減できるはずだが、あたりの人々は灼熱の西日をまともに受けとめ、それにむなしく耐えているばかりだ。太陽を真正面から受けとめているこの現代建築のガラスの壁の向こう側に、ゴダールによるインスタレーションがのんびりと展示されているとはにわかに信じることができない。

この季節に、この都会の、こんな場所で待ち合わせをしたのがそもそもの間違いだったのだろうか。必要があれば足を運びはするが、何の目的もなくそぞろ歩きをするという気分にはとてもなれそうにないボーブール地区にほとんど愛着を覚えることができないわたくしは、セーターを羽織らねばならぬほどひんやりとした機内の乾いた空気の中で、発泡性のミネラル・ウォーターをなおも何杯か飲みほしながら、すでに昨日のこととなり始めている時刻にこの界隈から新鮮な空気を奪っていた鬱陶しい西日のことを、いまいましげに思い返す。実際、この都会に住む者たちは、暑さへの対応に関するかぎり、いまだ野蛮時代の域を脱していない。わたくしは、いくぶん苛立ちながら、音としては響かぬ低い声でそうつぶやく。

「私はそれを深く愛した」

そもそも、ごくかぎられた日程のフランス滞在の予定を何とか工面して、ぜがひでもゴダールの「ユートピアへの旅」を見に行かねばならぬと思っていたわけではない。同じ時期にパリに棲息していながら、あえてそれを見ずに東京へ戻るという贅沢をしてもよい年齢にさしかかっているという自覚のようなものがあったからである。もっとも、その自覚は、ちょっと間違えば無自覚な傲岸さにも通じかねないもので、できれば避けたいとは思うのだが、多くのジャーナリストが、「展覧会」というより、むしろその「廃墟」、あるいは、その「残骸」が展示されているにすぎないといった否定的な言辞でそのルポルタージュを終えていたことに、見ずにおくための恰好の口実を見いだしていたのかもしれない。

にもかかわらず、最後の最後にボーブールまで足を運んでしまったのは、日頃から信頼を寄せているベルナール・Eが、「とても興味深い」という確信にみちた短い言葉で、それを見落としてはならぬと寡黙にうながしていたからだ。それは、前夜の、パリ郊外のジャン＝ミシェル・F家での晩餐でのことである。

わたくしたちは、庭のかたすみの木立の下にしつらえられた瀟洒なテーブルを数人で囲んでいた。大陸性の気候であるこの都会では、昼間がどれほど暑かろうと、日が暮れてからの戸外はひんやりとするほどに涼しく、まだ明るさの名残をとどめているあたりの木々に漂っていたのは、いっとき都会の騒音を遠く離れて語りあう者たちの安逸感である。たまたま『成瀬巳喜男論』を上梓したばかりのジャン・Nも招かれていたので、食卓の話題はごく自然にナルーゼで始まり、やがてゆるやかにゴダールへと移ってゆく。まだ展覧会を見ていないわたくしのために、誰もが詳細に語ることだけは避けているが、それでも、マネの《フォリー・ベルジェールの酒場》の複製はどこかに飾られているのかという問いには、いや、ない、そのかわり、マチスがあるという答えが返ってくる。

不意に、まわりの家々からどっと歓声があがり、歓喜の拍手がわき起こる。歓声と拍手とがどよめきとなって夜空に拡がり、それが木々に囲まれたテーブルまで鈍いこだまとなって戻ってくるさまに、会食者たちは、ふとナイフとフォークを運ぶ手を止めざるをえない。遠く離れていたはずの都会の騒音に、誰もが思いもかけぬやりかたで不意打ちされたからである。それからほんの数秒後、成瀬論の著者の携帯電話に、アンリの一撃、ゴールネットを揺らすというごく短かなメッセージがとどく。郊外ののどかな緑の庭は、否応なく都心のアパルトマンと距離なしに接しあっていたのである。その送り手が、その日の昼食をともにしたノエル・Sであるのを知っているのは、携帯の持ち主をのぞけば、わたくし一人だったのかもしれない。

そう、それは、サッカーのワールドカップの準々決勝、フランス対ブラジル戦を中継するテレビの前に誰もが釘づけになっていた晩のことである。その日にかぎって、多くの知人が街のレストランでの夕食を自粛しがちだったことを知っていたので、この晩餐を催してくれた夫妻と、わざわざ集まってくれた複数の友人たちにある気まずさを覚えずにはいられない。

実際、この時刻に、庭先のテーブルで優雅に映画など論じている者など、ポルトガル系の移民の多いこの郊外の町では、われわれぐらいしか見当たらなかったはずである。ただ、食卓を囲む何人かがふと戦況を気にする素振りを示しても、ベルナール・Eだけは何ごともなかったかのように、ひたすらゴダールによるインスタレーションの意義を語ってやまない。そこには、アンリ・ラングロワ的な理想がまさに花開こうとしていた。映画の「現実的なもの」ではなく、その「想像的なもの」を展示するのがラングロワ的な理想だったはずであり、ゴダールがそれを実現したというのである。「私はそれを深く愛した」といいそえるベルナール・Eの横顔の真剣さが、翌日の午後のボーブール行きをわたくしに決意させたのだといってよい。

誰に会うかではなく、誰に会わずにおくかを決めねばならぬスケジュール調整に難儀していると、何かにつけて早耳の若いタマキ・Tが、パリで新作の最後の仕上げを行なっているペドロ・Cと会わずに帰るのはまずいのではないかと電話口でそそのかす。そこで、ゴダールを見る直前の一六時にボーブールで会えるなら、と反射的に答えるしかなかった。こうして、二〇〇六年七月二日の日曜日の夕刻は、決して軽くはない複数の荷物を放りこんで空港へと向かうタクシーに飛び乗る直前まで、ペドロ・Cと旧交をあたためてから、「ユートピアへの旅」の会場をぶらぶらすることになったのである。

パリ滞在の最後の日の予定はたてこんでいた。昼には、ジャン＝ピエール・Lのオフィスに行く予定が手帳に書きこまれており、編集中の彼の新作――それは、当初、「日本蕎麦」をめぐるドキュメンタリーだと韜晦気味に語っていた企画だったのだが、結局は『ヤング・ヤクザ（*Young Yakuza*）』として、二〇〇七年のヴェネチア国際映画祭で上映された――の一部を見せてもらってから、二人で時間をかけて昼食をとることになっていたのである。

午前中にチェックアウトをすませてコンシエルジュに荷物をあずけると、ホテルの前で暇そうに客待ちをしているタクシーに身軽に乗りこむ。だが、そのとき、行くぞと何度も自分にいいきかせても、夕方のボーブール行きはいまだ抽象的なイメージにしかおさまってはおらず、具体性をおびた予定はといえば、一二時にジャン＝ピエール・Lと、一六時にペドロ・Cと会うことばかりである。

九区というから中心からはやや離れたテュルゴ街X番地をめざすタクシーは、休日のまだ人影もまばらなレンヌ大通りを疾走し、スピードもゆるめぬままセーヌ川を渡ってから、オペラ座の背後のゆるやかな傾斜地帯の細い街角を器用にまがりながら、モンマルトルの丘の麓をめざして走りつづける。その窓は思いきり開かれ、まるで熱をおびた大気の中を素肌で移動しているかのような印象を日本人の乗客に与える。いま、ジェット機の乗客となっているその男は、密閉された客席に身を落ち着け、適度に乾燥した空気を顔一面に受けとめながら、タクシーの内部を無造作に吹き抜けていた熱い大気の流れを、むしろ貴重な何かとして懐かしく思いだし始めたりしている。

運転手に告げておいた番地でタクシーを降りると、目の前の小さなカフェのテラスで作動している何やら大袈裟な装置に、思わず目が惹きつけられる。扇風機ともエアコンとも異なる円筒状の針金細工みたいな回転装置が、テラスの客たちの頭越しに、人工雪でも降らせるかのように、白っぽい水蒸気状の冷風を送っており、そこには何やら祝祭めいた気分が漂っている。いったい、これは何と呼ばれる器械なのだろうか。そんな疑問とともに、オフィスに案内され、大きく開かれた二階の窓から改めてかたわらのカフェを見下ろすと、まるで一九世紀のジュール・ヴェルヌが思い描いた不思議な設計図をジョルジュ・メリエスがフィルムを通して可視化してみせたかのような装置が、何やら邪気をおびた大人の悪戯のように作動している。

この中心街を離れたカフェの主人は、少なくとも暑さに抵抗している。そう思いはしたものの、それが二一世紀にふさわしい抵抗形態かといえば、これは大いに疑わしいといわざるをえない。それと同時に、ことによると、ボーブールの「南ギャラリー」には、これに似た反時代的な装置がいくつも作動していはしまいかと想像したりもしたものだ。とはいえ、その形態を正確に記述するにたるほど、このヴェルヌ＝メリエス的な装置の構造を詳しく視覚的に記憶しているわけではない。

わたくしは、腰から背筋へと拡がってゆく睡魔に耐えながら、遅い時刻に供された機内食のディナーをごく機械的に嚥下する。昼食をともにしたジャン＝ピエール・Lと交わした会話のことも、ボーブールに姿を見せたペドロ・Cと暑苦しいカフェの奥まった椅子に腰をおろし、発泡性のミネラル・ウォーターで渇きを潤しながら語りあった一時間半の話題が何であったのか、それさえまったく覚えていない自分にもはや驚かなくなっている。彼と別れてから足を踏み入れた「南ギャラリー」で目にしたものが、はたしてベルナール・Eの口にした「私はそれを深く愛した」の一語にふさわしい体験たりえていたかどうかも、いまは判断しきれずにいる。

ただ、誰もそれについて語ってはいなかったし、初めはまったく気づかなかったのだが、「南ギャラリー」を無方向に行ったり来たりしているうちに、その南端、すなわち「今日」にあたる展示空間の西側の厚い透明な壁の向こう側に、大きなガラス窓にぎりぎり接するかたちで、ホームレスたちを保護する緑やオレンジ色の半円筒状のテントがいくつも立ち並んでおり、そこを生活空間とするらしいいくつもの人影が、内部で進行している「ユートピアへの旅」とはおよそ無縁の身振りや表情で、それぞれの時間を生きていたのである。

こうした「外部」の思いがけない——だが、ある意味では適切きわまりないともいえる——侵入に、インスタレーションを構想したゴダールがどこまで意識的であったのかはわからない。だが、会場にいくつも存在しているモニターのひとつをこの場所に配置したとき、その背後に推移している光景は彼の目にも映っていたはずだと思う。それは、文字通り「今日」にふさわしい光景であり、ゴダール自身も、フィクションとしてではあるが、ホームレスの男女の挙動を、二一世紀の最初の作品である『愛の世紀』で描いてもいた。ことによると、モニターとテントの同じ視界での共存こそ、ゴダールの意志が描きあげたヴェルヌ＝メリエス的な装置だったのかもしれない。

ただ、彼らの日常的な身振りが音もなく間近にすけて見える厚いガラス窓のこちら側におかれたモニターの画面に再現されていた作品が、ニコラス・レイの『大砂塵（*Johnny Guitar*）』（一九五四）だったのか、スタンリー・ドーネン＝ジーン・ケリーの『踊る大紐育（*On The Town*）』（一九四九）だったのか、それともそのいずれでもなかったのか、また、それを確かめるべき論理がこの「展覧会」にあったのかなかったのかさえ、真夜中すぎのジェット機の乗客の疲弊した頭脳は、思考することができなくなっている。

無理にも疲労にさからおうとするかのように、私は、ポンピドゥー・センターの地下の本屋で買い求めた数冊の書籍の中から、もっとも軽いというだけの理由で手荷物にしのばせておいたユーセフ・イシャグプールの『近代芸術の起源――バタイユのマネ』（邦訳＝『現代芸術の出発――バタイユのマネ論をめぐって』）をとりだし、《フォリー・ベルジェールの酒場》のいかにも粗悪な複製が表紙を飾っているその薄い書物に、そっと手をかざしてみる。そうすることで、いまはジェット機の座席に深々と身を埋めこんだ東アジアからの旅行者が、『（複数の）映画史』の「3A」篇「絶対の貨幣」のゴダールとほとんど同じ台詞を口にしてもおかしくない状況におかれていることに自覚的だったのかといえば、それはまったく曖昧だというしかない。

「私は独りで、いわば、思索にふけっていた」

あたりのランプがことごとく消されてしまった機内の薄暗さの中で、どことも知れぬ展示空間からそのとなりへと行ったり来たりしている模型の電気機関車のゆるやかな往復運動のリズムをたどろうとするかのように、椅子の背もたれを思いきり倒して眠りを迎え入れようとする姿勢をまだ一人だけとらずにいるわたくしは、なかばそらんじている他人の言葉を、ふとつぶやいてみる。

私は独りで、いわば、思索にふけっていた。私は手に、一冊の本を持っていた。ジョルジュ・バタイユの『マネ』だ。

いうまでもなく、これまでに何度も引用する機会のあった、あの「エドワール・マネとともに、近代絵画が始まった(……)。つまり、シネマトグラフが。つまり、言葉へと通じてゆく形式が」というゴダールの名高い一句を導きだすことになる言葉である。その言葉をつぶやいているわたくしは、文字通り、「独りで、いわば、思索にふけっていた」のだといってよい。実際、半日近くもの長い宙づりの時間をジェット機の運航に委ねるしかない者に、「思索にふける」ことのほかに、いったい何が可能だというのだろうか。おまけに、手にしていた一冊の書物は、ジョルジュ・バタイユの『マネ』でこそないものの、イシャグプールによる『バタイユのマネ』なのだから、『(複数の)映画史』のゴダールとの符合はいかにも否定しがたい。

ただ、正直に告白するなら、小津安二郎をめぐる短いテクストも書いていれば、オーソン・ウェルズについての分厚い三冊本の著者でもあり、ゴダールとも対談してるイシャグプールから、これまでに思考を揺るがせるほどの刺激を受けとめたことがない。にもかかわらず、その薄い書物のページに視線を送りながら「思索にふけっていた」りしたのは、二〇〇二年に刊行されたこの書物のどこかに、マネとともに映画が可能になったという『(複数の)映画史』のゴダール的な視点への言及なり、あるいはその余波なりが認められはしまいかと思ったからである。

ゴダールの断言の余波らしきものがないわけではない。また、バタイユの『マネ』に語られていないものも、ここにはいくつか書きこまれてもいる。例えば、《フォリー・ベルジェールの酒場》をめぐって、「映画的な世界が予告されている」といった語句がまぎれこんでいるところなど、明らかにゴダール的な余波だといえようし、バタイユがそこまで書いてはいなかったのも確かだ。また、バタイユがマネにおける「主題の破壊」と呼んだものを、アレクサンドル・コジェーヴの『ヘーゲル読解入門』のあの悪名高い「註」で語られている日本的な「歴史＝後」の世界にふさわしい「純粋状態における〈スノビスム〉」によって説明しようとする姿勢なども、イシャグプール独特なものだともいえる。

だが、それこそ、「近代絵画」の始まりと「シネマトグラフ」の誕生とを同じひとつの振る舞いと見なす『(複数の)映画史』のゴダールが受けいれるはずもなかろう視点である。「近代絵画」は、確かに何ごとかの終わりを告げるものではあるが、それはヘーゲル的な大文字の「歴史」とはいっさい無縁のものであり、ましてや映画の誕生が、コジェーヴ的な「純粋状態における〈スノビスム〉」によって説明できるものであろうはずもない。

「独りで、……思索にふけ」る東アジアからの旅行者は、ここで、「近代絵画」のそれとかさねあわせるように「シネマトグラフ」の誕生を語っていた『(複数の)映画史』のジャン＝リュック・ゴダールが、「3A」篇の「絶対の貨幣」に、それを「無声映画」として挿入していたことを想起せずにはいられない。

「マネからアウシュヴィッツまで」の章で語っておいたように、映画は、その誕生の瞬間から、カラーや音声やモンタージュやクローズアップをことごとく潜在態として身にそなえていたはずでありながら、人類は、みずからの意志として、それを音のない黒白画面として選択したのだというあのゴダール的な視点である。かくして「シネマトグラフ」は、「近代絵画」とともに、その歴史的な「サイレント性」ともいうべきものを共有することで人類の資産となったのだと、そこでの彼はいっているかに見える。

『(複数の)映画史』に伴奏音楽つきの無声映画的な瞬間を導入し、ピアノ演奏者をクララ・ハスキルと字幕で示しながら、その直後に、あえて「マルタ・アルゲリッチの間違いでした」と訂正したりしているのは、映画が、その音声的な表象と視覚的な表象とのずれを当然のこととして受けいれてしまった歴史的な現実を顕示するためだったのかもしれない。実際、音を持つことが当然視されている現在においてすら、映画が視＝聴覚的な表象手段であったためしなどありはしない。音など、如何様にでも処理できるあくまで補足的な手段にとどまっているからだ。前々章でも述べたことだが、「私は独りで、いわば、思索にふけっていた」というゴダール自身によるナレーションが聞こえてくる瞬間、彼は、間違っても「思索にふけって」などいなかった。その声は、まぎれもなくアフレコでイメージと同調させたフィクションにほかならない。

二〇〇六年七月三日月曜日一八時、機中で「独り、……思索にふけっていた」東アジアからの旅行者は、その憔悴しきった精神と肉体とを成田国際空港の到着ロビーに見いだす。そのとき、彼は、ふけっていた「思索」の結論めいたものを曖昧ながら手にしている。その結論めいたものを、彼――あるいはわたくし――は、ほぼ一年後の二〇〇七年七月一三日金曜日の一七時に、ある国際会議の基調講演として、『「表象可能性」とフィクション』という題名で聴衆に披露することになるだろう。

そこでは、まず、ひとつの仮説が語られる。それは、「一般に〝映画〟という語彙で知られている視＝聴覚的な表象形式が、娯楽としてであれ芸術としてであれ、その消費形態のいかんにかかわらず、百年を超える歴史を通して、音声を本質的な要素として持つことはなく」、「いわゆるトーキーと呼ばれているものはサイレントの一形式にすぎない」という仮説である。その仮説から、講演者は、第一次世界大戦はいうまでもなく、アウシュヴィッツやヒロシマなど、二〇世紀を象徴する歴史的なできごとのことごとくは、サイレント映画としてしか記録されてはおらず、二一世紀の9・11にいたるも、その事実にいっさい変わりはないという結論を導きだすことになるだろう。

そのとき、講演者の脳裏には、ほんの一〇メートルもあるかないかの直線のレール上を走っては止まり、また思いだしたように逆方向に走り始める模型の電気機関車のあの律儀な走行ぶりの記憶が生々しく脈打っている。その走行音は、しかし、聴衆の誰にも聞こえたりはしないだろう。

第二部

I

フィクションと「表象不可能なもの」
あらゆる映画は、無声映画の一形態でしかない

I

いきなりこの場で心変わりしたわけではありませんが、予告されていた題名からはやや遠ざかるかたちで、ひとつの仮説を提示させていただきます。それは、映画の存在様態をめぐる仮説であります。その形成には、豊かなと自負するほどではないにせよ、あえて貧しいと謙遜する理由もなかろうわたくしの、半世紀を超える批評家としての映画体験が作用しております。そのほんの一部を発表したことはありますが、映画史家たちによって承認された仮設ではありません。しかし、二一世紀のいまこそ論じる価値のある主題だと判断し、この機会に、より推敲されたかたちで、その仮説を披露させていただく次第です。他の場所で口にした言葉が部分的にまぎれこむ可能性もありますが、どうかご容赦ください。

そこで、わたくしの仮説がどんなものであるか、簡潔に述べておきます。それは、一般に「映画」と

いう語彙で知られている視聴覚的な表象形式が、娯楽としてであれ芸術としてであれ、その消費形態のいかんにかかわらず、一〇〇年を超えるその歴史を通して、音声を本質的な要素として持つことはなかったというものであります。いわゆるトーキーと呼ばれているものはサイレントの一形式にすぎず、サイレントからトーキーへの移行を、テクノロジーの進化という視点からとらえるべきではないと要約してもかまいません。

実際、キャメラと呼ばれる運動の視覚的な複製装置は、少なくとも二〇世紀においては、聴覚的な複製装置として機能したためしはありません。撮影にあたって、聴覚的なものは、キャメラとは無縁の録音機によって、補足的に記録されていたにすぎません。このことは後に詳しく見てみることにしますが、ここでは、さしあたり、トーキーとは、二つの異なる装置によって記録された音声と映像を、そのつど人為的に同調させることで可能となる、きわめて不安定な表象形式にほかならないと指摘するにとどめておきます。

映像と音声とを人為的に同調させるということは、二つの異なる事態を意味しています。まず、視覚的な複製と聴覚的な複製の同調は、映画にあっては、決して自然な事態ではないということでありますす。カチンコをたたくといういかにも前近代的な手作業が、それには不可欠だからであります。さらに、それは、人為的な同調がない場合でも、音のない画面の連鎖は、それだけで充分に映画として成立するという事態をも意味しております。いずれにせよ、撮影装置と録音装置とは、映像と音声との同調を前提としたりはせず、それぞれの領域で個別に発展しつづけたテクノロジーなのであります。

その人為的な同調を容易ならしめるナグラ(Nagra)と呼ばれる録音装置が開発されたのは、第二次大戦後の五〇年代に入ってからにすぎません。ちなみに、ナグラはポーランド人によってスイスに設立された会社の製品で、ポーランド語で「録音する」を意味する言葉だといわれています。ハリウッドが、この種の技術的な開発を一貫して怠ってきたのは、いかにも象徴的であります。

いまからほんの数十年ほど前まで、映画は、同時録音のきかないキャメラで、ごく自然に撮られておりました。例えば、ジャン゠リュック・ゴダール(Jean-Luc Godard)の『勝手にしやがれ(*A bout de souffle*)』(一九五九)の撮影に、録音技師は同行しておりません。この作品で耳にする音声のことごとくは、撮影終了後にスタジオでダビングされたものにすぎません。撮影中のゴダールは、大声で役者たちに指示を与えていたといわれていますから、その演出は、サイレント映画のそれとまったく変わりません。また、水俣病の脅威を世界が意識するきっかけとなった『水俣——患者さんとその世界』(一九七一)で、ドキュメンタリー作家の土本典昭(Noriaki Tsuchimoto)は、まだ同時録音ができなかった一六ミリキャメラによって、窒素工場の廃液で汚染された海に生きる人々の身振りや表情を、克明に記録したのでありますす。これもまた、撮影が終わってから、スタジオでのダビングによって音声をそえた作品ですが、見る者がそれを不自然と感じることはありません。

他方、イタリアや中国のように、同時録音が一般化されていなかった映画文化においては、撮影はもっぱら視覚的な被写体の記録を意味しており、音響など、あとからいかようにも処理できるものとされておりました。事実、ロッセリーニ(Roberto Rossellini)をはじめとするイタリアのネオ・レアリズムの傑作のほとんどの音声は、いわゆるアフレコ(post-synchronization)によるものです。それとは逆に、インドの音楽映画のように、専門のプレイバック歌手によって録音されていた歌曲の再生にあわせて役者たちが演技するようなケースもありますが、その場合も、演技者の声を録音する必要はありません。グル・ダット(Guru Dutt)の『渇き(*Pyaasa*)』(一九五七)のような傑作でさえ、そうした方法で撮られています。こうした撮影は、映画が、音を持たずに生まれたその原初形態から決定的に遠ざかってはいない事実を証明しているといえるかもしれません。

もっとも、あらゆる映画はサイレント映画の一形式にすぎないと断言することは、映画が音を持つ以前の牧歌的な時代に対する郷愁とは、いっさい無縁のものであります。確かに、わたくしは、トーキー以後はほとんど活躍できなかったグリフィス(David Wark Griffith)や、フイヤード(Louis Feuillade)や、シュトロハイム(Eric von Stroheim)や、ムルナウ(F.W.Murnau)といった映画作家の作品はいうまでもなく、キートン(Buster Keaton)や、ハリー・ケリー(Harry Carey)や、エドナ・パーヴィアンス(Edna Purviance)や、ジャネット・ゲイナー(Janet Gaynor)といった男女スターの表情や身振りが画面を活気づける作品を、できればスクリーンで、それも多くの場合なぜか饒舌すぎるピアノの伴奏なしに見ることに、無上の喜びを覚える人間であります。

しかし、わたくしの仮説は、そうした個人的な「趣味」とはいっさい無縁の領域に形成される、より歴史的な事態を基盤とするものであります。それは、たんに映画史的な現実にとどまらず、一九世紀以来の人類の「知」の配置とも深くかかわるものであります。したがって、この仮説を考慮するには、映画の歴史やその現状に精通していなければならぬ必要はありません。わたくしは、いま、一部の排他的なシネフィルに向かってお話ししているのではないことに、充分自覚的であります。とはいえ、映画誕生の条件やおよその発展形態を把握しておくことは必要でしょうから、ごく簡単にその点に触れておきます。

誰もが知るごとく、映画は、一九世紀的なテクノロジーを総合するかたちで一八九五年に生まれました。映画の誕生をめぐってはさまざまに異なる見解が交錯しておりますが、ここではリュミエール兄弟(Louis et Auguste Lumière)によるシネマトグラフ(Cinématographe)の発明を原初形態として話を進めることにします。いうまでもなく、『工場の出口(*Sortie d'usine*)』(一八九五)など一分にもみたぬ一〇本の作品がパリのグラン・カフェで初めて上映されたとき、映画は音を持ってはおりませんでした。その無声の状態のまま、リュミエールとは異なる人々の手で、映画は産業化をめざすことになります。映画の映画たる所以は、瞬間的なものの視覚的な複製として一九世紀中頃から人類に受けいれられていた写真に、被写体の動きを機械的に再現することで持続を導入したことにつきております。そこで重要なのは、あくまで運動の視覚的な表象であります。映画は、現実の複写にすぎないはずの複数の画面をしかるべく配置することで、すなわち編集によって、ギリシャ以来の西欧の伝統的な美学には規範を求めえないいわば「表象の私生児」として、叙事詩とも演劇ともオペラとも異なる視覚的なフィクションを語り始めることになりました。

映画は、こうして、誕生してからほぼ三〇年後の一九二〇年代の中期に、その最盛期を迎えます。最盛期とは、例えばエイゼンシュテイン(Eisenstein)のような前衛的な作家にとどまらず、スターリン主義以前のソ連でいうなら、むしろアブラム・ローム(Abram Room)やボリス・バルネット(Boris Barnet)のように、日常的な時間を見すえながら、そこに走り抜ける未知の亀裂を生々しく浮かび上がらせてみせる作家たちの登場によって定義されるべきものであります。フリッツ・ラング(Fritz Lang)でいうなら、名高い『メトロポリス(*Metropolis*)』(一九二七)よりも、むしろ『スピオーネ(*Spione*)』(一九二八)におけるサスペンスという名の卓抜な時間処理こそ、最盛期にふさわしいものと考えます。フォード(John Ford)の西部劇やウォルシュ(Raoul Walsh)の歴史活劇、あるいはルビッチ(Ernst Lubitsch)のエロチシズムあふれるコメディにおける創意あふれる題材処理も、「表象の私生児」にほかならぬ視覚的フィクションにふさわしいサスペンスをつくりだしています。キートンのコメディ、伊藤大輔(Daisuke Ito)の剣劇、フランク・ボゼージ(Franck Borzage)のメロドラマ、等々、ここには列挙しがたいこの時期の作品が、文学ではとても味わえぬ新たな運動と身振りの体験を人類に提供することになります。

それからほんの数年後に、映画はトーキーの時代に移行することになります。こんにちでは映画が音を持つことはごく自然なことと見なされているので、無声映画は、しばしば、そこへといたる過渡的で、未熟な段階と見なされがちです。音響をともなわぬ画面によってフィクションを語ることは不自然であり、映画がその不自然さから脱却するのに三〇年の歳月が必要だったと思われがちなのでありますす。しかし、わたくしは、映画はサイレントとして生きた三〇年ほどの歳月が、二〇世紀の人類の歴史にとって決定的だったと考えております。その事実は、二〇世紀が大量虐殺の時代であったこと同じぐらいに重要な意味をもっているはずですが、そのことに人類はいまなお意識的ではありません。わたくしの仮説は、広く共有されたこの無自覚に向けて投げかけられるものであります。

II

そこで、わたくしの仮説を改めてくり返させていただきます。それは、音を持つことが当然と見なされている二一世紀の現在においても、映画は、なお、サイレント映画の一形式にすぎないというものでした。この仮説は、当然のことながら、「視聴覚」という概念を映画的な思考から排除することになります。あるいは、「視聴覚」という概念は、映画においてはひとつのフィクションでしかなく、そこにはいかなる現実性もそなわってはいないと断言したい誘惑にわたくしはかられております。サイレントの時期を持つことのなかったテレビは、まさしくこの「視聴覚」というフィクションの上に成立する、いかにもあやういメディアにほかなりません。

実際、視覚的な記号の記録装置としての映画のキャメラは、少なくとも二〇世紀においては、聴覚的な記号の記録装置としての録音機と一度として自然に同調することはありませんでした。そればかりか、これから詳しく見ていくように、キャメラと録音機とは、むしろたがいに排斥しあってさえいたのであります。映画の歴史とは、この相互排斥の歴史にほかなりません。二〇世紀とは、視覚的なものと聴覚的なものとの執拗な葛藤が、初めてテクノロジー的に顕在化した時代なのであり、人類は、いまなおその葛藤を処理しきれていないというのがわたくしの視点であります。

映像と音声とのテクノロジー的な葛藤は、さまざまな水準で指摘することができます。この場においでのキットラー(Friedrich A.Kittler)氏の『グラモフォン・フィルム・タイプライター(*Grammophon Film Typewriter*)』(石光泰夫+石光輝子訳、筑摩書房、一九九九年)でも語られているよく知られた挿話ですが、量産可能な録音=再生装置の感性を確信したとき、発明者のエディソン(Thomas Edison)は、躊躇することなく写真家を呼びよせました。この挿話が象徴しているように、音声の複製装置は、その誕生の瞬間を記録するため、映像の複製装置に依存するしかなかったのであります。そこには、音と映像の二〇世紀的な不均衡の予感が、否定しがたく露呈されております。

では、視覚的なものと聴覚的なものとの葛藤とは、具体的にどのような事態をいうのでしょうか。その例として、ステファーヌ・マラルメ(Stéphane Mallarmé)を被写体とした写真のことを考えてみましょう。二一世紀に生きるわれわれは、フランスの詩人マラルメの表情を、ナダール(Nadar)による複数の肖像写真などによって視覚的に確かめることができます。ところが、その声の抑揚がどんなものであったか、聴覚的に確かめることはまったくできません。それは、詩人マラルメの声を、人類が記録しそびれたからなのですが、詩人の晩年には、写真はいうまでもなく、映画や録音装置もすでに存在しておりました。にもかかわらず、われわれは、ポール・ヴァレリー(Paul Valéry)が「低い、抑揚のない声で、いささかの効果もねらわず、ほとんど自分自身に語るかのように読み始めた」(「骰子一擲」伊吹武彦訳、『ヴァレリー全集7　マラルメ論叢』筑摩書房、一九六七年、八頁)というマラルメによる自作『骰子一擲(*Uncoup de dée*)』の朗読は永遠に聞くことはできません。

この事実は、音声の複製技術の「民主化」が、映像のそれにくらべて驚くほど遅く実現されたという歴史的な現実と正確に対応しあっております。写真は、その発明からほんの十数年のうちに、マクシム・デュ・カン(Maxime Du Camp)やエミール・ゾラ(Emile Zola)のような作家たちに、写真家への変貌を呆気なく許していました。また、映画は、生まれてから二〇年もしないうちに、まだ劇作家でも、舞台俳優でも、映画作家でもなく、著名な舞台俳優リュシアン(Lucien)の子供でしかなかった青年サッシャ・ギトリー(Sacha Guitry)に、いかにも素人じみたキャメラワークで、当時の名高い芸術家たち、アナトール・フランス(Anatole France)、オーギュスト・ロダン(Auguste Rodin)、エドモン・ロスタン(Edmond Rostand)、サラ・ベルナール(Sarah Bernhard)といった豪華な顔ぶれの身振りを、「動く映像」として記録することを可能にしたのです。『わが家に集う人々(*Ceux de chez nous*)』という一九一四－一五年頃のアマチュア・フィルムがそれであります。

一九一四年といえば、第一次世界大戦の勃発した年にあたっていますが、他方、東海岸を中心に発展したアメリカの映画産業が、西海岸のハリウッドを植民地として発展し始めた時期にあたっています。ですから、アマチュア・フィルムはハリウッドと同じぐらい長い歴史を持っていることがわかります。しかし、録音術の場合は、ある排他的な力学が、アマチュアのみだらな接近をさまたげていました。録音する主体はあくまで専門家にかぎられていたからです。あたかも、声の複製権を独占するためであるかのように、彼らは、一般の人間がこれに触れることを禁じていたのです。不自然というほかはないほど長く続くことになりました。映像の複製と音声の複製との同調をひそかに回避させていた力学が、テクノロジーの進歩とは異なるイデオロギー的な水準で作用していたとしか思えません。実際、詩人マラルメの声は、あたかもその再現不可能な一過性のはかなさをきわだたせようとするかのように、触れがたい領域に身を隠していなければならなかったのです。そこには、「声の禁止」ともいうべき抑圧作用が、否定しがたく機能していたのであります。

映画が音を持つことがなかった一九世紀末期から一九二〇年代中頃へかけての三〇年ほどの歳月は、人類の歴史に生々しく刻みこまれた「声の禁止」の痕跡にほかなりません。したがって、いわゆるサイレント映画を、未熟で消極的な過渡的現象ととらえることは、二〇世紀の現実から目をそむけることを意味しております。だが、ここで見落としてならないのは、この「声の禁止」が、人類の知の配置における「声の優位」をきわだたせているという事実にほかなりません。つまり、それ自体がすでに複製にほかならぬイメージと異なり、声はまさしく現存する身体そのものですから、複製されることで、声はその身体性を失うしかない。だから、あたかもその身体性の喪失をさまたげるためであるかのように、声は触れがたい領域に身を隠しつづけ、その複製装置にアマチュアが触れることは禁じられるしかなかったのです。

『骰子一擲』を朗読するマラルメの声が聴覚的な複製装置によって記録されなかったのはそのためだ、とまでは断言せずにおきましょう。しかし、事態をそのように把握することを許す何らかの力が、聴覚的な複製装置の「民主化」をはばんでいたのは間違いありません。「自己への現前」においてしか声は声たりえないという初期デリダ(Jacques Derrida)が批判の対象とした「現前の形而上学」につらなる何かが、その「声の禁止」の背後に鈍く響いていたのは明らかであります。

蓄音機の普及によって声の複製装置の「民主化」が達成されたなどと誤解してはなりません。フォーディズムのシステムに組み込まれた労働者たちが自宅で享受しえたレコードを聞く楽しみは、録音術が高度な専門家集団の手に委ねられたことで初めて可能になったからであります。安価な複製によって音楽が身近なものとなってからも、アマチュアが録音機に触れる機会はなお奪われていたのであります。

ことによると、「現前の形而上学」という音声中心主義は、初期の音楽産業と手をたずさえ、「声の禁止」を徹底化させるというイデオロギー的な役割を演じていたのかもしれません。プロフェッショナルであろうとアマチュアであろうと、映画や写真など誰が撮ってもかまわないが、あらゆるものが等しく声の複製にかかわったりしてはならないという「声の禁止」がそこで貫徹されているのは、まぎれもない事実であります。それこそ、三〇年におよぶサイレント映画が人類の歴史に刻みつけた「痕跡」にほかなりません。

III

サイレントからトーキーへの移行が、録音術の高度な専門家による音声の複製装置の組織的な管理なしにありえなかったことはいうまでもありません。とはいえ、映画における録音の専門家たちは、レコードの生産の場合とは異なり、視覚的な複製装置を管理する専門家としてのキャメラマンによる不断の抑圧のもとにおかれることになります。そこから、トーキーとは「声の禁止」の一形態でしかないという現実が導きだされることになるのですが、そのことを具体的に見てみたいと思います。

キャメラマンによる音声の複製装置の抑圧は、いくつもの異なる水準で観察することができます。まず、撮影中のキャメラのたてる高いモーター音が、初期の録音技師たちを深刻に悩ませたという事実があります。三〇年代に流行した飛行船との形式的な類似からでしょうか、日本語でも「ブリンプ(Blimp)」と呼ばれている金属製の大きな防音カヴァーでキャメラをおおうことによって、人々はこの問題をいったんは解決したつもりになっていました。しかし、この防音装置があまりに精巧すぎると、重量がかかってキャメラの移動がさまたげられるという問題が生じます。したがって、こんにちにいたるも、モーターの回転音は完全に遮断されてはおらず、相対的に低くなったというにとどまっております。小津安二郎(Yasujiro Ozu)の初期のトーキーの撮影風景を記録した何枚かの写真は、厚い綿の布団でキャメラを梱包してフィルムを廻しているいささか滑稽な様子を示しております。それが明らかにしているのは、キャメラと録音機とが本質的には同調しがたいものだという歴史的な現実にほかなりません。

キャメラによる録音機の抑圧は、それにとどまるものではありません。撮影にあたって、キャメラマンと録音技師とは、監督の演出意図にふさわしく、それぞれが理想的な位置にキャメラとマイクを設置しようとします。それは、原理的には当然のことだといえます。しかし、実際には、キャメラには無条件に可能だったその理想的な位置どりも、録音技師には許されておりません。

一般に、撮影中の音声は、「ブーム(Boom)」と呼ばれる長い竿のさきにつるしたマイクを通して収録しますが、そのマイクがフレームに入ってはなりません。つまり、マイクは間違っても被写体となってはならないという視覚優位の原則が、録音装置の位置をはなはだしく限定することになるのです。その意味で、録音技師は、いかなる場合もキャメラマンの意志に従属せざるをえない不自由な存在なのです。また、かりにマイクがフレームの内部に位置していなくても、その影が人物の顔や背景の壁や床などに落ちてもならないので、録音技師は照明技師の意志にも従属せざるをえません。

溝口健二(Kenji Mizoguchi)の録音技師だった橋本文雄の回想録『ええ音やないか――橋本文雄・録音技師一代』(橋本文雄+上野昂志、リトル・モア、一九九六年)にも語られているように、録音技師は、視覚的なものの複製にかかわるキャメラマンと照明技師とによる二重の拘束のもとで、その位置を決定せざるをえないという、ごく限定された自由しか享受できません。しかも、苛酷な条件のもとで最高の技術的な達成をめざしている録音技師の仕事も、いったん作品が完成して諸外国に輸出された場合、欧米の多くの国では自国語への吹き替え版上映が普通ですから、少なくとも俳優の声にかんするかぎり、録音技師のオリジナルな仕事は、それがどれほど優れたものであろうと無視されざるをえません。吹き替え版のダビング作業がどのような質のものであるかを確かめる権利すら、彼らからは奪われているのです。

映画の撮影は、こんにちにいたるも、音声がこうむるこうした複数の拘束からいささかも自由になってはおりません。キャメラは、サイレント期とまるで変わることなく撮影クルーの中心に君臨しているからです。この視覚的なるものの決定的な優位は、ハリウッドで量産されている超大作から、エリック・ロメール(Eric Rohmer)やフレデリック・ワイズマン(Frederick Wiseman)などが得意とするごく小規模なスタッフによる撮影にいたるまで、変わることがありません。あらゆる映画が本質的にはサイレント映画の一形式だという仮説は、そうした現実を踏まえたものにほかなりません。

もっとも、映画と音声との同調をめざしたフィルムの撮影装置が、まったく存在しなかったわけではありません。だが、それは、同時録音が可能なエクタサウンド・フィルムのためにコダックが開発したアマチュア向けの八ミリキャメラにすぎません。しかも、その発売は、ハリウッドの伝統的な撮影所システムが終わりを迎えつつある一九七三年のことでした。それは、奇しくもジョン・フォードが他界した年にあたっています。ちょうどそのころ、人々が漠然とながら映画の死を口にし始めていたという意味で、これは不吉な発明というほかはなく、プロフェッショナルな映画関係者がそれを使うはずもありません。

一六ミリフィルムも三五ミリフィルムも、そのサウンドトラックは光学的に機能するものですから、さきほど言及したナグラを介在させることなく、音声をフィルムに直接焼き付けることは本来不可能なのです。だとするなら、キャメラという装置以前に、フィルムという媒体そのものが音声を抑圧する媒体だというべきかもしれません。

ここで、あらゆる映画はサイレント映画の一形式にすぎないというわたくしの仮説が、いま、二一世紀においてこそ提起する価値があるといっておいたことを想起していただきたいと思います。そこに含まれる「二一世紀」という表現は、二つの異なる文脈におさまる事態を含意しております。

それは、まず、少なくとも二〇世紀において、わたくしの仮説は映画の歴史にある程度まで妥当するはずだということを意味しております。実際、「声の禁止」は、サイレント期からこんにちにいたるまで、映像と音声の複製を同調せしめるテクノロジーの開発を一貫して禁じていたのであります。それはまた、二〇世紀的なテクノロジーを総合するかたちで開発され、二一世紀にいたって普及することになったデジタル・ヴィデオ・キャメラを撮影に使用することで、ことによると、映画がサイレント映画の一形式であることをやめるかもしれないという希望的な観測をも含意しているのであります。

実際、デジタル的な磁気テープを内臓したヴィデオ・キャメラは、映画の歴史で初めて、映像と音声の同時的な複製を可能にする装置として機能し始めております。画面や音響の合成技術として活用されるデジタル・テクノロジーについては語らずにおき、もっぱら撮影と録音の同調という視点から話を進めますが、デジタル・ヴィデオ・キャメラを映画の撮影に使用するなら、録音技師が、ブームのさきにつるした集音マイクをそのつど役者の頭上にさしだすことなく、自在に音声を記録することができるのは確かであります。そうすることで、録音技師は、映画の歴史で初めて、キャメラマンや照明技師に気兼ねすることなく録音作業を遂行することが可能となります。こうして、映画は、サイレント映画のそれとは異なる撮影方法を身につけつつあるとひとまずいうことができるのかもしれません。

いま、ひとまずといったのは、こうしたデジタル・ヴィデオ・キャメラによる撮影においても、録音技師は、なお独自の装置で音声を収録しているからです。

確かに、二一世紀に入ってから、優れた映画作家がデジタル・ヴィデオ・キャメラによって撮られた作品を発表し、国際的な注目も集めております。例えば、二〇世紀末に『(複数の)映画史(*Histoire(s) du cinéma*)』(一九九八)全八篇を普通のアナログ・ヴィデオで完成させたジャン＝リュック・ゴダールは、今世紀の最初の作品『愛の世紀(*Eloge de l'amour*)』(二〇〇一)の後半部分を、デジタル・ヴィデオで撮影しております。また、ペドロ・コスタ(Pedro Costa)の『ヴァンダの部屋(*No Quarto da Vanda*)』(二〇〇〇)、黒沢清(Kiyoshi Kurosawa)の『アカルイミライ(*Bright Future*)』(二〇〇三)、アレクサンドル・ソクーロフ(Alexander Sokourov)の『太陽(*The Sun*)』(二〇〇五)、ヴィム・ヴェンダース(Wim Wenders)の『ランド・オブ・プレンティ(*The Land of Plenty*)』(二〇〇四)、ジャ・ジャンクー(Jia Zangke)の『長江哀歌(*Stil Life*)』(二〇〇六)なども、すべてデジタル方式で撮影された作品であります。また、そうとは広言されてはいませんが、こんにちのハリウッドで制作されているマイケル・マン(Michael Mann)やトニー・スコット(Tony Scott)の興味深い活劇にも、デジタル・ヴィデオで撮影されたとしか思えない画質のショットが含まれております。さらには、青山真治(Shinji Aoyama)のドキュメンタリー『ＡＡ』(二〇〇六)も、全編デジタル・ヴィデオで撮られており、デジタル・テクノロジーが、現代の先端的な映画作家たちを惹きつけているのは否定しがたい事実であります。

とはいえ、ここで見落としてならぬのは、デジタル方式のキャメラを率先して使用した映画作家たちの多くが、ゴダールはいうまでもなく、ペドロ・コスタ、黒沢清、ヴェンダース、青山真治など、いずれもサイレント以来の映画史の流れに精通している「映画原理主義者」ともいうべき人々だという事実であります。彼らがわたくしの仮説に無条件に賛同してくれるか否かはともかく、少なくとも、映画の歴史で、映像と音声の複製の同調が二一世紀に入って初めて可能になったという歴史的な現実に彼らがことのほか意識的であることだけは間違いありません。いうまでもなく、テクノロジーの進歩による映像と音声の複製の二一世紀的な同調が、映画作家たちに、その同調した音声を、彼らの作品に無批判に受けいれさせているわけではありません。録音なり音声なりの処理は、なお特殊な技能の持ち主に委ねられているからであります。

では、こうした映画作家たちの先駆的な業績とともに、デジタル・テクノロジーは「声の禁止」にさからい、トーキーをついにサイレントから解放したといえるのでしょうか。これは、きわめて微妙な設問であります。それは、デジタル・テクノロジーが享受しているかに見える楽天性が、一〇〇年におよぶ映画の歴史と共存しうるのかという疑問とほぼ同じ方向をめざしております。それと同時に、人類が、いま、二〇世紀の歴史からどれほど遠ざかりえているのかという疑問とともに、あるいは、二一世紀において、人類は、なお二〇世紀的なものに深くとらわれていはしまいかという疑問とともに口にさるべき設問であります。さらには、映画がサイレントの一形式でしかなかったように、二一世紀もまた、二〇世紀の一形式ではなかろうかという疑問が同時に提起されているといってよいのかもしれません。

実際、その疑問ともまったく無縁とはいえない苛酷な論争が、二〇世紀末から二一世紀初頭にかけて起こっております。それは、二〇世紀の人類の歴史を象徴するものといってよい強制収容所が、キャメラの被写体たりうるか否かという問題をめぐる論争であります。それを、「ゴダール＝ランズマン論争」と呼び、そのおよその推移をたどってみることにしましょう。いうまでもなく、ランズマンとは『ショアー（*La Shoah*）』（一九八五）の作者としてのクロード・ランズマン（Claude Lanzmann）にほかなりません。彼の姿勢は、強制収容所はキャメラの被写体となることはなかったし、また被写体となってはならないというものです。それに対して、ゴダールは、その『（複数の）映画史』で、強制収容所はキャメラの被写体となったはずだし、映画が歴史とともにあろうとするなら、被写体とせねばならなかったとさえ主張しております。

この論争は、その後、ジェラール・ヴァイクマン（Gérard Wajcman）とジョルジュ・ディディ＝ユベルマン（Georges Didi-Huberman）とに受けつがれ、いわば代理戦争の様相を呈しておりますが、ヴァイクマンの論文「《聖パウロ》ゴダール対《モーゼ》ランズマンの試合（«Saint Paul» Godard contre «Moïse» Lanzmann）」（『ゴダール・映像・歴史――映画史を読む』四方田犬彦＋堀潤之編、産業図書、二〇〇一年）も、ディディ＝ユベルマンの書物『イメージ、それでもなお（*Image malgré tout*）』（橋本一径訳、平凡社、二〇〇六年）も日本語訳で読むことができますから、ここで詳しく論じることはさしひかえておきます。ただ、その論争を誘発したゴダールの言葉がどんなものであったか、また、ランズマンの『ショアー』を擁護するものたちがそれにどう反応したかについては触れておかねばなりません。

発端となったのは、一九九八年のゴダールのつぎのような発言です。

これから言うことの証拠はまったくないけれども、もし私が腕利きの調査担当記者と手を組んで取りかかれば、二〇年後にはガス室の映像を発見するだろうと思う。われわれは移送された人々が入っていくのを見て、どんな状態で出てくるか見るだろう。ランズマンやアドルノがしているように、禁止を言い渡すことが問題なのではない。彼らはいい気なもんだ。人は「撮影不可能だ」といった流儀の決まり文句について果てしなく議論しに集まったりするのだから——人々が撮影するのを妨げるべきではない、書物を燃やすべきではない、そうなればもう批判することができなくなってしまう。

（ジャン＝リュック・ゴダール「世紀の伝説」『ゴダール・映像・歴史』一〇六頁）

ゴダールが彼ならではの挑発性をこめて揶揄しているのは、「表象の不可能性」を安易に口にする人々の信仰なき宗教性ともいうべきものであります。あるいは、真実なき形而上学といってよいかもしれませんが、かりに間接的なかたちであれ強制収容所のガス室を視覚化すべきではないとする『ショアー』のランズマンが、ホロコーストそのものを「表象不可能なもの」と見なすことで、それをめぐる言説を抑圧するかのように振る舞っているのを批判しているのです。アドルノの名前がランズマンとともに引かれているのは、彼が、アウシュヴィッツ以後、詩は可能かという名高い言葉を残しているからでしょうが、アドルノ賞の受賞者としての彼がアドルノ（Theodor W. Adorno）を揶揄するというのは、いかにもゴダール的であります。

フランクフルト学派の哲学者で美学者でもあるアドルノにとって、「詩」の一語は、西欧的な芸術を指示しております。ホルクハイマー（Max Horkheimer）との共著『啓蒙の弁証法（*Dialectic of Enlightenment*）』（徳永恂訳、岩波文庫、二〇〇七年）におさめられた「文化産業――大衆欺瞞としての啓蒙」で、一九四〇年代の合衆国で起こっていた複製技術による啓蒙の自己崩壊ともいうべき「ベートーヴェンとカジノ・ド・パリの総合」（同書、二七九頁）を批判したアドルノにとって、いわば「表象の私生児」でしかない映画がアウシュヴィッツについて語ることなど、初めから問題とされてはおりません。それに対してゴダールは、映画だけがそれについて語りうるものだったといいたげであり、『（複数の）映画史』でもそうした言葉を述べています。アドルノ賞の受賞講演「映画と歴史について」（『ゴダール全評論・全発言Ⅲ』奥村昭夫訳、筑摩書房、二〇〇四年）でもそれに似たことをいっておりますが、思考を誘発すべきものだった映画は、アウシュヴィッツを描けずに終わったことで、それ本来の役割を見失ったというのがゴダールの考えです。

ゴダールの姿勢を、ヴァイクマンは「映画崇拝の徒」のあられもない信仰告白と見なし、「表象しえないもの」があるというランズマンの姿勢を擁護しております。本来なら、独裁者に対する批判として有効なはずの「焚書」の喩えを、あえて『ショアー』の作者に向けているゴダールが我慢ならないと彼はいいたいのでしょう。それに対して、ディディ＝ユベルマンは、「収容所の記憶」と題された二〇〇一年の展覧会にあたって、一九四四年八月に複数のゾンダーコマンドのひそかな共同作業によって撮られたと思われる四枚の収容所の写真の詳細な分析をもとに、ヴァイクマンの議論を支えているドグマ化した「想像不可能性」という概念を、理論的な傲慢さとして批判することになります。アウシュヴィッツを記憶することは、はたして「想像不可能な命題」という存在論的なステータスの周囲を旋回することで保証されるのだろうか、と彼は深刻な疑問を呈することになるのであります。

V

わたくしは、何かにつけて「想像不可能性」や「表象不可能性」に言及せねば気のすまぬ思考の持ち主に対して、深い懐疑を覚えずにはいられない人間です。その意味で、「『語りえぬもの』や『想像不可能なもの』という――多くの場合好意的な、一見哲学的だが、実は怠慢な――絶対的用語でアウシュヴィッツを語ることが、もはや不可能だ」(ディディ＝ユベルマン、前掲書、三六頁)と感じているディディ＝ユベルマンの側に立つものだといえるかもしれません。しかし、そうした立場からこの論争に介入するつもりはまったくありません。わたくしとしては、このゴダール＝ランズマン論争とその発展形態であるヴァイクマンとディディ＝ユベルマンの相互批判が無意識に招きよせているサイレント映画性ともいうべきものに、改めて驚かずにはいられないからであります。

実際、「表象の不可能性」や「想像の不可能性」が話題となっていながら、そこでは視覚的な表象の有無ばかりが問われており、聴覚的な表象はいっさい問題とされておりません。ここで驚くべきは、アウシュヴィッツをめぐる音声の不在を、誰ひとり不思議に思ってはいないということなのです。この人類の未曾有の悲劇にあって、生き残った者の証言ではなく、生き残りえなかった者の声が、あるいは生き残りえなかった死者たちの焼却に使用されただろう装置がたてたおぞましい音響がいっさい記録されていないことの不自然さに苛立つ者がいないのは、いかにも奇妙だというほかはありません。あたかも「表象の不可能性」や「想像の不可能性」はもっぱらイメージの問題だとういうかのように、議論は物音のたえた光景のさなかを、沈黙のうちに推移しているかに見えます。サイレント映画を思わせるその光景の不気味さを指摘することで、結論を引き寄せたいと思います。

何より驚かされるのは、この論争が、そうとは意識されていないにもかかわらず、「声の禁止」をごく自然な前提として進行していることであります。ディディ゠ユベルマンは、アウシュヴィッツに現像所があったことを指摘していますが、その現像所にそなわっていたかもしれない録音装置に、彼はいっさい言及しておりません。名高いトービス（Tobis）社——「トービスと言えば、ヒトラーのこと」（『ゴダール 全評論・全発言Ⅲ』前掲書、三八二頁）だとゴダールは言っています——をはじめとして、ドイツは一九三〇年代のヨーロッパのトーキー産業を一手にリードしていたのですから、録音術が収容所のアーカイヴ機能を強化するために導入されていただろうことは容易に想像できます。しかし、彼はその可能性さえ意識してはいないように見えます。また、ナチスが強制収容所を撮影した理由として、「彼らはすべてを記録することに取り憑かれていたからだ」と断言するゴダールもまた、ことによったら記録されていたかもしれない地獄のような焼却炉の音には、まったく興味を示しておりません。

ゴダールは、『「複数の」映画史』の1A「すべての歴史（Toutes les histoires）」の終わり近くで、ジョージ・

スティーヴンス（George Stevens）監督の『陽の当たる場所（*A Place in the Sun*）』（一九五一）とアウシュヴィッツをめぐる記録との奇妙な関係に言及しています。そこで、われわれは、ゴダール自身の声がこういっているのを耳にします。

もしジョージ・スティーヴンスが最初に、初めての16ミリ・カラーフィルムをアウシュヴィッツとラーヴェンスブリュックで使っていなかったら、たぶん決して、エリザベス・テイラーの幸福は、陽の当たる場所を見出さなかっただろう。
（『ゴダール 映画史 テクスト』愛育社、二〇〇〇年、二三一－二四頁）

その言葉とともに、人々は、湖畔で恋人と戯れるエリザベス・テイラー（Elizabeth Taylor）が水着でゆっくりと身を起こす姿を、スローモーションで目にすることになります。その光景に、ジョットが描くマグダラのマリアと、よみがえらんとしているイエスに手をさしのべようとするクローズアップが、二重露出でかさなりあうのです。このあたり、ゴダールを「映画崇拝の徒」と見なすライクマンの気持ちもわからぬではありません。第二次世界大戦中の多くのハリウッドの映画作家がそうであるように、スティーヴンスもまたドイツ侵攻作戦に同行してキャメラをまわしているのは事実ですが、その言葉でゴダールが示唆しているのは、強制収容所を撮ったフィルムが間違いなく存在しているという事実なのです。しかし、ここでのゴダールも、そのカラーフィルムが音を持っていたかどうかについては固く口をとざしております。

強制収容所を撮ったフィルムは必ず存在するというゴダールの言葉を受けいれがたいヴァイクマンは、彼を批判するために、自分がガス室が存在したことを知っているのは、映像によってではなく、「私的なものにせよ公的なものにせよ、犠牲者のものにせよ加害者のものにせよ、おびただしい数の発言が集められている」（『ゴダール・映像・歴史』前掲書、一一〇－一一二頁）からだといっております。だが、「表象の不可能性」を口にする彼が真の意味で排除すべきは、犠牲者の発言なるものが記録された録音が存在しているかもしれないという事態であるはずです。映像崇拝の徒にほかならぬゴダールの信仰告白を否定しようとする彼にとって、実は、声の複製こそあってはならぬものであるからです。にもかかわらず、ランズマンを擁護すべく彼が否定するのは、もっぱら視覚的な表象にかぎられております。

そこに見えてくるのは、まぎれもなくサイレント映画的な光景です。あたかも「声の禁止」がアウシュヴィッツから録音機を遠ざけ、視覚的な表象だけがすべてであるかのように事態は推移しているからであります。実際、ディディ＝ユベルマンは、残された四枚の写真の配列、つまりそのモンタージュという側面から分析を進めております。彼は、また、そこにゴダールの『（複数の）映画史』の特徴を見ているのですが、まさにそのモンタージュという概念こそ、無声映画にふさわしいフィクションを可能にする技法にほかなりません。それこそ、ゴダール＝ランズマン論争と、ヴァイクマンとディディ＝ユベルマンの相互批判が無意識に招きよせている、サイレント映画性の実態なのであります。そこには、ホロコーストが象徴している第二次世界大戦をめぐる映像のほとんどが、本質的にサイレント映画だという歴史的な現実が露呈されております。ことによると、ゴダール＝ランズマン論争から引きだすべき教訓は、そのことなのかもしれません。実際、二〇世紀にふさわしい表象形式はサイレント映画だというかのように、事態は推移しているのであります。

ここで、われわれは、『(複数の)映画史』の1B「ただ一つの歴史(Une seule histoire)」でゴダールがいっていたことを思いだします。

『ラ・シオタ駅への列車の到着』や、『赤ん坊のおやつ』から『リオ・ブラボー』まで、キャメラは根本的には決して変わっていない。パナヴィジョン・プラティナムは、アンドレ・ジッドの甥がコンゴに携行したデブリー7より改良されているわけではない。(『ゴダール 映画史テクスト』前掲書、三〇頁)

『ラ・シオタ駅への列車の到着(*Arrivée d'un train à La Ciotat*)』(一八九五)や、『赤ん坊のおやつ(*Repas de bébé*)』(一八九五)は、いずれもリュミエール兄弟の作品で、映画史の原点に位置するシネマトグラフで撮影されております。『リオ・ブラボー(*Rio Bravo*)』(一九五九)が、パナヴィジョン・キャメラで撮影されたハワード・ホークス(Howard Hawks)のカラー西部劇であることはいうまでもありません。ジッド(Andre Gide)の甥というのは、後に映画作家となるマルク・アレグレ(Marc Allegret)のことですが、この旅行は一九二五年のことですから、デブリー7はもちろんサイレント期のキャメラです。つまり、ゴダールにとって、映画史の一〇〇年を通じて、キャメラは本質的にいっさい変化していないことになります。彼が、わたくしの仮説を耳にしたら、なんで今頃そんなことをいうのかと、訝しげな表情を浮かべるかもしれません。

ジョルジュ・ディディ＝ユベルマンの書物『イメージ、それでもなお』の中心をなすテクストが二〇〇一年に書かれているのはいかにも象徴的であります。九月一一日の悲劇もまた、優れてサイレント映画的なできごとだったからです。実際、ワールド・トレードセンターのツイン・タワーに二機の飛行機が突入する瞬間を、われわれはまったく音響を欠いた光景として見てしまっております。現場に響いただろう轟音を、テレビはまったくとらえることができませんでした。それは、ヒロシマやナガサキに投下された核爆弾のキノコ雲をとらえた映像を見ることができても、「ピカドン」という擬音語で形容されることになる恐るべき炸裂音を聞くことができないのと同じであります。確かなことは、映像と音声との同調を可能にしたはずのデジタル・ヴィデオ・キャメラをツイン・タワーに向けていたにせよ、そこに複製されているのは、音声を欠いたイメージばかりだったろうという事実であります。事件の現場にマイクをおかないかぎり、映像と音との同調は不可能だからです。おそらく、そのことは、九月一一日の悲劇が、サイレント映画の時代だった二〇世紀に所属していることを示唆しているはずであります。そこでも、視覚的な表象と聴覚的な表象とが同調することはなかったからであります。

吉田喜重(Kiju Yoshida)が、ヒロシマの記憶を反芻する『鏡の女たち(*Femmes en miroir*)』(二〇〇三)で、核爆弾投下の瞬間の視覚的、聴覚的な再現をみずからに禁じながら、まるでサイレント映画のように、複数のアーカイヴ映像を拡大して音もなく登場させたのは、きわめて倫理的な姿勢だといえます。彼は、

「想像不可能性」という概念を、理論的な傲慢とはもっとも遠いかたちで作品に組み入れているからです。人類が、いまなお、ステファーヌ・マラルメの容貌をその肖像写真で確かめることができるのに、その声の抑揚を知ることはできないという状況から脱却していないことに、吉田喜重は充分すぎるほどに自覚的なのだと思います。彼にとって、広島の惨劇もまた、サイレント映画によってしか近づきえぬ二〇世紀に属しているのです。

いまや、「視聴覚」という概念は、映画においてはフィクションでしかなく、そこにいかなる現実性もそなわってはいないと自信をもって断言することができます。それこそ、「映画」という語彙で呼ばれているものが、サイレント映画の一形式でしかないという仮説から導きだされる結論にほかなりません。映像の複製技術は、いまなお音声の複製技術と同調することができないからであります。おそらく、その同調が可能となった瞬間、映画はその死を迎え入れることになるでしょう。スピーチを終えるにあたって、わたくしの技術的な疑問を的確に晴らしてくださった映画作家の吉田喜重、青山真治両氏の友情に、深い感謝の思いを捧げさせていただきます。

(二〇〇七年七月一七日、於=安田講堂)

後記

この講演が行なわれた二〇〇七年から今日にいたるまで、視覚的な複製と音声的な複製の技術は、デジタル的に驚くべき進歩をとげたといってよい。複製とは無縁のCGによる人工的な画像の定着すら可能になったからである。にもかかわらず、ここで述べたことに、決定的な修正を加える必要はなかろうかと思う。視覚的なものと音声的なものの同調は、少なくとも映画の領域においてはいまなお実現されてはおらず、映画とは無縁の人たちによるYouTubeへの投稿画像を量産するにとどまっているからである。注目すべきは、こうしたデジタル的な技術の発展と同調するかのように、『熱波(*Tabu*)』(二〇一二)のミゲル・ゴメス(Miguel Gomes)、『セインツ——約束の果て(*Ain't Them Bodies Saints*)』(二〇一三)のデヴィッド・ロウリー(David Lowery)、あるいは『やさしい人(*Tonnerre*)』(二〇一三)のギヨーム・ブラック(Guillaume Brac)のように、若くて才能豊かな映画作家たちによるアナログ的なフィルムへの回帰が、郷愁とは無縁の試みとして実現していることだ。とはいえ、それが映画にいかなる未来を約束しているかは、誰にもわからない。

(二〇一五年三月三〇日記す)

II

「ポスト」をめぐって

「後期印象派」から「ポスト・トゥルース」まで

始まりをめぐる曖昧さについて

初めにひとことお断りさせていただきますが、わたくしは、文系のスピーチにあたっての「パワーポイント」による資料の投影にはきわめて懐疑的な人間であります。あれは、その瞬間に聴衆をふとわかったような気持ちにさせはするものの、じつは見るはしから忘れさせてしまいもする邪悪な装置だということを、体験的に知っているからであります。それより、紙の資料の配布のほうが、記憶に残るという点では遥かに有効だと確信しております。とはいえ、酷暑のせいでという言いのがれが有効に機能するとも思えませんが、紙の資料を準備する時間的な余裕はありませんでした。したがいまして、今日はわたくし自身の声のみで勝負させていただきますので、よろしくご理解たまわればと思っております。

それでは、「「ポスト」をめぐって」という題名でごく曖昧に予告されていた講演を、「「後期印象派」から「ポスト・トゥルース」まで」という副題を提起することで、始めさせていただきます。その副題によって、これが官職などの「地位」にあたる「ポスト」ではなく、ある事態の「のち」という時間的な前後関係に関するものであることをご理解いただけると思います。「後期印象派」という美術用語は、フランス語では《Post-impressionnisme》となりますから、それが講演の題名にふさわしいものであることも、すぐさまご理解いただけると思います。

とはいえ、そこにはたちどころに複数の問題が浮上して、事態の曖昧化を加速させずにはおきません。そもそも、「ポスト」について語ることが、新たな「ヒューマニティーズセンター」の発足を祝福するにふさわしいかどうかは、まったく明らかにされていないからであります。また、国際的にも国内的にも多少は知られている蓮實重彥という固有名詞の持ち主によってその祝福の主体が担われるという事態が、このセンターの未来にとって有意義なことであるか否かも、つまびらかにされてはおりません。なぜ、「ポスト」なのか、なぜ、蓮實なのか。必ずしも明瞭な輪郭におさまっているとはいいがたい「ヒューマニティーズ」なるものと、その二重の疑問とがどのようにからみあうのかという点も、いたって不分明のままであります。

「ヒューマニティーズ」については、この祭典の主催者がその命名の責任をとられるべきものでありますから、講演者たるわたくしにはいかなる責任もありませんが、にもかかわらず、それについてはのちほど簡単に触れさせていただくつもりでおります。また、講演者の選択も主催者によるものでありますす。しかし、石井副学長なり齋藤機構長なりが、八二歳にもなるこの後期高齢者をそれにふさわしい人物だと判断された理由は、まったく推測できぬでもありません。あの図体が大柄な男なら、例外的な酷暑の季節であろうと、みだりに熱中症で倒れてみせたりはしまい肉体的な健壮さだけは持ちあわせているはずだと確信された、あるいはそう盲信されたのでありましょう。

その鄭重なご依頼に対して、わたくしは、「「ポスト」をめぐって」というお話ならできるかもしれないと確かにお答えはしております。しかし、石井、齋藤両氏とごく最近お目にかかったとき、わたくしはちょうど東大病院に入院しようとしておりましたので、ことによると、お二人はしまったと舌打ちされたのかもしれません。だが、さいわいにも、さる名医によって、数年前からわたくしのさる臓器に棲みついていた一二個ものポリープはごくあっさりと除去されてしまったので、三日目には無事退院することができました。数日後、そのポリープが悪性のものではなかったとのご報告を受けて以来、愚かとしかいいようのないこの異常な天候にもかかわらず、ごく平静な日常生活をとりもどし、こうして、いま、複数の匿名の視線にさらされることになったのであります。

わたくしは、これまで、こうした公式の空間で、あるいはごく私的な文筆の瞬間においても、わたくし自身についてあれこれ語ることは意図的に避けてまいりました。しかし、ここでは、蓮實重彦という存在が、国際的にもある程度の評価を受けている人間だということを、ごく客観的にお話ししておくことがよかろうと判断いたしました。今日、こうして皆様方の視線を受けとめている男が、いかがわしい詐欺師のような者ではないということを、ごく率直に告白しておくのがよかろうと判断したからであります。すでに八〇歳をすぎた老人だから、何をしても許されようという自堕落な思いからではなく、今日この式典で、何ごとかを語る確かな資格の持ち主だとまではいわぬにせよ、それなりにふさわしかろう人物でもあることを皆様にご理解いただくのが、せめてもの礼儀というものだろうと判断したからであります。

わたくしは、書かれたものだけから判断されると、年上の作家や批評家をもあっさり罵倒しかねない傍若無人な男とも思われておりますし、三島賞受賞の記者会見で、テレビという醜悪な装置の画像でお目に触れたかもしれない野蛮で凶暴な振る舞いなどもしばしば披露しております。しかし、それはあくまで「作家」や「批評家」としてのあざとい演技にすぎず、ここでは、東京大学名誉教授の称号にふさわしい「研究者」として振る舞うだけのアカデミックな社交性は見失っておりませんから、どうかご安心ください。このわたくしは、しかるべき場にたてば、礼節をわきまえた慇懃な紳士でさえあるといえる個体なのであります。

ただ、蓮實重彥について流通している社会的なイメージがいかなるものかをみずから確かめるべく、数日前の深夜すぎに、これまではまずやったことのないいわゆる「エゴサーチ」なるものにふと手を染めてしまいました。その結果は惨憺たるものでありました。さすがに2ちゃんねるやツイッターは避けておきましたが、日英仏独の四カ国版が存在するWikipediaなるものの粗雑さにはいい加減うんざりするしかありませんでした。また、わたくし自身の年譜や業績を網羅したかなり信用できそうな日本語のサイト「蓮實庵」(http://okatae.fan.coocan.jp)なるものにも遭遇したのですが、そこでは、海外におけるわたくし自身の仕事ぶりについてはほとんど触れられておりません。わたくしとは縁もゆかりもない未知の存在であろうそのサイトの管理人の方は、ことによると、こうした場所に出没しておられる可能性も大いにあろうかと推察されるのですが、あえて非礼をかえりみずに申してしまえば、その方にとって、蓮實重彥の海外での業績などあってなきものに等しいという姿勢がすけて見えてしまいました。わたくしの著作の韓国語への翻訳については一部で触れておられますが、いわゆる横文字の学術論文やエッセイについてはほとんど無視しておられる。ところが、蓮實重彥という存在は、ついせんだって、オーストラリア系の英語のサイトマガジン*Lola* (http://www.lolajournal.com)が、その生誕八〇歳を祝福して特集号を刊行してくれるほどには、国際的にそれなりの敬意を受けとめている老人なのであります。そうした文献を考慮せずに蓮實重彥についての年譜を構成することが、どうして可能でありましょうか。

フランス文学、とりわけギュスターヴ・フローベールという一九世紀のフランスの作家について見れば、ついせんだって、海外から驚くべき提案を受けてすっかり考えこんでしまいました。二〇二一年、すなわちフローベールの生誕二百周年にあたるいまから三年後に、彼の生まれ故郷であるフランス北西部のノルマンディー地方で盛大な記念行事が行なわれるので、その開催にしかるべく名前をつらねてほしいというメールを、ごく親しいフランスの友人から受けとったのです。二〇二一年といえば、あの愚かな東京オリンピックもすでに終わり、日本経済はかつてない不況のまっただ中であえいでおりましょう。そんなとき、八五歳にもなっているこの後期高齢者がのこのことノルマンディー詣でをするとはいかにも考えにくい。そもそも、当人が生きているかどうかさえ、確かではないのですから。

しかし、驚愕の表情を浮かべながら返答を曖昧に渋っているうちに、二〇二一年の春に刊行されるはずのさるフランス語の書物への寄稿をごく曖昧に承認してしまいました。それは、Garnier社から出版予定の『「聖アントワーヌの誘惑」再論』とも訳すべき*Relire La Tentation de saint Antoine*という書物なのですが、その編者の一人は日本の女性研究者なのであります。大鐘敦子さんというその方は関東学院大学の教授で、すでに『オリエントの夢——「サランボー」のプランとセナリオ(*Rêve d'Orient - Plans et scénarios de Salammbô*)』(Droz, Genève, 2016)という大著をフランスで刊行されておられます。また、『認識論者フローベール(*Flaubert épistémologue*)』(Rodopi, Amsterdam-New York, 2010)で高い評価を受けた立教大学の菅谷憲興教授などのように、フローベール研究への日本の寄与はいまや国際的にも無視できないものとなっており、わたくし自身もそれにしかるべく貢献しているはずなのですが、そうした経緯がほとんど読みとれない年譜など、それがどれほど詳細なものであろうと、いたって中途半端なものといわざるをえません。わたくしは、そのサイトの責任者の方にごく曖昧な謝意を表明しつつも、恨みがましい思いをいだくしかなかったことを隠す気持ちはありません。

実際、さる五月から六月にかけて、わたくしは、海外の出版社向けの論文執筆のため、きわめて多忙な日々を送っておりました。ごく親しいベルギーのフローベール研究者のクローディーヌ・ゴト＝メルシェ(Claudine Gothot-Mersch)女史が亡くなり、その追悼のための論文集がフランスの永年の女友達ジャンヌ・ベム(Jeanne Bem)の手でまとめられ、サイトマガジンの*Flaubert* (http://flaubert.revues.org)に刊行されることになったので、自著の『「ボヴァリー夫人」論』のごく一部をフランス語に翻訳し、「同一にして差異を含んだ『ボヴァリー夫人』における反復について(Identiques et différentes – à propos des répétitions dans *Madame Bovary*)」という題のテクストとして寄稿していたからであります。それとほぼ同時に、二〇〇六年六月に、ごく親しい友人のジャック・ネーフ(Jacques Neefs)が開催責任者としてスリジー＝ラ＝サルの国際文化センターで行なわれたシンポジウム「書く人フローベール(Flaubert, Ecrivain)」(Centre Culturel International, 2006 de Cerisy-la-Salle)の最終日に口頭発表を行なったのですが、その全容がついに書物となるというので、一〇年以上前に書いたそのテクストの推敲に明け暮れ、すぐさま返送されてきた校正刷りに目を通したりしておりました。それは「『ボヴァリー夫人』とフィクション(*Madame Bovary* et la fiction)」(*Europe*, No 1073-1074, septembre-octobre 2018)というやや長めの論文であります。それと並行するかたちで、ロシアの国際エイゼンシュテイン・センターの元所長であり、元映画博物館館長のナウム・クレイマン(Naum Kleiman)直々の依頼で、城戸四郎をめぐる論考をロシアの研究誌*Kinovedcheskie zapiski*のために執筆していたのであります。

皆様のほとんどにとっては未知の人物かと思いますが、城戸四郎は、松竹の撮影所長、副社長、社長、会長を歴任した名プロデューサーであり、小津安二郎にとっては恩人のような人物であります。その城戸なる人物の英語の名刺と一九七一年版の松竹のカレンダーとがモスクワの映画博物館に保存されている。いったいそれはなぜなのかを論じてほしいというのが元館長の望みでした。この文章は、近く日本語でも皆様の目に触れるかと思いますが、城戸四郎という男は、一九二八年の歌舞伎のソ連公演にあたって、その団長を務め、エイゼンシュテインとも親しく議論を交わしたというきわめて興味深い人物なのであります。

この論文は、日本語で書いたものを彼の地でロシア語に訳して発表するというかたちをとっておりますが、理系の論文と異なり、文系の論文は、しばしば日本語の文章を送ってくれればこちらで翻訳するというかたちをとります。バード・カレッジのリチャード・I・スヘンスキー(Richard I. Suchenski)篇の『侯孝賢(Hou Hsiao-hsien)』(Austrian Film Museum, Vienna, 2014)や、カナダのトロント・シネマテークのジェームス・クワント(James Quandt)篇の『ロベール・ブレッソン(Robert Bresson)』(Revised, Toronto International Film Festival Cinematheque, 2011)に寄稿したものなどは、いずれも日本語の論文でした。また、すっかり忘れておりましたが、わたくしの書いたもっとも早い時期の映画批評「鈴木清順　その沈黙のなりたち」(『季刊〈シネマ69〉』第2号)がつい最近フランスの季刊誌 *Trafic* (N° 107, Automne 2018, Revue de Cinéma P.O.L., p86-96)に翻訳されておりました。

そこで、「ヒューマニティーズセンター」に集うだろう若い研究者たちに向けて口にしうる年長者の数少ない助言のひとつは、日本語でもよいから寄稿してほしいといわれるような仕事をしておけということになるかもしれません。そのためには、若いうちから、英語やその他の言語で、インパクトのある論文を多数発表しておかねばなりませんが、ことによると、そんないかがわしい年長者の言葉などにいっさい耳を傾けるなというのも、彼ら、あるいは彼女らへの有益な助言のひとつだといえるかもしれません。

エリート主義的な……

以上の説明によって、皆様方の視線を受けとめているこの講演者が、どうやらいかがわしい香具師のたぐいではないと納得されたかと思えますので、なぜ「ポスト」なのかという話題に移らせていただきますが、それ以前に「ヒューマニティーズ(Humanities)」についてひとこと述べさせていただきます。英語の辞書によれば、Humanityの複数形には二つの意味が存在しております。まず、「ギリシャ、ラテンの古典文学」の意味があり、それに続いて、「自然科学に対するものとしての人文科学、すなわち語学、文学、歴史、数学、哲学」を意味するものとされておりますが、フランス語にはこの二つ目の意味は存在しておりません。新設された「ヒューマニティーズセンター」にふさわしいのは、この二つ目の意味ととらえてよいでしょうが、ここで注意を惹いておきたいのは、「語学、文学、歴史、数学、哲学」の各分野を専門的、かつ学究的に研究する場がこれであってはなるまいということです。ことは「人文科学」という専攻領域として確立する以前の、いわゆる各学部が行なう学部学生、すなわちundergraduatesを対象とする総合化された教育と、それにふさわしい研究とが行なわれるべきだということであります。

いま、わたくしは、「総合化」された教育と申しましたが、それは「専門化」された教育ではないということであります。ここで、講演者は、合衆国で行なわれたある国際会議で、ハーヴァード大学名誉教授のヘンリー・ロゾフスキー(Henry Rosovsky)氏が、the general educationの重要性を述べておられたことを想い起こしてみたいと思います。the general educationを「一般教育」と訳してしまうとかつての「パンキョー」の悪夢がよみがえりますから、あえて「総合化」された教育という訳語を提起しておきます。

ロゾフスキー氏は、ハーヴァードに存在する唯一の学部である教養学部、すなわちFaculty of Arts & Sciencesの学部長を永年務められ、Acting Presidentというから学長代理でもあった方です。一九五〇年代の後期には一橋大学に留学され、専門分野は日本経済、主著の大川一司との共著*Japanese Economic Growth: Trend Acceleration in the Twentieth Century*などは日本でも出版されております（『日本の経済成長——20世紀における趨勢加速』東洋経済新報社、一九七三）。BostonやWashington DCなどでしばしばお目にかかる機会があり、ソウル国立大学の評価委員会の委員として、一年近く一緒にお仕事をしたことがあります。寿司を箸で食べて恥じ入る気配もみせない若い日本人の似非食通どもを軽蔑しきって、ロゾフスキーさんは素手でさっと握りを口に持って行かれるほど、日本の伝統に強いこだわりを持っておられる方なのです。

これはどこかに書いた挿話ですが、その方と知り合ってまだ間もない時期に、ある公式の晩餐で同席したことがあります。その夜のメニューにたまたまシーザー・サラダが含まれていたのですが、このサラダの誕生秘話が語られている映画があったはずだとロゾフスキーさんが口にされたのであります。そんな話はお手のものですから、『歴史は夜作られる（*History is Made at Night*）』（一九三七）のフランク・ボーゼイギ（Frank Borzage）監督作品で、シャルル・ボワイエ（Charles Boyer）とジーン・アーサー（Jean Arthur）の主演であるとすらすらと答え、これはアメリカ映画ではありますが、男優の名前をその出身地にふさわしくあえてフランス読みで口にしたところ、以後、この老教授はわたくしのいうことをほとんど無条件に信頼するようになったのです。

一九二七年にダンツィヒで生まれ、パリの小学校に通い、やがて合衆国に亡命することになったこの老教授が、二〇〇一年のAAU、すなわちAssociation of American Universitiesの創立百年の記念総会で、きわめて興味深いことを口にされました。それは、発展が遅れている国の大学ほど、若い年齢の学生たちに初年度から専門教育を受けたがらせ、「総合化」された教育、すなわちthe general educationを軽視しがちだというものです。そして、ある報告を引きながら、バングラデッシュのような貧しい国の大学がようやくにしてLiberal Arts Educationを採用し始めたことを祝福しておられたのですから、ロゾフスキー氏がthe general educationと呼んでいたものがLiberal Arts Educationとほぼ同義であることは明らかでしょう。

ただ、彼はこうつけ加えることも忘れてはおりません。「いわゆる「総合化」された教育というものはいくぶんかエリート主義的であり、——おそらく現代においては——、アメリカ的すぎるかもしれません。それには相互作用が必須のものであり、多大の費用もかかるものですから」(“Research Universities and the Challenges of Globalization: An International Convocation,” Proceedings from the Centennial Meeting of the Association of American Universities, 2001, p.14)。日本でもなぜか人気のマイケル・サンデル(Michael Sandel)教授によるハーヴァードの講義など、あれは法哲学の専門教育の授業ではなく、明らかに「総合化」された教育の一環にほかなりません。こうした点を考慮しつつ、「ヒューマニティーズセンター」には、過度にアメリカ的となることだけは避けつつも、ロゾフスキー教授がいう意味でのエリート主義の拠点になっていただきたいものだと思います。だが、教授の言葉通り「多大な費用」も必要とされましょうから、いまから機構長のご苦労が思いやられぬでもありません。

ここで「ヒューマ ニティーズ」について、さらにつけ加えさせていただきます。*International journal of Arts and Humanities* (http://ijah.cgrd.org/index.php) という on line の刊行物が存在しております。本部はニューヨークに位置しており、責任者はアメリカ人らしき名の人物ですが、その International Advisory Boardは、アラブ首長国連邦とマレーシア大学の教授たち、それに名前からして中国系、アラブ系としか思えぬ合衆国の非有名大学の教授によって構成されております。世界市民の一人として、アラブ首長国連邦やマレーシアに対していかなる偏見ももってはおりませんが、かつて東京大学に在籍したものの一人の目に、これが権威ある Journal でなかろうことはあまりに明らかであります。どれほど無視しても、二カ月に一度ぐらいの頻度で Call for Paper という原稿募集がわたくしの手もとにメールでとどくことからしても、そう思わざるをえません。優れた投稿論文がさほど多くなかろうことを予想せずにはおかぬからであります。しかも、その寄稿者の国籍を見てみると、ときに日本人の名前も見受けられますが、そのほとんどはアフリカ系とアジア系の方々ばかりで、これは、オイルダラーにものをいわせ、さらには寄稿料による資金稼ぎをしているマルチナショナルな教育産業のひとつではなかろうかと見当をつけております。

そのやや妖しげなジャーナルには寄稿論文をカヴァーする研究領域が一応印刷されているので、ご参考までにその一部を列挙しておきます。そこには、アルファベット順で、Anthropology, Archaeology, Applied Mathematics, Communication studies, Corporate governance, Criminology などから始まり、Performing arts (music, theatre & dance), Religious studies, Visual arts, Women Studies とほぼ四〇ほどの領域が列挙され、なぜかＡＢＣ順を無視してTranslation Studiesで終わっているのですが、文学としてはEnglish Literatureが挙げられているだけですから、Arts & Humanitiesを自称しながら、それがカヴァーする領域もきわめて限定的だといわざるをえません。

フランス文学や日本文学とまではあえていわずにおきますが、ニューヨークに本部がおかれているからには、近隣諸国にまたがる中南米文学が研究対象とされても一向に不思議ではないはずですが、おそらくそれにふさわしい査読者が見つからないからでしょうか、Arts & humanitiesに特化されたはずのこのjournalにはその余裕がなさそうに見えます。アフリカやアジアの研究者たちがこうしたjournalに掲載されることで業績づくりに励むのだとしたら、それはそれなりに結構なことだと思いますが、それは業績のための業績でしかなく、大学人の一人として、嘆かわしい事態だといわずにはおれません。Humanitiesという名前に騙されてはならないという戒めのために、あえてこのJournalに言及しておきました。

Postについて

そこで、ようやくにして「後期印象派」について語るべきときがやってまいりました。《Postimpressionnisme»という フランス語の言葉を「後期印象派」という日本語に翻訳したのは白樺派の作家たちだといわれておりますから、その翻訳語の使用は大正時代、西暦一九一〇年代から一九二〇年代にまでさかのぼります。その語彙がいまなお何の修正も加えられずに使われていることにはいささか奇異な感じもしないではありません。この訳語の変更の試みは何度か行なわれてきた模様ですが、現在も発売されている『世界美術大全集　西洋編』(小学館)の22巻『印象派時代』(一九九三)に続いて23巻『後期印象派時代』(一九九三)が信頼すべき美術史家の故池上忠治氏の責任編集で刊行されていることからして、いまなお生きている訳語であると想像されます。

ところで、Postとは、紀元前からすでに使用されていた長い歴史を持つラテン語の接頭辞であり、あえて辞書を引くまでもなく、ラテン語の動詞ponereから派生した語を起源としている語彙であります。それがフランス語経由でその後に英語圏でも使われるようになったものともいわれており、フランス語においても、ごく例外的に語尾の子音の«t»が明確に発音されることになったものです。手紙などの「追伸」にあたる«p.-s.»すなわち「書く」を意味するラテン語のscribereの完了分詞scriptumに後置されることで、「書かれたものの後で」を意味するラテン語の«post scriptum»として、一八世紀頃からフランスで使われ始め——一六世紀にはpostscripteと書かれていたようです——、いまではごく身近な例として日本でも多くの人がほとんど無意識に使用しております。

ところで、比較的新しいフランスの辞書でPostという語彙にどんな記述があるのか気になり、一九九二年から刊行の始まった第九版『アカデミー・フランセーズの辞典(*Le Dictionnaire de l'Académie*

Française）』（La 9e Édition）の電子版を見てみました。すると、そこには、すでに指摘したラテン語起源の接頭辞という定義に続いて、「「後」を意味する合成語の単位で、ポストコロニアルや新カント派や後期印象派のように、歴史的な時期や、哲学的、あるいは芸術的な時期、等々、に関係するもの」という定義が書かれ、註のようなかたちで、「この合成語のあいだには、ほとんどの場合ハイフォンを書かない」とされています。そこで、これまでハイフォンをふっていた語彙をこれ以降はハイフォンなしで記すことといたします。なお、ここに引かれている「ポストコロニアル」という語彙は、その文脈からして、文学的な分析方法というより、「脱植民地主義的」というごく一般的な形容詞ととらえるべきでしょう。また、「後期印象派」と訳したPost-impressionnismeは、ラテン語の接頭辞Postを使用する典型的な合成語だと見なされているといえると思います。

ただ、その訳語には、いささかの曖昧さがしのびよる余地も残されております。例えば、ユルゲン・ハーバーマス（Jürgen Habermas）の著作の題名には、『ポスト形而上学の思想』（藤澤賢一郎ほか訳、未來社、一九九〇）、『ポスト世俗化時代の哲学と宗教』（ヨーゼフ・ラッツィンガーとの共著、三島憲一訳、岩波書店、二〇〇七）のごとく、しばしば「ポスト」という接頭辞がついており、『晩期資本主義における正当化の諸問題』（細谷貞雄訳、岩波書店、一九七九）もそれに似た合成語からなる題名だといえます。そこで、「ポスト形而上学」について見てみると、原題は*Nachmetaphysisches Denken*となっており、ここでは、さまざまな意味のある接頭辞Nachの英語でいうAfterにあたるものが使われていると考えておけばよいでしょうが、ちなみにこの著作の英語訳は*Postmetaphysical Thinking*となっています。

ところが、『ポスト世俗化時代の哲学と宗教』の原題*Dialektik der Säkularisierung: über Vernunft und Religion*には「ポスト」にあたる文字は含まれておりません。だが、訳者による「あとがき」には、「これまで常識化していた社会学的な世俗化概念を維持しながらも、それでは済まない「ポスト世俗化時代」について両者の考え方の共通性と相違を示した点が重要である」と書かれており、それが日本語の題名の由来だと示されております。なお、ラッツィンガーとは、第二六五代ローマ教皇に選出される以前のドイツの枢機卿であります。他方、「晩期資本主義」の場合は英語のLateに相当すべきドイツ語の接頭辞Spätを付されたSpätkapitalismusとなっておりますから、「後期」とほぼ等しい「晩期」という訳語が使われているからといって、そのいずれもが必ずしもPostの訳とはかぎらず、この語とその意味のみだりな混合は避けられねばなりません。

では、「新カント派」という呼称についてはどうでしょうか。英語ではPost-Kantian、フランス語ではPostkantienといった形容詞が使われることもありますが、ドイツ語における本来の語彙はNeukantianismusであり、英語のnewに相当するneuが語頭についており、そう呼ばれる哲学者たちの多くがみずからもそう自称していたという点を考慮するならPostimpressionnismeとの違いが明らかになってきます。そうしたことを考慮したうえで、ここで言及すべきは、Postという言語記号そのものについてでなければならないということが理解できるでしょう。

そこでまず強調しておきたいのは、Postimpressionnisme「後期印象派」という呼称で興味深いのは、「あとの」や「次の」を意味していたはずの接頭辞が、ここではそれらとは異なる機能をおび始めているという事実にほかなりません。すなわち、それは、それ以前にあった「印象派」的なものを全的に否定し、いわばそれそのものを駆逐するという殺戮の意志のようなものがこめられているという事実にほかなりません。もちろん、その否定的な機能は、現在の辞典類にはいっさい指摘されておりません。それは、意味というより、いつのまにか慣習的に広く使われるようになった現象だといえましょうが、今日、ここであえて「ポスト」について触れさせていただきたく思うのは、その接頭辞にこめられた殺戮機能が、西欧のみならず、東洋や日本においても、学問の領域で不吉に機能していながら、そのことが、語彙的にも、慣用句的にも、ほとんど意識されていないという事態にほかなりません。したがいまして、今日ここでお話しするのは、世界初の試みといえるかもしれません。

「印象派」から「後期印象派」へという美術史的な推移は、二一世紀の無邪気で無自覚な観衆にとっては、ごく自然な流れだと理解されております。一九世紀のフランスにおいては、まずクロード・モネ(Claude Monet)という画家がおり、その後にエドワール・マネ(Edouard Manet)が登場するのだと理解しておけばいかなる問題も生じないからであります。ここでごく個人的な追憶を語らせていただければ、小学校の高学年だった頃、父親の書斎から画集を引っぱり出し、よく似た名前の二人の画家の作品を見くらべ、「モ・マ」という順番をほとんど機械的に記憶に刻みつけ、「モネ＝印象派」、「マネ＝後期印象派」とつぶやきながらその前後関係を覚えこんだものです。マネのほうが絵画史の上で遙かに重要な画家だと認識したのは遙かにのちのことですが、それについては、著者としては大いに愛着のある書物でありながら、なぜかあまり語られることのなかった『ゴダール　マネ　フーコー――思考と感性とをめぐる断片的な考察』(NTT出版、二〇〇八)をお読みいただければと思います。

その書物でも述べたことですが、一九世紀後半のフランス社会においては、より厳密にいうならナポレオンⅢ世による帝政の宣言(一八五二)からパリのラ・コミューン(La Commune de Paris)(一八七一)を経て、新憲法が発布(一八七五)されて第三共和政が確立し、それがフランス史でもっとも長い共和制として二〇世紀を準備するまでの決して短くはない一時期における絵画の領域では、のどかな発展の経過などとはおよそ呼べそうもない苛烈な闘争が行なわれておりました。「ポスト」という語彙に装填された新たな否定機能と、それが曖昧に生きのびさせてしまう否定の対象とが、その闘争を激化させたのはいうまでもありません。そこで、多くの方々がご存じのその過程を、たどりなおしてみましょう。

古代ローマ期には想像することさえ不可能だった「ポスト」という接頭辞の殺戮機能は、二重に観察されます。まず、「ポスト(post)」に後置された固有名詞的な語彙が、その後に集団的に指示しているはずのものをそっくりと否定するという無謀な殺戮機能が観察されます。これは«Postimpressionniste»という命令行為において顕著に認められる傾向ですから、それについて、これから詳しく論じてみることにいたします。

その接頭辞が演じる殺戮機能というものはごく最近になってからも顕著な動きとして認められるものであり、二〇世紀後半に無自覚に多用されることになった「ポストモダン(Postmodern)」という語彙などが、その顕著な例といえるでしょう。「ポストモダン」と総称されるそれぞれの著者たちが述べていることを詳細に分析することを怠り、分析の主体であるはずの彼ら、あるいは彼女らは、それが「ポストモダン」の思想家たちだからというだけの理由で、そこに述べられていることを全面的に否定するという無自覚な集団的傾向をおのれのものとするのです。しかも、その無自覚な集団的な傾向が、否定したはずのものをごく曖昧に生きのびさせてしまうという点が重要なのです。これは、何とも嘆かわしい傾向だといわねばなりませんが、そのとき「ポスト(post)」という接頭辞に含まれている殺戮機能は二重化されると見てよいでしょうが、それについてはのちに詳述いたします。

そこで、まず、「後期印象派」という新語にたちかえり、その第一の殺戮機能について述べておきます。いうまでもなく、みずからを「印象派の画家(Peintre impressionniste)」だと宣言したものは一人として存在しておりません。伝統的な画家たちが支配していたサロン、すなわち「官展」の落選者たちの作品を集めた展覧会が催されたとき、それに出品したクロード・モネの《印象・日の出(*Impression, soleil levant*)》(一八七二)という作品を酷評したルイ・ルロワ(Louis Leroy)という批評家が、その題名を皮肉って展覧会そのものを「印象派」と呼んで嘲笑したという経緯があるからであります。21世紀の日本ではなぜか好まれている「印象派」の画家たちは、一八七四年の第一回の「印象派展」——と正式に呼ばれていたわけではありませんが——ウジェーヌ・ブーダン(Eugène Boudin)、ポール・セザンヌ(Paul Cézanne)、エドガール・ドガ(Edgar Degas)、スタニスラス・レピーヌ(Stanislas Lépine)、クロード・モネ(Claude Monet)、ベルト・モリゾ(Berthe Morisot)、カミーユ・ピサロ(Camille Pissarro)、オーギュスト・ルノワール(Auguste Renoir)、アルフレッド・シスレー(Alfred Sisley)など、そのほとんどがアカデミックなサロン、いわゆる「官展」からは拒否されたいわばならずもの同然の画家たちだったのであります。

ところが、一〇年ほど後に、こんどはその「印象派」の画家たちの存在意義をそっくり否定するための命名が改めて行なわれます。その命名の儀式の主体をになったのは美術批評家のフェリックス・フェネオン(Félix Fénéon)だといわれております。彼は、一八八六年のある雑誌記事の中で、Néo-impressionnisteあるいはPost-impressionnisteという呼び名によって、Impressionnismeが総体としてその意味を失ったとその死亡を宣言したのであります。第一回の「印象派展」に出品していた画家たちの中で、セザンヌ・モネ・ルノワールといったビッグ・ネイムが、それぞれ異なる時期に、異なる理由で、「印象派」を離れることになったのですから、それは当然のことかもしれません。だが、ここで注目すべきは、その宣言によって「印象派」の画家たちが死滅したわけではなく、その名のもとに、かえってごく曖昧に生きのびてしまったという事実であります。その後、NéoよりもPostのほうが接頭辞として珍重されたかに見えるのは、おそらくその接頭辞が持っている否定的な機能に人類がより敏感だったからでしょう。一九一〇年というから二〇世紀に入ってからのことですが、英国の批評家ロジャー・フライ(Roger Fry)がロンドンのさるギャラリーで「マネと後期印象派(Manet and the Post-impressionists)」という展覧会を開いたとき、この「後期印象派」という呼び名が広く国際化されることになったのですが、いずれにせよ、「後期印象派」の確立には、現存する支配的な傾向としての「印象派」を頭から否定する力が働いており、その否定の力学は否定の対象を殺戮しつつ生きのびさせる。その二重性を象徴するものが、接頭辞のPostにほかなりません。

殺戮と延命

「後期印象派」が「印象派」を駆逐したとまではいわぬにせよ、「印象派」を成立させていたものを全面的に否定してからほぼ一〇〇年後のフランスで、一人の男が、「労働が終わり、生産が終わり、経済が終わる」と宣言しました。「知と意味の蓄積、累積的言説の線状的統辞を許した記号表現／記号内容の弁証法が終わる」と続けてから、「それと同時に、蓄積と社会的生産を可能にした交換価値／使用価値の弁証法も終わる。言説の線状的次元が終わり商品の線状的次元が終わる。記号の古典時代が終わり、生産の時代が終わる」とも書いているのですが、この言葉を、わたくしは一九八五年に刊行した『物語批判序説』という書物の最後に、出典も著者の名もあえて触れることなく引用しました。いうまでもなく、すばらしい言葉として引いたのではありません。人間たちが、このように、何かの終わりを宣言せずにはいられない存在だという退屈さの例として、引いたのであります。『物語批判序説』という書物は今年（二〇一八年）の末にも文庫化されますので（講談社学芸文庫）、ここでの言葉が誰のものであるかを開示することはあえてせずにおきます。だが、これが「ポストモダン」という概念を指示する名詞に先だつPostという接頭辞の殺戮作用と無縁でなかろうことは、ご理解いただけると思います。「ポストモダン」という哲学的な姿勢は、それ以前の「モダン（Modern）」に属するほとんどのものを否定する傾向を、「後期印象派」から着実に受けついでいたのであります。しかも、それ自体が曖昧な「モダン」そのものを、ごく曖昧に生きのびさせてもしまうのです。

もっとも、「後期印象派」を自称する画家が一人もいなかったのと異なり、ここでの匿名の著者は、みずから《Postmodern》であることを隠そうとしておりません。だが、それは、むしろ例外的な事態だといえましょう。この便利であるがゆえに実態を欠いた「ポストモダン」という言葉が世間に広まって以後、多くの哲学者や思想家たちが、ほぼ理由もなくそう呼ばれることになり、その結果として、Postの一語にふさわしく全面的な否定の対象とされることになったのであります。それは由々しき事態だといわねばなりません。それは、この時期に多くの人が口にし始めた「ポスト構造主義」という言葉についてもいえることです。その言葉によって、その内実を考慮することなく、「構造主義」はすでに終わったとされてしまうからであります。そうした事態を避けようとして、わたくし個人としては、「ポストモダン」にせよ「ポスト構造主義」にせよ、それに類する語彙の使用を厳しく自粛してまいりました。はたして、ロラン・バルト(Roland Barthes)は、「構造主義者」なのでしょうか。それとも「ポスト構造主義者」なのでありましょうか。確かに、ある時期までの彼の著作は、「構造主義」の発展に貢献しようとする意図が感じられるものでありましたが、後期以降は意図してそれから遠ざかろうとしていたかのように見えます。確かに、「構造主義」か「ポスト構造主義」かという問いは、構図として便利かもしれません。しかしそうした分類など、実は大した意味を持っておらず、重要なのはバルトならバルトのテクストをテクストとして虚心に読むことだということが、わたくしの基本的な姿勢であります。

ところが、どうやら人類はテクストを読むことがあまり得意ではなく、もっぱら思考家たちの分類にしか興味を示そうとしません。とりわけ合衆国の一部の研究者たちに見られる傾向ですが、彼ら、または彼女らは、「ポストモダン」、「ポスト構造主義」などという語彙を、論文の中で何のためらいもなく使用しております。そのため、そうした語彙が、あたかも現実の何かを指示しているかのような錯覚をあたりに波及させてしまう。日本の若い研究者たちには、そうした傾向には自覚的にさからってほしいとしかいいようがありません。わたくし自身もしばしば「ポストモダニスト」と侮蔑的に呼ばれることがありますが、いかなる誤解によってか文部大臣賞などを頂戴してしまった長編評論『凡庸な芸術家の肖像——マクシム・デュ・カン論』(講談社文芸文庫)をお読みいただければ、その著者が、むしろその内実がいまだ明らかにされてはいない「モダン」に近い存在ではなかろうかとご理解いただけるのではないでしょうか。

「ポストモダン」という呼称は、いまだ確かな輪郭のもとにとらえられてはいない「モダン」なるものを全面的に否定することで、かえってこれを存在させてしまう。また、その過程で、Post の語彙が秘めている殺戮作用によって、「ポストモダン」そのものをも否定するという新たな傾向が観察されます。その貧しき例が、アラン・ソーカル(Alan Sokal)とジャン・ブリクモン(Jean Bricmont)の共著である悪名高い『「知」の欺瞞——ポストモダン思想における科学の汎濫(*Fashionable Nonsense-Postmodern Intellectuals' Abuse of Science*)』(田崎晴明ほか訳、岩波書店、二〇〇〇)でしょう。この二人の著者は、「この本で取り上げたフランスの著者たち皆が「ポストモダン主義者」や「ポスト構造主義者」を自称しているわけではない」(二〇頁)と書くほどには真面目な存在であります。ところが、「それにもかかわらず、われわれがあえて「ポストモダニズム」という言葉を用いるのは、ここで取り上げる著者たちはすべて英語圏のポストモダンの言説の根本的な出発点とみなされている」からだと書くとき、彼らはあまり真面目な存在とは見なされがたいのです。なぜなら、彼らは、Postという語彙の持つ暴力に自覚的ではないからであります。「ポストモダン」とはたんなる語彙ではなく、全面的な否定の力学を装填しているはずですが、その否定の力学は、否定したものをかえって存在させてしまう。そのことに無自覚である二人の著者は、例えばジル・ドゥルーズ（Gilles Deleuze）がどれほど科学的な誤りを犯そうといまなお執拗に読まれており、読者に刺激を与えつづけているのにくらべて、みずからの著作がもはやほとんど読まれなくなっており、かりに読まれたにしても、Postという接頭辞の否定の力学を感じとって読者が安心しているだけだという理由を考えたことがあるのだろうかと聞いてみたい。この二人のいかにも正直そうな著者たちは、その副題に「ポストモダン」という一語を挿入させながら、「ポスト」の一語がまとっている殺戮性に無自覚だという意味で、あらかじめ敗北しているのです。

真実＝Truth?

ダニエル・ベル（Daniel Bell）が一九六〇年に『イデオロギーの終焉――1950年代における政治思想の涸渇について（*The End of Ideology: On the Exhaustion of Political Ideas in the Fifties*）』（岡田直之訳、東京創元社、一九八三）を発表して以来、いたるところで「終焉」が語られております。アラン・ブルーム（Allan Bloom）が『アメリカン・マインドの終焉――文化と教育の危機（*The Closing of the American Mind - How Higher Education Has Failed Democracy and Impoverished the Souls of Today's Students*）』（菅野盾樹訳、みすず書房、一九八八）を刊行したのは一九八七年のことです。これは、ニーチェ(Friedrich Nietzsche)の思想の流入によるアメリカの大学の人文学的荒廃を嘆いたものですが、ソーカルとブリクモンには、彼らの著作がこの書物の意図されざる続編たりえたかもしれないという意識はなかったに違いありません。

アラン・ブルームにおいてはEndではなくClosingという言葉が使われていますが、またしても問題になっているのは「終焉」であります。だがそれにしても、人類というものは、どうしてこうも執拗に何かの「終焉」を語りたがるものでしょうか。「終焉」というからには、みずからPostと呼ばれるにふさわしい一時期に暮らしている、あるいは暮らさざるをえないという事態が語られていることになります。これは、先述した『物語批判序説』で述べたことですが、ジャン゠ポール・サルトル(Jean-Paul Sartre)は長崎と広島に原爆が投下された直後の日本の降伏に触れて「大戦の終末(La Fin de la guerre)」(『シチュアシオンⅢ』渡辺一夫訳、人文書院、一九六四)を書き、「神が死んでしまった後に、今や人間の死が予告されている」と書きました。また、ロラン・バルトは「作者の死」を語ったとされています。さらに、ハミッド・ダバシ(Hamid Dabashi)は、オリエンタリズム理論を確立したといわれるエドワード・サイード(Edward Said)の『オリエンタリズム(*Orientalism*)』(今沢紀子訳、平凡社、一九八六)を踏まえ、『ポスト・オリエンタリズム——テロの時代における知と権力(*Post-Orientalism: Knowledge and Power in a Time of Terror*)』(早尾貴紀ほか訳、作品社、二〇一七)という題名の書物まで刊行しているのです。

Postという語彙が煽りたてるこうした傾向は、「ポスト・トゥルース(Post-Truth)」や「フェイク・ニュース(Fake-News)」といった新たな語彙と相乗効果をもたらしつつ、現在のマスメディアを国際的に騒がせております。その渦中にいるのが、アメリカ合衆国の第四五代大統領のドナルト・トランプ(Donald Trump)氏であることはご承知のとおりであります。自分にとって不利な情報をことごとく「フェイク・ニュース」だと切り捨てるそのツイッターでの粗暴な発言はしばしば物議を醸し、知識人たちからの批判が殺到しております。しかし、彼がときに「真実」を述べる瞬間もあるのだということを見逃してはなりません。

例えば、昨年(二〇一七年)のゴールデングローブ賞で生涯功労賞を受賞したハリウッド女優のメリル・ストリープ(Meryl Streep)は、その受賞スピーチで、次期大統領に決まっていたドナルト・トランプ氏のことを、その名を挙げることなく辛辣に批判しておりました。それを受けたトランプ氏は、彼自身の名高いツイッターで、彼女は「ハリウッドでもっとも過大評価された女優の一人(one of the most over-rated actresses in Hollywood)」だと揶揄したのであります。その発言は、「ポスト・トゥルース」にふさわしいものでありましょうか。それとも「トゥルース」なのでしょうか。

その事実を伝えるニュースを見て、わたくしが思わずブラヴォーと声にすることなくつぶやいてしまったのは間違いのない事実であります。どれほどの名誉ある賞をいくつも受賞しようと、多くの優れた女優たちによって鮮やかに彩られたハリウッドの歴史にあって、メリル・ストリープなどあくまで二流の、よくいってもせいぜい一流半の女優としか見なしえないからであります。にもかかわらず、合衆国の知識人たちの大半は、メリル・ストリープの側に立ちました。しかし、それはきわめて問題含みの、仲間意識によってしか正当化されがたい批判精神を欠いた姿勢だと思います。彼女がほとんど集団的な無意識によって過大評価されているのは間違いのない事実であり、誰も指摘することのなかったその真実を、問題含みの大統領が率先して行なってみせたというところに、今日のアメリカ社会の頽廃ぶりが感じとれるのです。トランプ氏のような男を大統領に仕立て上げてしまったのがその無意識のうちに共有された頽廃であることに、アメリカ国民の大半はいまだ気づいていないようです。そして、その頽廃ぶりはこんにちの平成日本末期にも及んでいるはずですが、これについてはひとまず論述を避けておきます。

ところで、「ポスト・トゥルース」の概念を導きだしたものは、湾岸戦争を始めるにあたって、第四一代合衆国大統領のジョージ・ブッシュ(George H. W. Bush)氏が、イラクには大量破壊兵器が存在すると宣言したことだといわれております。二〇〇四年に、アメリカのエッセイストであるラルフ・ケイズ(Ralph Keyes)が『ポスト・トゥルース時代(*The Post-Truth Era: Dishonesty and Deception in Contemporary Life*)』という書物を書いてそれに抗議したのが、「ポスト・トゥルース」という語の始まりとされております。しかし、これまでなら政府の「プロパガンダ」と呼ばれていたものが、あえて「ポスト・トゥルース」と呼ばれるのはなぜでしょうか。そのことが不吉でなりません。Postという接頭辞には、それに続く語彙を殺戮する不穏な機能がそなわっており、同時に、殺戮されたものをも曖昧に生きかえらせてもしまうという点には何度も言及してきたからです。しかも、ここでは、「ポスト・トゥルース」という事態そのものが、否定の対象とされているという事態のうちにさらなる混乱が波及することになります。

いまでは、あえて贋の情報を捏造してインターネットに大量に流通させる「嘘言産業」ともいうべきものが成立しており、トランプ大統領の選出にあたって効果をあげたといわれておりますし、それがフランスの大統領選や、大英帝国における国民投票にも間接的にからんでいたとさえ指摘されておりますｃだが、この「フェイク・ニュース」産業の問題は、いまなお充分につきつめられてはいない「トゥルース」なるものを、曖昧に生きかえらせてしまうことにあります。実際、「ポスト・トゥルース」など何ら新しい事態ではないと、わたくしなど戦前生まれの人間は、当時のラジオや新聞を想起しながら、ついつい口にしてみたい気もいたします。少なくとも、戦時中の日本帝国で「フェイク・ニュース」ばかりを聞かされていた戦前派の一人として、日本のマスメディアにそんな語彙を口にして批判する資格などないはずだとも思っております。また、視点を現在に向けても、その来日がかなり評判を呼んだ『なぜ世界は存在しないのか（*Warum es die Welt Nicht Gibt*）』（清水一浩訳、講談社、二〇一八）の著者マルクス・ガブリエル（Markus Gabriel）の言葉遣いにもどこかしら「フェイク・ニュース」じみた気配が漂っています。そのことの意味を究明してみることで、いささか長くなり始めているこの講演を終えたいと思います。

これは来日時のインタヴューのことですが、彼はこういっています。「ポストモダンのいわば原罪、一番基本的な過ちをひと言で言えば、マルティン・ハイデガーです。ハイデガー、そしてジャック・デリダは、西洋形而上学からの抜け道を探っていた。彼らのアイデアは人間の活動性の分析によって、形而上学からの抜け道が見つけられるのではないかということでした。すなわち現前性の代わりに活動性が登場してきます。これはつまり人間による営みが現実に代わって中心になってくるということです。こうして気づかぬうちに自ら現実を構築するということになります」（『週刊読書人』二〇一八年六月二九日号)。

彼の言葉に含まれている「ポストモダン」の語彙が気になってなりません。すでに何度も指摘しておいたことですが、「ポスト」という接頭辞は、その対象となるものを全面的に否定する機能とともに、それを曖昧に生きのびさせてしまうものだからです。そもそも、デリダ(Jacques Derrida)とハイデッガー(Martin Heidegger)とを「ポストモダン」の一語で括るという批判的な仕草そのものが不穏でなりません。しかも、「ポストモダン」を批判するという姿勢そのものがどこかしらいかがわしく、「フェイク・ニュース」じみているのです。なぜなら、否定の力学は、否定の対象を曖昧に生きのびさせてしまうものだからです。

ガブリエルの書物そのものの、とりわけ映画が論じられている部分などは充分すぎるほどいかがわしく、ますます「フェイク・ニュース」じみてまいります。例えば、著者は、ドキュメンタリーを含めれば優に三〇本以上の作品を残していながら、そのフィルモグラフィーに西部劇は二本しか含まれておらず、同時代の作家としては例外的といえるほど西部劇を撮ることが少なかったジョン・ヒューストン(John Huston)を、あろうことか「西部劇作家の一人」(二二四頁)に数えあげている。これは、まぎれもなく「フェイク・ニュース」を流布させるあざとい手法というほかはありません。そんな論述を平気でやってのけるような著者を、どうして信頼することができるのでしょうか。

ニコラス・レイ(Nicholas Ray)の『黒の報酬(*Bigger than Life*)』(一九五六)に強く惹かれているらしいガブリエルは、「いわゆるフィルム・ノワールの監督たちの多くや、ジョン・ヒューストンのような西部劇の監督たち(!!)と同じように、ニコラス・レイは、アメリカ社会の抑圧メカニズムの存在と、これにたいする治療となる審級の欠如とを指摘している」(同頁)と書いているのですが、こうした言葉では、『黒の報酬』をその他の監督たちの作品より優れているとする根拠はまったく示されてはおりません。そのことには気づいているらしい著者は、そうした題材をニコラス・レイが「巧みなカメラ・ワークで強調」していると、あたかもそれで不在証明を果たしたかのように指摘することしかできないのですが、その「巧みなカメラ・ワーク」とやらがいかなるものであるかを比喩としてすら指摘しそびれている。要するに、ガブリエルは、同じ題材を扱った作品群の中からニコラス・レイの作品をきわだたせる根拠を何ひとつ提示していないのです。これまた「フェイク・ニュース」の常套手段にほかなりません。

その驚くほど詳細で優れた知見にみちた『ニコラス・レイ——ある反逆者の肖像(*Roman Américain, les Vies de Nicholas Ray*)』(吉村和明訳、キネマ旬報社、一九九八)の『黒の報酬』をめぐる章の最後で、著者のベルナール・エイゼンシッツ(Bernard Eisenschitz)は、「「社会批判」は、レイの意図するところのもっとも目に留まりやすい側面であるにしても、それはその一部分(出発点)をなすにすぎない」(四〇七頁)と書いてから、ここでのレイが「どれほど映画の古典的形態に近づいているか」を示そうとするエリック・ロメール(Éric Rohmer)の言葉を引いております。「日常生活の平凡さが芸術によって喚起されるとき、それはほとんどわれわれの興味を惹かない。……重要なのは、彼がそれを見せるトーンなのであって、そのトーンは、しかるべき変更を加えれば、『イタリア旅行』のそれを思い出させずにはいない」(四〇七-四〇八頁)とロメールは述べているのです。そう、ここで引かれるべきは、同時代の「いわゆるフィルム・ノワールの監督たちの多くや、ジョン・ヒューストンのような西部劇の監督たち」ではなく、ロベルト・

ロッセリーニ(Roberto Rossellini)のような例外的な作家の名前にほかなりません。だが、そう書くほどの才覚と映画史的な視点があったとすれば、マルクス・ガブリエルは、その著作でかくも拙速に映画を論じるような不遜なまねはせずにすんだでしょう。

残念ながら、いかにも「フェイク・ニュース」の時代にふさわしいというしかない『なぜ世界は存在しないのか』を詳しく論じている時間はもはや残されておりません。だが、その書物にかかれていることを信じるか、信じないかはさしたる問題ではないといっておきましょう。問題は、この著者が何といおうと、わたくしたちは、ハイデッガーを、そしてデリダを、さらにはなぜかガブリエルが言及していないポール・ド・マン(Paul de Man)の書物を、「ポストモダン」といういかがわしくも概括的な括りを超えて、虚心に読みつづけるしかないはずです。いうまでもなく、そのテクストを虚心に読みつづけるべきは、いま挙げた三つの名前にかぎられてはおりません。

著者註

ここに提示したテクストは、二〇一八年七月二四日に東京大学伊藤国際学術研究センター伊藤謝恩ホールで開催されたシンポジウム「ヒューマニティーズの新たな地平」の記念講演の原稿である。主催は二〇一七年に開設された東京大学の連携研究機構「ヒューマニティーズセンター」。そのセンターの機構長の齋藤希史教授、ならびに石井洋二郎副学長には、そのお招きを深く感謝したい。なお、講演原稿についてひとこと補足するなら、時間の関係でかなりの部分を削除することで成立したやや不自然な「決定稿」より前夜に書き上げたより長い「最終稿」の方が、細部の記述などより自然で理解しやすいだろうと判断し、ここではその「最終稿」を提示することにした。

あとがき

『ゴダール　マネ　フーコー――思考と感性とをめぐる断片的な考察』と題されたこのテクストは、ことと次第によっては、『ストローブ＝ユイレ　セザンヌ　マラルメ』と題されてもおかしくない書物である。勿論、その場合、固有名詞の配置はいうにおよばず、構想も、書き方も、章立ても、文体も、これとはまったく違ったものとなっていただろう。しかし、ゴダール、マネ、フーコーを論じることは、ストローブ＝ユイレ、セザンヌ、マラルメを論じるのといささかも変わらぬ仕草におさまらざるをえまい。いずれも、「われわれにとっていまなお同時代であることをやめていない」一時期の輪郭を素描する試みだからである。

ことによると、この書物の題名には、誰が書いてもおかしくない『ストローブ＝ユイレ　セザンヌ　マラルメ』を誰にも書かせまいとする強固な意志が見え隠れしているのかもしれない。そもそも、副題の「思考と感性とをめぐる断片的な考察」はともかく、この『ゴダール　マネ　フーコー』という題名は、いつ、どこの誰が書いてもおかしくはない書物だったからである。というより、世界はこれだけ広いのだから、見知らぬ国の見知らぬ誰かが、この三つの固有名詞をめぐる書物を知らぬ間に書きあげてしまいはせぬかという怖れに、著者はさいなまれていたというのが正直なところだ。『ストローブ＝

ユイレ　セザンヌ　マラルメ』についても、まったく同じことがいえる。

にもかかわらず、いかなる『ゴダール　マネ　フーコー』も、いかなる『ストローブ＝ユイレ　セザンヌ　マラルメ』もこれ以前に書かれなかったのは、誰もがマネやセザンヌを知っているこの時代に、ゴダールを見る者はフーコーを読まず、フーコーを読む者はゴダールを見ず、ストローブ＝ユイレを見る者はマラルメを読まず、マラルメを読む者はストローブ＝ユイレを見ないからなのだろうか。それとも、こうした三つの固有名詞を論じることはあまりに当然すぎて、あえてそうすることを、知的な羞恥心が人々に自粛させているのだろうか。そうだとするなら、『ゴダール　マネ　フーコー――思考と感性とをめぐる断片的な考察』の著者には、知的な羞恥心が恐ろしく欠けていることになるのだろう。

羞恥心の有無とはいっさい無縁のことだが、この書物の著者は、彼の映画をめぐる著作にはまず見られない重大な規則違反をここで犯している。引用された作品の題名を、ある作品にかぎって、公開時のそれとはやや異なるかたちで記していることがそれである。すなわち、ジャン＝リュック・ゴダールの『映画史』は、もっぱら『(複数の)映画史』と記されている。そう書くことのほうがフランス語の原題に遙かに忠実であるし、この書物が語ろうとする「われわれにとっていまなお同時代であることをやめていない」一時期にふさわしいものと判断されたからでもある。

『ゴダール　マネ　フーコー――思考と感性とをめぐる断片的な考察』は、季刊誌『InterCommunication』(50—62号、NTT出版)に「思考と感性とをめぐる断片的な考察」として連載されたテクストに、新たに二章を書きたすことで成立した書物である。もちろん、大幅な加筆訂正の行なわれた章も少なくない。

テクストがその最終的な形態におさまろうとするとき、雑誌掲載時に編集を担当された本田英郎さんはNTT出版を離れておられたのだが、書物として刊行されるにあたっても編集の任にあたられ、あれこれお世話になった。NTT出版の今井章博さんとともに、本田さんには深い感謝の言葉以上の思いをささげたく思う。

最後に、引用について触れておく。『JLG／自画像』および『(複数の)映画史』からの引用は、それぞれ『〝フォーエヴァー・モーツアルト〟／〝JLG／自画像〟』(愛育社、二〇〇二年)および『ゴダール 映画史 テクスト』(愛育社、二〇〇〇年)所収の採録シナリオによるが、必ずしも翻訳のとおりではない(該当頁は省略させていただいた)。また、その他の邦訳の存在する書物からの引用についても原則として邦訳書を参照し、適宜修正を施した。また独立した引用の場合は、その末尾に出典邦訳書名を記した。

著者

二〇〇八年一〇月

増補版のためのごく短いあとがき

『ゴダール マネ フーコー――思考と感性とをめぐる断片的な考察』が、二篇の講演録を含んだ「増補版」として再刊されるにあたり、久方ぶりに全編のテクストを読み直してみたところ、この書物の著者が、どこかしらフーコーに対して冷たいと思えぬでもなかった。『言葉と物』の作者を、いささか客観視しすぎているようにも思えたからだ。しかし、その「冷たい客観視」は、もちろん意図されたものである。そのことは、この書物の題名に含まれている三つの固有名詞の順序からして、すでに明らかだったのかもしれない。実際、この書物の起源の一つとも思えるものをたどっていくと、フーコー自身がその刊行を「禁じた」というマネをめぐる講演を、一九七〇年代の初頭――であったかと思うが、いまはその日付を調べている余裕はない――の東京で、きわめて「居心地悪く」聞いてしまった体験へと行きつく。ああ、フーコーが少しでも映画的な感性――絵画的ではなく――を持ちあわせていてくれたならと、嘆かわしい思いに捕らわれずにはいられなかったのである。その居心地の悪さが、一九九五年八月三日のスイスのロールでの体験に反映しているのである。題名が『ゴダール フーコー マネ』でないのは、そうした理由による。

「増補版」の刊行にあたっても、旧版同様、本田英郎氏のお世話になった。同氏には、装幀の鈴木一誌氏にと同様、どこかしら「戦友」めいた思いを――戦争に行ったこともないのに――捧げさせていただく。

二〇一九年一〇月三日

著者

＊本書は、『ゴダール マネ フーコー――思考と感性とをめぐる断片的な考察』（NTT出版、二〇〇八年）に、新たに「フィクションと「表象不可能なもの」――あらゆる映画は、無声映画の一形態でしかない」（『メディア哲学』東京大学出版会、二〇一五年）、および「「ポスト」をめぐって――「後期印象派」から「ポスト・トゥルース」まで」（『新潮』二〇一九年二月号）を加えた増補版である。

著者略歴

蓮實重彦（はすみ・しげひこ）

映画評論家、フランス文学者。一九三六年東京生まれ。一九六〇年東京大学仏文学科卒業。一九六五年パリ大学大学院より博士号取得。一九八八年より東京大学教養学部教授。一九九七年より二〇〇一年まで東京大学総長。一九九九年フランス政府「芸術文化勲章」を受章。主な著書＝『反＝日本語論』（筑摩書房、一九七七年／ちくま文庫）、『フーコー・ドゥルーズ・デリダ』（朝日出版社、一九七八年／河出文庫）、『映画の神話学』（泰流社、一九七九年／ちくま学芸文庫）、『表層批評宣言』（筑摩書房、一九七九年／ちくま文庫）、『映像の詩学』（筑摩書房、一九七九年／ちくま学芸文庫）、『映画誘惑のエクリチュール』（冬樹社、一九八三年／ちくま文庫）、『映画はいかにして死ぬか』（フィルムアート社、一九八五年）、『ハリウッド映画史講義』（筑摩書房、一九九三年／ちくま学芸文庫）、『映画狂人』シリーズ（河出書房新社、二〇〇〇年－）、『「知」的放蕩論序説』（河出書房新社、二〇〇二年）、『監督小津安二郎　増補決定版』（筑摩書房、二〇〇三年／ちくま学芸文庫）、『映画への不実なる誘い』（ＮＴＴ出版、二〇〇四年）、『ゴダール革命』（筑摩書房、二〇〇五年）、『表象の奈落』（青土社、二〇〇六年）、『赤の誘惑』（新潮社、二〇〇七年）、『映画崩壊前夜』（青土社、二〇〇八年）、『映画論講義』（東大出版会、二〇〇八年）、『随想』（新潮社、二〇一〇年）、『映画時評２００９－２０１１』（講談社、二〇一二年）、『「ボヴァリー夫人」論』（筑摩書房、二〇一四年）、『伯爵夫人』（新潮社、二〇一六年、三島由紀夫賞受賞）など。また編集誌に、『季刊リュミエール』（筑摩書房、一九八五－一九八八年）、『ルプレザンタシオン』（筑摩書房、一九九一－一九九三年）などがある。

増補版　ゴダール　マネ　フーコー
思考と感性とをめぐる断片的な考察

二〇一九年一〇月二四日　第一刷印刷
二〇一九年一〇月三一日　第一刷発行

著者　蓮實重彦

発行者　清水一人
発行所　青土社
〒一〇一－〇〇五一
東京都千代田区神田神保町一－二九　市瀬ビル
［電話］〇三－三二九一－九八三一（編集）
〇三－三二九四－七八二九（営業）
［振替］〇〇一九〇－七－一九二九五五

装幀・本文基本設計　鈴木一誌＋吉見友希
印刷・製本　ディグ

ISBN978-4-7917-7222-3　C0010